中国社会科学院创新工程学术出版资助项目

拉美研究丛书
Latin American Studies Series

中国社会科学院
拉丁美洲研究所
INSTITUTO DE AMERICA LATINA
ACADEMIA DE CHINA DE CIENCIAS SOCIALES

拉美国家的能力建设与社会治理

State Building and Social Governance in Latin America

吴白乙 ◎ 主编

中国社会科学出版社

图书在版编目（CIP）数据

拉美国家的能力建设与社会治理/吴白乙主编 . —北京：中国社会科学出版社，2015.5

（拉美研究丛书）

ISBN 978 – 7 – 5161 – 6018 – 3

Ⅰ.①拉… Ⅱ.①吴… Ⅲ.①国家—行政管理—研究—拉丁美洲②社会管理—研究—拉丁美洲 Ⅳ.①D773.03

中国版本图书馆 CIP 数据核字（2015）第 081368 号

出 版 人	赵剑英
责任编辑	陈雅慧　刘 艳　李海莹
责任校对	周 昊
责任印制	戴 宽

出　　版	中国社会科学出版社
社　　址	北京鼓楼西大街甲 158 号
邮　　编	100720
网　　址	http://www.csspw.cn
发 行 部	010 – 84083685
门 市 部	010 – 84029450
经　　销	新华书店及其他书店
印　　刷	北京市大兴区新魏印刷厂
装　　订	廊坊市广阳区广增装订厂
版　　次	2015 年 5 月第 1 版
印　　次	2015 年 5 月第 1 次印刷
开　　本	710×1000　1/16
印　　张	19.5
插　　页	2
字　　数	331 千字
定　　价	66.00 元

凡购买中国社会科学出版社图书，如有质量问题请与本社联系调换
电话：010 – 84083683
版权所有　　侵权必究

《拉美研究丛书》编委会名单

名誉主编： 成思危

顾　　问：（按姓氏笔画为序）：
苏振兴　李北海　李金章　陈凤翔
洪国起　原　焘　蒋光化　裘援平
蔡　武

主　　编： 郑秉文

编　　委：（按姓氏笔画为序）：

丛书编委： 王　华　王宏强　王晓德　刘纪新
刘承军　杨万明　吴白乙　吴志华
吴国平　吴洪英　沈　安　宋晓平
张　凡　陈笃庆　林被甸　郑秉文
赵雪梅　贺双荣　袁东振　柴　瑜
徐世澄　徐迎真　康学同　曾　钢
韩琦

学术秘书： 刘东山

《拉美研究丛书》总序

拉美和加勒比地区共有33个国家，总人口5亿多，经济总量高达1.8万亿美元，在世界政治和经济中发挥着越来越重要的作用。中国与拉美和加勒比地区虽然相距遥远，但友好交往源远流长，在政治、经济、文化等方面的交流与合作具有广阔的发展前景。拉美和加勒比地区是我国实施和平外交政策的重要对象，也是共同构筑和谐世界的重要伙伴。

我国历代领导人都十分重视发展拉美和加勒比地区国家的关系。早在1988年，邓小平以其深邃的战略家的眼光，对将来的世界发展前景做出了这样的预言："人们常讲21世纪是太平洋时代……我坚信，那时也会出现一个拉美时代。我希望太平洋时代、大西洋时代和拉美时代同时出现。"他还指出："中国的政策是要同拉美国家建立和发展良好的关系，使中拉关系成为南南合作的范例。"2004年，胡锦涛总书记提出了要从战略高度认识拉美的重要指示。2004年11月12日，胡锦涛主席在巴西国会作演讲时指出，中拉关系在不远的将来能够实现如下发展目标：（1）政治上相互支持，成为可信赖的全天候朋友。（2）经济上优势互补，成为在新的起点上互利共赢的合作伙伴。（3）文化上密切交流，成为不同文明积极对话的典范。

我国与拉丁美洲和加勒比地区国家在争取民族解放、捍卫国家独立、建设自己国家的事业中有着相似的经历，双方在许多重大国际问题上有着相同或相似的立场。我国高度重视拉美在维护世界和平、促进共同发展方面所发挥的积极作用；越来越多的拉美国家领导人也认识到我国的重要性，对与我国的交往及合作持积极态度。

作为中国—拉丁美洲友好协会的会长，我非常高兴地看到近年来中拉关系发展迅速。许多拉美国家的国家元首、政府首脑纷纷到中国访问，中国国家领导人也曾多次访问拉美。特别是 2004 年 11 月胡锦涛主席访问了阿根廷、巴西、智利和古巴四国；2005 年 1 月曾庆红副主席又访问了墨西哥、秘鲁、委内瑞拉、特立尼达和多巴哥，以及牙买加。至今我国与委内瑞拉建立了"共同发展的战略伙伴关系"，与巴西、墨西哥和阿根廷建立了"战略伙伴关系"，与智利建立了"全面合作伙伴关系"。我国全国人大与许多拉美国家的议会都保持着较密切的交往，我国现在已经成为美洲国家组织和拉美议会的观察员，和里约集团、安第斯共同体、加勒比共同体、南方共同市场都有联系。中国与拉美国家在经贸领域中的合作也已全面展开。在 1993—2003 年的 10 年中，中拉贸易额增长了近 6 倍。2005 年，中拉贸易额首次超过 500 亿美元。

中国社会科学院拉丁美洲研究所是国内唯一专门从事拉丁美洲研究的科研机构，成立于 1961 年。长期以来，该所科研人员完成了大量科研成果，为党和国家的决策作出了一定的贡献。从 2006 年开始，他们计划在这些研究成果的基础上，出版一套《拉美研究丛书》，以满足我国外交部门、企业界、高等院校、科研机构、媒体以及公众对拉美知识的需求。我深愿这套丛书的出版将会增进我国各界对拉美的了解，也将对促进我国和拉美及加勒比地区的友谊及合作作出应有的贡献。

成思危
2006 年 5 月 2 日

目 录

前言 …………………………………………………………… (1)

第一章 国家治理能力现代化理论与社会失序 ………………… (1)
 第一节 关于国家能力的研究 ……………………………… (2)
 第二节 作为国家治理能力基础的税收能力 ……………… (12)
 第三节 政治衰败 …………………………………………… (15)
 第四节 从国家能力看治理能力及其现代化 ……………… (18)
 本章小结 ……………………………………………………… (23)

第二章 社会安全与贸易投资环境:一项重要的研究命题 ……… (28)
 第一节 社会安全对当今世界贸易投资的影响 …………… (28)
 第二节 外国学者对社会安全与投资环境的研究 ………… (30)
 第三节 标准的界定与存疑:以"世界治理指数"为例 …… (34)
 第四节 衡量社会安全水平的新参数 ……………………… (49)
 本章小结 ……………………………………………………… (55)

第三章 公共安全治理的技术支持:清华辰安的实践 ………… (60)
 第一节 公共安全科学技术 ………………………………… (61)
 第二节 公共安全与应急管理一体化系统 ………………… (70)
 第三节 成功项目案例 ……………………………………… (73)
 本章小结 ……………………………………………………… (86)

第四章　国家治理与社会治理：拉美国家的经验 (88)
- 第一节　从可治理性到治理：理论阐述 (88)
- 第二节　国家治理的经验与基本做法 (91)
- 第三节　社会治理的经验与基本对策 (101)
- 第四节　国家与社会治理的趋势与局限性 (112)
- 本章小结 (116)

第五章　拉美国家司法改革与治理能力建设 (118)
- 第一节　司法改革与国家治理 (118)
- 第二节　国家治理体系的建设是司法改革的重要内容 (128)
- 第三节　拉美国家的司法改革与社会治理 (137)
- 本章小结 (141)

第六章　墨西哥社会安全与治理 (144)
- 第一节　墨西哥当前社会安全形势 (145)
- 第二节　墨西哥对社会安全的治理 (158)
- 第三节　对墨西哥社会安全治理的评析 (174)
- 本章小结 (178)

第七章　中美洲社会安全与治理 (181)
- 第一节　中美洲国家治理体系的国别属性 (181)
- 第二节　中美洲国家治理体系的合法性 (185)
- 第三节　中美洲国家治理能力的状况 (189)
- 第四节　中美洲的恶劣社会安全状况 (193)
- 本章小结 (196)

第八章　委内瑞拉社会结构变迁与治理 (200)
- 第一节　社会结构变迁和国家治理能力 (200)
- 第二节　21世纪以来的社会结构变迁 (201)
- 第三节　社会结构变迁带来的治理挑战 (207)
- 第四节　国家治理的失灵 (215)
- 第五节　委内瑞拉国家治理的未来 (229)

本章小结 …………………………………………………………（231）

第九章　巴西劳工党与社会治理 ……………………………（235）
第一节　劳工党政治治理能力建设 ……………………………（236）
第二节　劳工党的经济治理能力建设 …………………………（243）
第三节　劳工党的社会治理能力建设 …………………………（247）
第四节　巴西劳工党的自身建设 ………………………………（254）
第五节　劳工党治理能力建设面临的挑战和前景 ……………（257）
本章小结 …………………………………………………………（262）

第十章　阿根廷社会冲突与治理 ………………………………（264）
第一节　导致社会冲突的主要因素 ……………………………（264）
第二节　社会冲突的主要表现 …………………………………（270）
第三节　社会冲突治理的观念和手段 …………………………（276）
第四节　社会冲突治理面临的挑战 ……………………………（280）
本章小结 …………………………………………………………（283）

附录：中英文摘要 ………………………………………………（285）

《拉美研究丛书》已出书目 ……………………………………（297）

前　言

　　身处 21 世纪的人们会普遍感觉到现实世界的快速变化，一方面是由于信息技术所带来的便利，另一方面则主要为遍及全球的变革大潮所冲击和影响。更确切地说，信息的无国界高速扩散使原本属于少数国家、少数人和尚属初步实践的改革思想可以更快地触及广泛地域和更多国度人们的神经元，在更短的时间内形成新的全球性舆论和思想风尚。今天的世界，正是由"改革的竞争"作为时尚标志的。"那些对改革的紧迫性、艰巨性及其多样化内容认识得最深刻、策略最完备、决心最大、效果最明显的国家，将会在未来的全球竞争中抢占先机。"[①]

　　2008 年以来的金融危机打破了既有的体系平衡和稳定，将各国经济结构扭曲和发展方式偏颇的矛盾暴露无遗。中国的改革一向是以提升经济增长为基本指向的。在全球和中国经济进入深度调整与再平衡的"新常态"之下，此轮中国改革则是采取经济和社会"双轮驱动"战略，实现自身增长方式（从依靠外需到主要由内需驱动、从要素驱动转向创新驱动和全要素生产力驱动）的转型升级。较于以往，此轮改革显然要更多地依靠发现、挖掘并运用好国内巨大的消费潜能，加速自主发明和科技进步，大刀阔斧地推进体制机制变革，其内涵的复杂程度前所未有，其实施难度前所未有，因而其结局的不确定性也前所未有。发展为了人民、发展依靠人民、发展成果由人民共享，是全面建成小康社会"中国梦"的本质要求。冲破结构性障碍，克服改革进程的险阻，关键在于能否"进一步形成公平竞争的发展环境，进一步增强经济社会发展活力，进一步提高政府效率和效能，进一步实现社会公平正义，进一步促进社会和谐稳定，

[①] 李扬、张晓晶：《论新常态》，人民出版社 2015 年版，第 4 页。

进一步提高党的领导水平和执政能力"①，而这正是 2013 年 11 月中共十八届三中全会通过《全面深化改革若干重大问题的决定》所提出的完善和发展中国特色社会主义制度，推进国家治理体系和治理能力现代化的总目标。

未来中国经济的质量型增长将更多地取决于如何尽快地告别以往政府主导和大规模公共资本投入的模式，告别以往政府居上，包揽一切社会事务，用行政命令和控制扮演"全能选手"的管理模式，在运用权力之外，形成市场、法律、文化、习俗等多方面管理方法和技术的协调统一，调动政府以外的社会团体及公民个人平等地参与公共事务的管理和自治，依宪参与经济和社会事务监督。② 所有这些新要求、新条件、新趋向，实际已大大超出了政府（government）自身的角色定位和能力范围，使"社会"作为行为主体在当下中国发展进程中已呼之欲出。从上至下的中国官员们，正在习惯于"管好该管的，不管不该管的"新理念和新规范，腾让出大量的管理（managing）空间供百姓进入，治理（governance）也由此成为重构国家与社会的关系，进而驱动大量自下而上的新经济形态诞生的必要前提。

中国的改革也一直与对外开放相向而行。新一轮改革既有通过改革进一步顺应乃至主动赢取在全球竞争中体制优势、产业优势、文化优势的客观需要，更为重要的是作为新兴大国，中国只有在同外部世界的密切互动与调试中，在不同文明的比较和互鉴中才能实现自身的转型和复兴。习近平主席强调，中国要永远做一个学习大国，不论发展到什么水平都虚心向世界各国人民学习，以更加开放包容的姿态，加强同世界各国的互容、互鉴、互通，不断把对外开放提高到新的水平。③

拉丁美洲是发展中世界进入现代化进程较早的地区之一。无论是主动还是被动地对外开放，拉美社会所经过的发展历程，形成的演变规律和特征，产生的治理难题和挑战，积累的思考和经验都弥足珍贵。以 2015 年 1 月中拉论坛成功举办为节点，中国与拉丁美洲和加勒比地区关系迈入了

---

① 习近平：《关于〈中共中央关于全面深化改革若干重大问题的决定〉的说明》，《新华网》，2013 年 11 月 15 日，http：//news.xinhuanet.com/mrdx/2013 - 11/16/c_132892939.htm。
② 陈家刚：《从社会管理走向社会治理》，《学习时报》2012 年 10 月 22 日。
③ 《习近平在同外国专家座谈时强调中国要永远做一个学习大国》，《新华网》2014 年 5 月 23 日，http：//news.xinhuanet.com/2014 - 05/23/c_1110837550.htm。

整体合作的新阶段。随着双方全方位、各领域和多层次交往的日益密切，社会治理已经成为一项兼具治国理政、经贸合作、文化互通、民众认知等跨界意义的重要议题。作为国内最大的综合研究专业机构，中国社会科学院拉丁美洲研究所认真领会、积极落实中央《关于加强中国特色新型智库建设的意见》，围绕党和国家中心工作和对外开放大局确定年度研究选题。本研究报告作为最新的努力，对现代社会治理与国家治理能力现代化等相关理论进行初步的清理和探讨，并从可治理性、司法改革、执政党能力建设、社会结构变迁和冲突、社会安全等不同视角对拉美地区相关国家的基本经验与教训作出归纳和分析。本报告还特邀清华大学公共安全研究院参与撰写"公共安全治理的技术支持"一章。近年来，该研究院下属辰安科技股份有限公司通过输出自主研发的公共安全科技和信息化技术，帮助厄瓜多尔、委内瑞拉、玻利维亚等拉美国家增强安全防控和治理能力，降低了当地的犯罪率，取得了显著的经济和社会效应。

由于时间、资料占有和研究能力的限制，作者在显示其问题意识的同时，没有深入、完整地开掘研究对象特性及其历史成因的缺陷是明显的，给出的结论也未免粗浅甚至偏颇，有望读者指教。

中国社会科学院学部委员苏振兴先生、世界经济与政治研究所副所长姚枝仲研究员认真审阅了书稿，对本报告的选题和基本内容给予热情的肯定，提出了很好的修改意见。在此，特向他们表示衷心的感谢。

吴白乙

2015 年 3 月 28 日

第一章

国家治理能力现代化理论与社会失序[*]

张长东[**]

从20世纪90年代开始,治理成为学术界和政策界的热词,但同时却也是一个充满争议的术语,包含了几十个相互高度关联或冲突的指标,无所不包以至于无法提供有效的分析工具。[①] 2013年11月,中国共产党十八届三中全会提出了国家治理这一概念,并将推进国家治理体系和能力现代化设为改革的目标,这对学界和政策界提出了一系列新问题:什么是国家治理能力,国家治理能力现代化意味着什么,如何推进国家治理能力现代化?针对这一系列问题,学界的认识还比较有限,未能形成针对性的讨论。本文试图从国家能力这一和治理能力高度相关的概念出发,先梳理其概念和理论脉络,再进而尝试从国家能力的角度探讨具体国家治理能力的问题。同时也为进一步的讨论进行理论上的准备。同时,本文还从缺乏国家治理能力的社会——失序社会来反观国家治理能力,从而从正反两面进行论述,以期更好地理解国家治理能力。

一个国家的治理能力和国家能力直接影响其经济增长、政治稳定(其反面则是社会失序)、社会发展和国际安全等各个领域。以中国而言,一方面经济取得了三十多年的快速增长,以国家财政收入来衡量的国家提

---

[*] 本章基于张长东:《国家治理能力现代化研究——基于国家能力理论视角》,《法学评论》2014年第3期。内容上有较大幅度的扩充和修订。

[**] 张长东,北京大学政府管理学院讲师,北京大学·复旦大学·吉林大学·中山大学国家治理协同创新中心研究人员,华盛顿大学政治学博士。

[①] 相关文献非常多,一个综述参见 Soren Holmberg, "Quality of government: what you get", *Annual Review of Political Science* 12 (2009): 135–161.

取能力也大大增强；但另一方面也面临国内外的各种危机和挑战：在国内面临经济可持续发展和社会管理的严重挑战，国际上也面临如何和平崛起的挑战，加强国家治理能力对应付这些挑战至关重要。同样，对于各个国家尤其是发展中国家来说，国家能力的有效性是一个和政体形式同样重要乃至更为重要的关键问题。① 在比较政治学和国际关系理论中，与国家治理能力高度相关的一个概念——国家能力，从20世纪80年代以来一直是个核心话题。

相对于国外学界，目前国内学界对国家能力的概念、本质及其相关的理论基础、研究框架和研究方法却缺少相应的了解。本文试图在这方面做一些文献的梳理，因这方面文献众多，难免挂一漏万。但还是试图整理出一个线索，将国家能力的概念和内涵、分类、决定因素及其演变做一个整理，方便后续的理论研究尤其是实证研究。② 进而探讨对推进国家治理体系和治理能力现代化的借鉴意义。

第一节 关于国家能力的研究

国外学术界对国家能力的研究起步较早，研究更为成熟，理论和实证研究方面也更丰富。下面我们从国家能力的概念和内涵、分类和决定因素及其演变来回顾相关文献，从而更好地理解和把握国家能力这一概念。

一 国家能力的概念和内涵

早在20世纪五六十年代结构功能主义占主导时期，研究者们就提出了国家能力这一概念，阿尔蒙德和鲍威尔提出国家能力是指一个政治系统

---

① 亨廷顿在《变革社会中的政治秩序》一书中开宗明义地指出了这点。[美]亨廷顿：《变革社会中的政治秩序》，王冠华等译，三联书店1989年版，第1页。在一个新近的研究里，Jessica Fortin, "Is There a Necessary Condition for Democracy? The Role of State Capacity in Post-Communist Countries", *Comparative Political Studies*, Vol. 45 (2012: 7): 903–930。通过定性和定量的证据验证了国家（维持法律和秩序以及保障公民权的）能力对于转型国家的民主能否维持和运转至关重要这一观点。

② 国内学界有一些较为系统的综述，如黄冬娅：《比较政治学视野中的国家基础权力发展及其逻辑》，《中大政治学评论》2008年第3卷。该文文献翔实，但侧重于历史制度主义（比较历史分析）而忽略其他流派，因此对学科发展及其背后逻辑言之不详。

在其环境中的总体绩效,并列举了五类行为:提取、规制、分配、符号和响应。[①] 但是他们的概念很难衡量。亨廷顿在《变革社会中的政治秩序》中则提出了国与国之间的最大区别并不在于政体形式（民主还是专制），而是国家的统治能力，并认为统治能力和政治组织的制度化程度（具体表现为适应性、复杂性、自主性和内聚性）相关，从而启示了之后研究国家和国家能力的学者。然而亨廷顿本人并未系统研究为何有的国家制度化程度高而有的国家制度化程度低的问题。只是笼统地提到政党的作用和改革的策略如何影响制度化，而没有回答为什么有的国家能建立起强大的政党而有的则不行。

20世纪70年代末开始，国家主义学派开始系统分析国家能力这一概念。西达·斯考切波在著名的《把国家找回来》一书的导言中提出国家能力是和国家自主性一样重要的概念，指的是国家（通过）实行政策实现其目标的能力。她进而区分了总体的国家能力和按政策领域区分的国家能力，认为对后者的研究更有意义，因为同一个国家在不同政策领域的能力不同，建议对一个政策领域进行跨国研究来分析该领域国家能力强弱的制度原因。对国家能力的制度原因的比较分析在一些领域取得了很好的成绩，如福利政策、医疗政策、外交政策以及经济发展的跨国比较（发展型国家的研究）。[②] 但是，因为其背后的国家理论本身包含的强烈的国家中心论的倾向性，对国家能力的跨国研究也过于注重国家制度的静态比较分析。虽然斯考切波提出了国家能力是个相对概念并要放在一个和社会相互关系的视角（relational approach）下分析，但在具体的个案分析中还是忽略了社会对国家的限制以及国家与社会的互动，因而也未能分析国家自主性和国家能力之间的关系。

作为对国家中心论的反对，国家社会关系理论的代表人物米格代尔（Joel Migdal）应时而出，于1988年提出了一个经典的关于国家能力的概念的界定，他认为国家能力指国家决定社会生活按何种秩序组织起来的能

---

① Almond, Gabriel A. & Powell, G. Bingham, *Comparative Politics: a Developmental Approach*, Boston: Little, 1966, Chapter Ⅷ.

② Skocpol, Theda, "Bring the state back in: strategies of analysis in current research", in Evans, Peter B., Rueschemeyer, Dietrich, Skocpol, Theda, *Bringing the State back in*, Cambridge; New York: Cambridge University Press, 1985.

力，或者说国家领导人通过国家的计划、政策和行动来实现其改造社会的目标的能力，从而将社会纳入了国家能力的分析框架，将国家能力视为国家与社会团体或组织争夺社会控制或者（韦伯所说的）社会支配的斗争。作为亨廷顿的高足，米格代尔的研究立足于乃师却能青出于蓝，将分析进一步深入社会科学中更为本质的问题：支配和社会控制。他归纳的四大国家能力（提取、渗透、规制和分配，后文将详细讨论）的本质就是支配关系：国家能否胜过社会群体或社会组织而制定出有约束力的规则，以及民众何时和为何会遵循国家制定的规则而非其他组织制定的规则。①

然而，正因为将国家和社会的关系视为争夺社会控制的斗争，米格代尔将国家能力视为一个零和游戏，即国家的强大是建立在社会的弱小基础上的，表现在其国家社会类型学中缺乏一个强社会强国家组合。但是帕特南和埃文斯分别提出强国家强社会组合的理论和现实可能性。通过对意大利南北地区的比较研究，帕特南认为强大的社会资本能够克服集体行动的困境，使社会强大起来并提高政府效能和促进经济发展，从而实现强社会、强经济、强国家的三强组合。② 埃文斯则认为一个自主性强的国家机构能够和商业集团形成嵌入自主性（embedded autonomy）关系，而促进产业的升级。国家社会能够形成一种协同关系，使双方都得到发展。但是光有自主性而缺乏嵌入，或者光有嵌入而没有自主性，都不足以形成强大的国家能力。③

迈克尔·曼区分了两种权力，专制性权力（即统治者可以在不必与市民社会各集团进行例行化、制度化讨价还价的前提下自行动的范围）和基础性（或译为建制性）权力。从概念上说，前者近乎国家自主性

---

① Migdal, Joel, *Strong Societies and Weak States: State-society Relations and State Capabilities in the Third World*, Princeton, N.J.: Princeton University Press, 1988. 中译本［美］米格代尔：《强社会与弱国家：第三世界国家的国家社会关系和国家能力》，张长东等译，江苏人民出版社2009年版。

② Putnam, Robert D., Leonardi, Robert & Nanetti, Raffaella, *Making Democracy Work: Civic Traditions in Modern Italy*, Princeton, N.J.: Princeton University Press, 1993.

③ Evans, Peter B., *Embedded Autonomy: States and Industrial Transformation*, Princeton, N.J.: Princeton University Press, 1995. 随后，埃文斯发展了这一观点，提出了国家社会协同的概念，见 Evans, Peter B., *State-society Synergy: Government and Social Capital in Development*, Berkeley, Calif.: University of California Press, 1997。

（及其和政治体制的关系）而后者近乎国家能力。① 曼进而讨论了二者的关系及其历史演变，我们将在后文展开讨论。基于曼的权力两分法，针对国家能力的本质是零和还是正和这一争论，王旭提出了国家社会相互赋权（mutual empowerment）的可能性及其机制。②

二 国家能力的分类

前文提到国家主义者认为因为同一国家在不同政策领域的能力不同，所以应该将国家能力按照政策领域进行分类，进行研究，并取得了很好的研究成果。但是这样分类太过细分，在理论的抽象性上不足。米格代尔则将国家能力分为提取、渗透、规制（调节社会关系）和分配（以特定方式配置或运用资源）四大能力。这个类型学比国家主义以政策领域分类的国家能力理论进了一大步。提取能力指的是国家从社会中取得人力、物力和财力的能力，集中体现在征兵和征税方面；规制能力则指国家制定规则并让民众和组织遵从规则的能力；渗透能力是指国家机构及其代理人进入社会各个角落的能力；分配能力则指国家按照其意愿和计划配置和使用资源的能力。③

发展型国家理论则讨论了国家制定产业政策，推动经济发展的能力，文献更是汗牛充栋。④ 除此之外，对于多数国家而言，现代国家的一个重要能力是管理宏观经济。格林德（Grindle）分析了拉美国家的宏观经济管理能力。⑤ 哈格德（Haggard）和考夫曼（Kaufman）则研究了各国应对

---

① Mann, Michael, *The Sources of Social Power V. 1*, Cambridge; New York: Cambridge University Press, 1986. Mann, Michael, *The Sources of Social Power V. 2*, Cambridge; New York: Cambridge University Press, 1993.

② Wang, Xu, "Mutual Empowerment of State and Society: Its Nature, Conditions, Mechanism, and Limits", *Comparative Politics*, Vol. 31, No. 2, 1999. 该文很好地综述和批评了上述争论。

③ Migdal, *Strong Societies and Weak states*, Chapter 1.

④ Johnson, Charlmers, *MITI and the Japanese Miracle: the Growth of Industrial Policy*, 1925 - 1975, Stanford, Calif.: Stanford University Press. 1982. Wade, Robert, *Governing the Market: Economic Theory and the Role of Government in East Asian Industrialization*, Princeton, N. J.: Princeton University Press, 1990. Evans, *Embedded Autonomy*. 等等。综述性文献参见朱天飚《发展型国家的衰落》，《经济社会体制比较》2005 年第 5 期。

⑤ Grindle, Merilee, *Challenging the State: Crisis and Innovation in Latin America and Africa*, Cambridge; New York, NY, USA: Cambridge University Press, 1996.

外部经济危机的能力。① 对中国地方政府推动经济发展的研究文献很多,②但是除了黄亚生对中国政府管理宏观经济的能力的分析,③ 以及史宗瀚对中国金融改革如何受派系政治影响而进展不力且造成严重债务问题的分析之外,④ 对中国政府的宏观经济管理能力研究甚少。

对国家提取能力,尤其是税收能力的研究,近年来也成了一个研究热点。⑤ 正如王绍光提出的那样,提取能力是国家能力的根本,很大程度上决定了其他国家能力。一些新著也考察了亚非拉多个国家,发现税收能力强的国家的政权延续性也更强。然而,税收能力存在一个悖论:过高的税收虽然短期内增强国家能力,但往往会影响经济的长期发展,进而影响政权的稳定。而保护私有产权、适度征税的国家则能放水养鱼,获得长期的经济发展。阿西莫格鲁等人发现当欧洲殖民者殖民拉美之初,在相对富饶的地区建立了"提取型制度",大肆掠夺,造成了经济的长期停滞;而在相对荒芜贫穷的地区则建立了"财产保护制度",休养生息,从而促进了经济的发展。阿西莫格鲁等人称这个现象为"制度逆转"和"财富逆转"。⑥ 然而与此相反,贝斯利和派尔森却发现税收能力(fiscal capacity)和法治能力(legal capacity,政府促进市场运作的能力)是高度相关的,因为二者是互补的:一个国家不可能在缺乏法治能力的情况下保

---

① Haggard, Stephan & Kaufman, Robert R., *The Politics of Economic Adjustment: International Constraints, Distributive Conflicts, and the State*, Princeton, N. J.: Princeton University Press, 1992.

② 如 Oi, Jean C., "Fiscal Reform and the Economic Foundations of Local State Corporatism in China", *World Politics* 45, No. 1 (1992); Whiting, Susan, *Power and Wealth in Rural China: the Political Economy of Institutional Change*, New York, Cambridge University Press, 2001. Li, Hongbin & Zhou, Li-An, "Political Turnover and Economic Performance: the Incentive Role of Personnel Control in China", *Journal of Public Economics*, Vol. 89 (9 – 10), September, 2005.

③ Huang, Yasheng, *Inflation and Investment Controls in China: the Political Economy of Central-local Relations during the Reform Era*, Cambridge; New York: Cambridge University Press, 1996.

④ Shih, Victor, *Factions and Finance in China: Elite Conflict and Inflation*, Cambridge; New York: Cambridge University Press. 2008.

⑤ 如 Boone, Catherine, *Political Topographies of the African State: Territorial Authority and Institutional Choice*, Cambridge, U. K.; New York: Cambridge University Press, 2003. Smith, Benjamin B., *Hard Times in the Lands of Plenty: Oil Politics in Iran and Indonesia*, Ithaca: Cornell University Press, 2007. Slater, Dan, *Ordering Power: Contentious Politics and Authoritarian Leviathans in Southeast Asia*, Cambridge; New York: Cambridge University Press, 2010.

⑥ Acemoglu, Daron, et al., "Reversal of Fortune: Geography and Institutions in the Making of the Modern World Income Distribution", *The Quarterly Journal of Economics*, Vol. 117 (2002: 4), pp. 1231 – 1294.

持高税收能力。① 本文将在后文对作为国家治理能力基础的税收能力专门讨论。

为何看起来相悖的税收能力和法治能力二者是互补的呢？很大程度上取决于国家提取了资源之后如何使用这些财政资源——国家的（再）分配能力。发达国家在发展初期能够将不断增长的财政收入投资于建立法治能力，从而有利于经济进一步发展，反过来促进了税收能力的增加，进入一个良性循环。而欧洲殖民者在拉美殖民地掠夺走财富后，将其转入欧洲而非在拉美进行制度建设，从而使其陷入了恶性循环。国家分配能力的研究与公共政策尤其是社会福利政策联系较紧密，其背后则是国家和政府的预算及预算过程。奥尔森根据利益集团利益涵盖范围对利益集团的分类及其对国家兴衰的探源涉及社会结构如何影响社会分配并进而影响经济发展。阿布理纳（Abrina）等人的中越比较研究则验证了这个观点。② 科利研究了印度不同的州的政党意识形态和扶贫政策效果的关系。③

渗透能力往往和提取能力相关：当国家能更好地渗透入社会的时候，国家的提取能力也会得到提升。因为国家要征收资源，需要掌握社会经济活动的具体情况和数据；而提取能力的加强则能加强国家对社会的渗透程度。傅高义研究了新中国成立初期共产党政权是如何渗透入广州经济社会的各个角落并提取资源的。④ 但是渗透是需要一定限度的，许慧文发现当共产党的基层政权渗透农村各个角落的时候，其代理人往往更认同于地方社会而非国家，从而影响国家的提取能力。⑤

三 国家能力的决定因素及其演变

不同类型的国家能力，其决定因素也不尽相同。但共同的决定因素也

---

① Besley, Timothy and Torsten Persson, *Pillars of Prosperity: the Political Economics of Development Clusters*, Princeton University Press, 2009.

② Abrami, Regina, et al., "Accountability and Inequality in Single-Party Regimes: A Comparative Analysis of Vietnam and China", *Comparative Politics*, Vol. 43 (2011: 4).

③ Kohli, Atul, *The State and Poverty in India: the Politics of Reform*, Cambridge; New York: Cambridge University Press, 1987.

④ [美] 傅高义：《共产主义下的广州：一个省会的规划与政治》，广东人民出版社2011年版，主要见第2—4章。

⑤ Shue, Vivienne, *The Reach of the State: Sketches of the Chinese Body Politic*, Stanford, Calif.: Stanford University Press, 1988.

存在，正如斯考切波提出的那样，即国家能力的基础是一个统一的主权、通过官僚机构和军队对领土进行控制、忠诚而训练有素的官员以及充分的财政资源。米格代尔则认为除此之外，一个有效的法院系统也是国家强大社会控制能力的关键。① 然而这些研究存在如下问题：（1）存在一定程度的循环论证（tautology），如充分的财政资源本身就是国家能力的体现（果）而非原因；（2）这些因素本身又受其他因素影响，或者说是近因而非远因。（3）不同的国家能力，其基础可能并不相同。而要避免这些问题，一个办法是比较历史分析，因为其可以通过过程跟踪分析（process tracing）而找出因果关系和因果机制。② 另一个方法则是理性选择，通过界定宏观环境（包含制度环境）如何影响行为者的利益和策略，进而影响政策制定和执行。

比较历史分析盛行于20世纪八九十年代，著名的学者有斯考切波、蒂利、曼等。蒂利分析西欧国家的演变，提出战争及其引发的对财政资源的需求是国家能力提升的主要动力和原因。但是这受到社会结构尤其是经济结构的影响，一些国家在此过程中形成了民主制度而另一些国家则强化了专制主义。③ 通过对西欧各主要国家的比较历史分析，曼认为，西欧国家的历史经验显示，随着战争威胁的加强和工业经济的发展，国家的基础性权力，尤其是其渗透能力和提取能力，得到了大幅度提高。但是，伴随着国家基础性权力加强的是国家的专制性权力的弱化：一方面，国家更深入地渗透进入了社会；另一方面，这个过程是国家与社会讨价还价的过程，社会也在这个过程中渗透进入了国家，以宪政和/或民主的形式制约了国家的专制性权力，并使其能一定程度上代表社会。④ 也有从跨国比较分析中发现这个过程的微观基础的，如列维提出了财政宪政理论（fiscal constitution）。她认为，统治者试图最大化其提取能力（税收和征兵能力），但是因为存在交易成本，统治者必须制定一个好的制度来降低交易成本。而降低交易成本的关键则是被统治者的半自愿服从（quasi-volunta-

---

① Migdal, *Strong Societies and Weak States*.
② 因果机制分为两类，一个是因果链，即将远因近因都找出来，见 Pierson, Paul, *Politics in Time: History, Institutions, and Social Analysis*, Princeton: Princeton University Press, 2004, Chapter 3；另一个则是找出连接两个宏观现象之间的微观机制（microfoundation）。
③ Tilly, Charles, *Coercion, Capital, and European states, AD 990 – 1990*, Cambridge, Mass., USA: B. Blackwell, 1990.
④ Mann, *The Sources of Social Power V. 2*.

ry compliance）或者有条件的同意（contingent consent）：也就是说统治者要让被统治者（纳税人和服兵役者）相信，他们的付出会得到政府的相应回报，而且其他公民也在和他们一样服从，而如果他们拒绝服从则会受到惩罚。而关键则是要建立一个可信的政府，会把公民缴纳的税收花到他们需要的公共物品上。实现税收财政的过程和途径是税收谈判（tax bargaining）。① 这些研究发现西方国家的一个共性是国家基础能力（此处是提取能力为代表）的提高是和其专制能力的削弱并行的，能够实现强国家强社会的组合。

上述研究的另一个共性则是提出研究国家能力不仅仅需要研究具体的制度设计，还要研究制度设计之外国家与社会力量（阶级、组织）的关系——也就是斯考切波提出的关系视角。从这个思路出发，埃文斯提出一个自主性强且内聚的官僚机构和良好的政商关系是国家有效推动经济发展的条件。② 维斯（Linda Weiss）试图从国内产业的关系中阐明埃文斯的嵌入性的概念。其中，转型能力（transformative capacity）被定义为"制定和执行能够扩大社会可投资的盈余的政策能力"。她力图表明的是，国家和社会之间的协调和合作才是国家能力的关键所在。为此，根据埃文斯嵌入性自主的构想，她引入了"治理性互赖"（Governed Interdependence）的概念用以说明国家和社会之间那种独特的制度性连接关系，这种连接关系强调的不单纯是国家的"强度"或"嵌入性"，更强调的是国家如何将权威委托给社会行动者。按照维斯的观点，成功地将产业整合引入国家的转型规划之中，这可以令国家在维持其自身协调作用的同时又能够与产业部门分享更多的权力。③ 但这些分析也存在一个严重的问题：更多的是静态的、描述性的分析，缺乏动态的因果分析。科利试图提供一个历史性的解释，则从殖民历史开始分析这种关系何以在一些国家可能而在另外一些国家则是奢望。④ 然而，从科利等历史制度主义者的眼里看来，国家能力往往是外生的，而后通过路径依赖得以维持乃至强化。

---

① Levi, Margaret, *Of Rule and Revenue*, Berkeley: University of California Press, 1988. Levi, Margaret, *Consent, Dissent, and Patriotism*, Cambridge; New York: Cambridge University Press, 1997.
② Evans, *Embedded Autonomy*.
③ Weiss, Linda & Hobson, John M., *States and Economic Development: a Comparative Historical Analysis*, Cambridge, MA: Polity Press, 1995.
④ Kohli, Atul, *State-directed Development: Political Power and Industrialization in the Global Periphery*, Cambridge, UK; New York: Cambridge University Press, 2004.

一些学者用结构性因素解释国家能力的大小。米格代尔强调社会结构对国家各种能力的综合影响。他发现当社会上地方势力强大的时候，掌控物质和文化资源、能影响当地百姓"生存策略"的地方强人对地方经济的控制使国家无力渗透进入地方社会，从而使中央政策无法得到实施。只有当一个社会经历战争、革命、大规模移民等冲击而消灭或削弱地方强人之后，强国家才可能建立。[1] 布恩（Boone）在一个对非洲地区的比较研究中则更进一步，她发现国家在选择是否渗透、如何渗透地方社会（借助于地方强人还是取而代之）时具有一定的主动性。当然这个主动性受到环境的制约，其中关键性的因素是当地社区结构和阶级关系。[2] 李伯曼（Lieberman）则发现国家与富人的互惠合作是国家税收能力得以提高的关键，但这需要富人意识到国家能提供他们所需要的公共物品——主要是人身与财产安全。而决定富人们能否有这个集体意识的正是一个国家的社会结构尤其是种族关系和阶级关系是否合一。[3] 这些研究开始在分析中加入行为者，而非简单的结构决定论，因此因果关系更为明确。

理性选择理论则把因果关系梳理得更为清楚，并试图提出一个因果机制。他们的另外一个贡献则是将国家分解（disaggregate）为具体的机构乃至个人，而不像国家学派那样将国家视为一个高度凝聚的行为者。米格代尔提出了上层的"生存政治"和下层政府与地方强人的"相互妥协"两大机制，使多数第三世界国家能力低下。国家往往是由谋求权力的个人（政治精英）所构成，如果强化国家能力的做法可能削弱个人权力或者影响其利益，那么他就不会去做；反之亦然。[4] 虽然他本人并非一个理性选择主义者，但米格代尔的思路是非常之理性选择的。而两位理性选择学者，贝茨和格迪斯，则将这个思路阐释得更为清晰。贝茨发现非洲许多国家的政策制定者往往制定损害经济发展的政策，但他们这么做并非不理性的体现。相反确是非常理性的：这些政策有利于他们取得权势集团的支持

---

[1] Migdal, *Strong Societies and Weak States*.
[2] Boone, *Political Topographies of the African State*.
[3] Lieberman, Evans S., *Race and Regionalism in the Politics of Taxation in Brazil and South Africa*, Cambridge studies in Comparative Politics, Cambridge; New York: Cambridge University Press, 2003.
[4] Migdal, *Strong Societies and Weak States*.

而维持权力。① 只有当普通民众拥有决定政策制定者命运的权力（也就是有选票）时，政策制定者们才会制定有利于普通民众的促进增长的政策。而格迪斯则将这个问题用更直接的方式展示出来。她假定政客（politician）和官僚都追求职业成功，因为无论你是现实主义者（为了权力或者个人利益而追求权力）还是理想主义者（通过权力实现其他目标和价值），权力都是实现目标的工具，所以要实现利益最大化，首先必须能够保住职务。不同于米格代尔，格迪斯认为（政治）制度（比社会结构）更重要。不同于斯考切波等国家学派对外部经济和军事威胁的重视，格迪斯认为外部威胁固然重要，但政客们在采取何种策略应对时也会考虑如何在国内也促进自身的利益，而这在不同的制度下会对国家自主性和能力造成不同的影响。② 而官僚们也同样受到制度的影响而在实施政策中力度不一。③ 旨在提高国家能力的改革即使不遇到既得利益的阻力，也往往会因为是公共物品面临集体行动的困境而无法实现。④

不同于上述文献中对发展中国家的研究，发达国家中，国家的制度化和社会的组织化水平更高，因此各种国家能力更受正式制度的影响。如艾弗森（Iverson）发现工会的组织形式和组织化程度影响资本主义国家宏观经济调控的有效性。⑤ 关于资本主义多样性的研究则系统考察了不同的

---

① Bates, Robert H., *Markets and States in Tropical Africa: the Political Basis of Agricultural Policies*, Berkeley: University of California Press, 1981.

② 这个思路接近于帕特南提出的双层博弈（two level game）中政治家同时面临国内外双重压力，可以借助国内压力增加国际上的讨价还价能力，或者借助国际压力增加国内讨价还价能力的思路。

③ 关于执行的经典研究，参见 Pressman, Jeffrey L., Wildavsky, Aaron B. & Oakland Project, *Implementation: How Great Expectations in Washington are Dashed in Oakland; or, Why it's Amazing that Federal Programs Work at all, this Being a Saga of the Economic Development Administration as Told by Two Sympathetic Observers who Seek to Build Morals on a Foundation of Ruined Hopes* (2d. edition.), Berkeley: University of California Press, 1979。关于对中国的政策选择性执行研究，参见 O'Brien Kevin and Li Lianjiang, "Selective implementation in rural China", *Comparative Politics*, Vol. 31 (1999：2)。虽然这些研究说法各异，但是其核心问题还是委托代理人关系在政治学里的应用，尤其是如何在涉及权力关系的时候设计一个好的制度来减少委托代理中的负面效果。

④ Geddes, Barbara, *Politician's Dilemma: Building State Capacity in Latin America*, Berkeley: University of California Press, 1994.

⑤ Iversen, Torben, *Contested Economic Institutions: the Politics of Macroeconomics and Wage Bargaining in Advanced Democracies*, Cambridge Studies in Comparative Politics, New York: Cambridge University Press, 1999.

商业组织形式和工会组织形式如何影响资本主义国家的经济调整。[1]

第二节 作为国家治理能力基础的税收能力[2]

　　财税制度是国家治理的基础和支柱，税收能力是国家治理能力的重要部分。税收之所以重要，不仅因为它本身是国家治理能力的一个重要部分，更因为它能有效地影响其他国家治理能力，影响一国政府的治理水平，[3]并可能影响政权的稳定和长治久安。税收能力通过以下几个具体的机制影响治理质量和政治发展抑或衰败。

　　首先，一国财政资源的多少直接影响国家的公共支出，而政府的公共支出对维持政府的运转和促进国家的其他目标（如发展和公平），提高治理能力至关重要。国家需要强大的军队和警察力量才能维持政权，应付外敌内患。而在一个军事技术发达的时代，维持强大的军队和警察需要大量的财政支出。[4]另外，一个现代国家需要维持大规模的政府和公务人员，提供公共教育和公共卫生等各种服务。对于后发展国家而言，政府所掌握和支配的财政资源更为重要，因为如格申克龙（Gerschenkron）所指出的那样，越是后发展国家越需要国家动员资本来集中投资于基础设施和促进工业化进程。[5]从长期来看，只有促进经济增长才能可持续地提高国家税收能力。只有当国家能很好地完成这些职能的时候，这个国家才有合法性并维持对社会的控制。当国家的税收能力低下而无法履行这些职能时，其治理能力和政权的维续也成为一个问题。另外，国家的财政资源还能被用

---

[1] 文献很多，有代表性的是 Hall, Peter & Soskice, David, eds., *Varieties of Capitalism: the Institutional Foundations of Comparative Advantage*, Oxford; New York: Oxford University Press, 2001.

[2] 此节内容摘自作者的一篇论文，略有修改。张长东：《税收与国家建构》，《经济社会体制比较》2011 年第 3 期。

[3] Moore, Mick, "Between coercion and contract: competing narratives on taxation and governance", in Brautigam, Deborah, et al., *Taxation and State-building in Developing Countries: Capacity and Consent*, Cambridge; New York: Cambridge University Press, 2008.

[4] Slater, Dan, *Ordering Power: Contentious Politics and Authoritarian Leviathans in Southeast Asia*, New York: Cambridge University Press, 2010. Smith, Benjamin B., *Hard Times in the Lands of Plenty: Oil Politics in Iran and Indonesia*, Ithaca: Cornell University Press, 2007.

[5] Gerschenkron, Alexandra, *Economic Backwardness in Historical Perspective, a Book of Essays*, Cambridge, Belknap Press of Harvard University Press, 1962.

来构建庇庸依附关系而获取社会支持。[①] 如 Smith 发现的那样，伊朗的 Shah 政权将其由石油得来的大量财政资源用于收买人心获取政治支持。因此，税收能力是其他国家治理能力的基础和支柱。

但是，也有学者认为，一个政权的财政收入的多少并不是最为主要的，同样重要的还有财政收入的来源。正如熊彼特指出的那样，来自地租和贡赋的收入使王室保持专制性权力而不顾民生。[②] 源自税收的财政资源最有助于加强其他国家能力，而源自自然资源（如石油、矿产）等收入的财政资源则可能是一个诅咒（curse）而非祝福（bless），源自外部的援助资金也同样不能增强国家能力。相反，大量的意外之财会使政府更为腐败，使得各个帮派对自然资源的争夺更加激化甚至引起内战，从而导致社会动荡，降低政权寿命。这就是著名的资源诅咒理论（resource curse）。然而，施莱特（Slater）和史密斯（Smith）都认为资源诅咒理论并不一定成立，因为如前所述，这些食利国家（rentier state）能运用各种财政资源获得政治支持，从而增加政权维续能力。而且有远见的领导人会利用这些财政资源来加强国家的统治能力，进行经济转型。他们认为，食利国家的危险在于过分依赖资源出口，而资源的价格存在很大的波动，这就会对国家的财政收入产生影响。当资源价格突然降低而导致财政资源匮乏的时候，国家也就出现了统治危机。因而，来自自然资源的大量财政收入是通过制度化这个中介变量影响治理和政权维续的。

资源诅咒理论提出了税收对于国家能力具有重要意义的另一个原因：不仅是国家收取了多少税，而是国家如何征税，才是重要的。征税需要建立强大的税收机构渗透进入社会并掌握经济信息，而这具有强大的溢出效应——增强国家的制度建设，建立起强大的官僚体系，从而影响其他各种国家能力。间接税这一"隐形税收"有助于降低民众的抵制和反抗，但不利于建立强大的官僚机构渗透社会。同样，来自自然资源的意外之财和外部援助因为来得过于容易而无助于甚至会削弱制度建设。史密斯认为，只有当征税机构深入社会并掌握了"这个社会都有什么人，他们在何处

---

① Bates, Robert H., *Markets and States in Tropical Africa: the Political Basis of Agricultwral Politicies*, Berkeley: University of California Press, 1981.

② Schumpeter, Joseph A. and R. Swedberg, *The Economics and Sociology of Capitalism*, Princeton, N. J., Princeton University Press, 1991.

如何谋生"等信息，政府才能很好地进行社会控制并制定合理的政策①。他认为印度尼西亚的专制政权之所以能比伊朗的专制政权维持得更长久，是因为苏哈托在印尼发现大量自然资源之前已经开始着手建立税收体系，并一直坚持；而伊朗则是当石油价格暴涨时满足于高价石油带来的高收益而放弃了建立税收体系的努力。因此，二者的国家能力差异很大，在石油价格暴跌时也是命运迥异：印尼能维持政权而伊朗的Shah政权却在革命中倒台。

税收影响政权稳定性的第四个机制是其社会再分配能力。社会不公会造成社会冲突从而影响政权稳定。② 但是一些累进性税收（如财产税、个人所得税、遗产税）能调节财富和收入的差距，从而使社会更加公平。而像资源税和间接税（如增值税、销售税等）则不具备累进性特征，甚至是累退的，因而不能促进社会公平，反而可能加剧社会不公，进而造成社会动荡不安。但过早地推行大规模的再分配政策也会影响经济发展，瓦尔德纳（Waldner）发现土耳其在经济尚未发展起来之时就实行新凯恩斯主义的再分配政策伤及了其经济发展能力。③ 这一点也是诸多发展中国家，包括中国，在税收改革时需要注意的问题。

虽然强大的税收能力对治理能力和政权维续至关重要，但这并不是简单的线性相关，有三点需要注意。其一，税收要有度，并不是越多越好。相反，如任何一本经济学入门教材都会提到的那样，过高的税收会扭曲社会激励结构，减少社会投资，或者会迫使流动性的资产投资逃到其他国家或地区，从而导致经济停滞乃至衰退。其二，税收收入的支出结构也非常重要。前文提到的用于制度建设的公共支出比用于收买支持的支出，对提高治理能力和政权维续更为有效。瓦尔德纳（Waldner）对东亚的发展型国家和中东的早熟的凯恩斯主义国家④进行研究时发现，将公共资源用于投资从而促进经济增长，而非扩大社会再分配，才是发展中国家经济发展的有效战略。其三，提高税收能力的过程本身可能对政权的稳定造成威

---

① Smith, *Hard Times in the Lands of Plenty*: 52 – 53. 同样的观点可参见 Moore 前引文。

② Przeworski, Adam, *Democracy and Development*, Cambridge, UK; New York, N.Y.: Cambridge University Press, 2003.

③ Waldner, David, *State Building and Late Development*, Ithaca, N.Y.: Cornell University Press, 1999.

④ 早熟的凯恩斯主义国家指在经济发展水平低下的情况下过量扩大政府财政支出，尤其是福利支出。

胁，尤其是当一个国家想在极短的时间内大幅度提高税收时，往往容易爆发暴力抗税乃至革命。①

第三节 政治衰败

缺乏国家治理能力的社会往往会在现代化过程中出现政治衰败的现象，从国家治理现代化的视角看，是国家治理体系和能力的现代化步伐未能跟上经济社会现代化的进程而导致的问题。卡尔·多伊切（Karl Deutsch）定义社会动员（social mobilization）为人们在经济社会变迁过程中，在经济社会因素影响下，其态度、期望与价值取向等不断发生变化的过程。② 以李普塞特（Lipset）为代表的现代化理论家赞同这一观点，并认为现代化过程中的社会动员往往会制约政府专断性的权力，从而带来社会的进步和民主化。③ 但是亨廷顿却发现现代化进程中的社会往往呈现各种社会失序，其原因在于制度化未能和社会动员同步，旧有的国家体制无力吸纳新兴的被动员起来的社会力量。在《变革社会中的政治秩序》一书中，亨廷顿强调政治衰败即对由现代化引发的表现为政治腐化与政治动荡等一系列现象的总称，认为政治衰败发生的原因是政治制度化的发展落后于社会经济变革，并称应通过政治制度化来重建政治秩序，保障政治稳定。亨廷顿这样概括发展中国家的政治衰败现象：

> 除了少数明显的例子外，第二次世界大战以后，这些国家的政治演变具有以下特征：种族和阶级冲突不断加剧；骚动和暴力事件层出不穷；军事政变接二连三；反复无常、个人说了算的领导人物主宰一切，他们常常推行灾难性的社会和经济政策；内阁部长和公职人员肆无忌惮地腐化；公民的权利和自由遭受恣意侵犯；政府效率和公务水平日益下降；城市政治集团纷纷离异；立法机关和法庭失去权威；各

---

① Skocpol, Theda, *States and Social Revolutions: a Comparative Analysis of France, Russia, and China*, Cambridge; New York: Cambridge University Press, 1979. Tilly, Charles, *Coercion, Capital, and European States, AD 990 – 1990*, Cambridge, Mass, USA: B. Blackwell, 1990.

② Deutsch, Karl, "Social Mobilization and Political Development", *American Political Science Review*, Vol. 55 (1961).

③ Lipset, S., "Some Social Requisites of Democracy: Economic Development and Political Legitimacy", *The American Political Science Review* 53 (1959): 69 – 105.

种政党四分五裂，有时甚至彻底解体。

  20世纪50年代和60年代，急剧增加的政治骚乱和暴力事件席卷全球。……在整个亚洲、非洲和拉丁美洲，到处可以看到政治秩序在下降，政府的权威性、有效性和合法性在遭到破坏。这些地区缺乏国民士气和公共精神以及能够体现和指导公共利益的政治机构。笼罩在这里的景象，不是政治的发展，而是它的衰朽。①

  亨廷顿认为现代化本身冲击国家治理，并给缺乏治理能力的国家带来社会衰败和失序，对于多数发展中国家而言，一个凝聚力强、能吸纳各种新兴社会势力的政党是关键。这一点从现代化理论的另一个机制上也能推出。现代化理论认为经济发展会推动公民结社，从而形成公民社会。而公民社会及其社会组织有什么作用呢？从西方的经验来看，一方面社会团体能够动员民众的参与来制约政府的独断专行，从而提高治理的民主化和政府的绩效；另一方面能够加强社会资本，培养民众的民主素质，加强社会自治而使小而有效的政府成为可能，提高人们的信任感，从而降低交易成本，促进经济发展。②托克维尔在其名著《论美国的民主》中盛赞美国地方社会的结社行为，认为这是美国民主制度生机勃勃的重要基础。有学者这么归纳社会团体的作用：通过结社生活的内在价值，促进公民美德；学习政治技巧；提供对政府权力扩张的抵制和制衡；促进利益代表的质量和公平性；促进公共讨论和创造个人和群体直接参与治理的机会。③换而言之，社会团体的良性发展有助于国家社会的协同治理和治理能力的现代化。

  但是，如果任由公民社会发展而不加以引导和依法治理，则会过犹不及，展现其不利的一面。这对像中国这样的后发展国家尤其严重，因为经济社会发展速度很快，在西方国家经过几百年逐渐解决的问题可能一下子出现，并且都高度政治化从而挑战政府的治理能力。比如魏玛共和国时期，公民社会过度发展，各种社会组织层出不穷且高度关注政治，提出的

---

① 亨廷顿：《变革社会中的政治秩序》，第2—3页。
② Lipset, "Some Social Requisites of Democracy: Economic Development and Political Legitimacy". [美]帕特南：《使民主运转起来》，赖海榕译，江西人民出版社2001年版。
③ Fung, Archon, "Associations and Democracy: Between Theories, Hopes and Realities", *Annual Review of Political Science* (2003): 29.

各种要求远远超出刚成立的能力尚且不足的魏玛共和国政府及政党的整合能力，从而将德国社会碎片化，造成了治理危机：政治不稳定、社会失序乃至暴力事件层出，最终使纳粹党乘虚而入，利用民族主义和民粹主义赢得选举、获得政权而将德国带上了法西斯道路。[1] 更近的例子则是包括基于社交网络而组成的非正式组织和传统宗教团体在阿拉伯国家中发起的抗议、游行，最终颠覆了政权。一方面在于之前的政府未能有效依法管理各种在经济发展过程中兴起的社会组织，也未能适时回应其合理合法的要求而造成矛盾的积累，最终在外部势力的影响下倒台；另一方面，选举出来的新政府成立后照样无法有效治理这些社会组织，也无法绕过这些组织直接面对社会，从而使表面的民主制度无法运行，国家缺乏治理能力，连基本的社会秩序都不能保证。——这又论证了亨廷顿的基本判断。

缺乏社会组织这类"中介性组织"的工业化社会被称为大众社会。在传统农业社会，宗教组织、村社、宗族等扮演了中介组织的角色，将社会组织起来，国家面对的是这些传统的中介组织而非个体化的民众。而进入工业社会后，在大众社会中，脱离了传统社会纽带的个体被原子化了，孤立无援，缺乏根基，既无力约束自己的行为，也无力约束政府行为，很容易被右翼的极权主义分子或民粹主义者所蛊惑。[2] 社会组织不发达的社会，如20世纪七八十年代的印度，国家面临着"集权但无权"的治理能力不足的问题：政府高度集权，但是却缺乏制定良好政策所需要的信息和能力，在执行政策时也缺乏社会组织的协助，国家治理能力低下。[3] 还有学者发现非洲当代史（去殖民化及20世纪80年代危机之后）中国家建构的两个关键过程同样也是结社活动最活跃最自主的时期。相反的，独立后最初三十多年的多数非洲国家却是外强中干，其公民社会也是碎片化且死气沉沉的，其原因在于"国家主义（引起了民粹主义）和国家的衰败（导致地方主义）都阻碍了公民社会的发展"。相反，20世纪80年代后半

---

[1] Berman, Sheri, "Civil Society and the Collapse of the Weimar Republic", *World Politics*, Vol. 49, 3 (1997): 401-429.

[2] Lowi, Theodore J., *The End of Liberalism: Ideology, Policy, and the Crisis of Public Authority*, New York: Norton, 1969.

[3] 巴灵顿·摩尔在其著作《民主与专制的社会起源》一书中以20世纪60年代以前的印度为例，提出缺乏现代化（以商业化为代表）和革命两大冲击也造成社会失序、衰败和缺乏活力。摩尔将印度能够维持其基本社会秩序归因为其种姓制度，但这种秩序是以牺牲活力为代价的。

期发生的非洲大陆的公民社会的复兴同时增强了非洲国家的自主性和能力。①

不同于现代化理论者的社会中心论倾向，对于蒂利（Tilly）等国家建构（state building）理论家们而言，战争及与之相伴随的税收国家的产生是现代国家形成的关键要素，这一点在前文已经详细论述。对于第三世界国家比较普遍的社会失序和衰败，很多学者提出是因为缺乏战争和战争威胁。② 非洲研究学者提出"失败的国家"等概念并将之归因为地广人稀和缺乏战争威胁。施莱特对东南亚诸国的研究则修正了蒂利的观点，认为国家内部冲突和国际冲突一样具有国家建构的功能，缺乏内部冲突及威胁的国家往往是弱的威权主义国家。③

研究拉美的学者则发现现代化进程并不一定带来民主，相反，出口导向型的工业化发展战略往往是和官僚威权主义（bureaucratic authoritarianism）相伴生。官僚威权主义体制短期内能有效地利用工业化战略发展经济，但却由于其对工人阶级和普通民众的压榨而造成进一步的社会两极分化，从而造成很多官僚威权主义政体的倒台和民粹主义的兴起，使国家无法形成有效的治理体系和能力，政权更迭频繁，经济增长乏力。④

第四节　从国家能力看治理能力及其现代化

上文对国家能力的概念与内涵、分类、影响因素的分析大概勾勒出了国外学界关于国家能力研究的基本状况。对社会失序和衰败的分析也从反面讨论了国家治理能力的重要性及其缺失的原因。那么，国家能力理论和治理能力概念的区别和内在契合又是什么呢？国家能力理论能对我们研究治理能力起什么样的作用呢？治理能力现代化中的现代化又意味着什么呢？

综合前面讨论，本文认为，现代化的国家能力包含两个维度，一是程

---

① 参见 Wang, Xu, "Mutual Empowerment of State and Society: Its Nature, Conditions, Mechanisms, and Limits", *Comparative Politics*, Vol. 31, No. 2 (1999): 231 – 249.
② Migdal, *Strong Societies and Weak States*.
③ Slater, *Ordering Power*.
④ O'Donnell, Guillermo A., *Modernization and Bureaucratic-Authoritarianism: Studies in South American Politics*, Politics of Modernization Series, Berkeley: Institute of International Studies, 1973.

度或者能力大小的维度，如传统的国家提取能力很弱，现代的国家则能提取 GDP 的 30% 乃至更高。另一个维度则是国家专制性权力（即统治者可以在不必与市民社会各集团进行例行化、制度化讨价还价的前提下自行行动的范围）的减弱或者说民主程度的提高。如前文所述，基于对西欧各主要国家的比较历史分析，曼认为，近代西欧国家历经了国家和社会相互渗透的一个阶段，基础性权力（尤其是其渗透能力和提取能力）得到大幅度提高的同时是国家的专制性权力的弱化。由此，我们可以对曼的类型学做一个改进，得到表 1-1。

表 1-1　　　　　　　　　　治理能力的类型学

		国家能力（基础性权力）	
		弱	强
专制性权力	强	传统的/世袭制	极权主义（不持久）
	弱	分封制/大民主	现代的

基于国家能力理论，笔者进而认为，现代化的治理能力至少包含以下四个特征：能力强大（以税收提取能力为代表但不局限于此的）；国家、市场、社会共治且相互赋权，这是现代治理能力的本质属性；能力的多元化及各种能力间的协调发展而非相互冲突；基于制度化和法治化。这样的内容组织，也和上文分析国家能力的本质、种类和原因相对应。下面我们分别展开讨论。

一　能力强大

传统社会和现代社会的一个重大区别是现代社会能创造并动用大量的人力、物力资源。现代化的国家治理能力也意味着国家在不同政策领域都有强大的能力；在提取、渗透、规制、分配、推动经济发展方面都能力强大。但以量来衡量国家治理能力只是多个特征中的一个，还存在一个度的问题，也并不意味着国家要承担全面的职能——正如极权主义的强大国家能力只是短期的、不可持续的那样。我们还需和下面几个特征结合起来，才能更好地理解国家治理能力现代化。

二 国家、市场、社会共治且相互赋权

以中国为例，在"全能主义"模式或传统的国家统治模式下，国家主导和支配社会、经济，国家和社会、国家和市场的边界是模糊的，甚至是不存在的。① 这样的一个体制本身是存在很多问题的，从而造成了生产效率低下、人民生活水平长期得不到提高等问题，并造成了"文化大革命"这样的浩劫，亟待改革。② 随着改革的逐步展开，市场和社会从国家分离出来，这也对旧有的基于计划经济和单位制（在农村是人民公社和生产队制度）的社会控制模式和国家治理模式提出了挑战，并导致了一系列后果。经过三十多年的改革和经济发展，现在政府面临着一个主体日益多元化的社会，如何才能更好地进行治理呢？在回答这个问题时，中国共产党的理念也发生了重大的变化：从统治到管理到治理，从政府自上而下的管理社会转换到"党委领导、政府负责、社会协同、公众参与"的社会管理到现在的国家治理。这至少意味着下面两方面的内容：第一，推进市场主体和社会主体进一步和国家分离（政企分开、政社分开），承认市场主体和社会主体的重要性，承认"有限国家"的必要性；第二，在国家治理过程中强调多元主体的能力培育和共同参与。这也和前文提到的注重国家社会互动的国家能力观念是契合的：要实现强国家、强社会、强经济的组合，一方面需要一个凝聚力强、有一定自主性、权力范围适度的国家，另一方面需要强大的社会自组织能力和丰富的社会资本。但在现实中离这个状态还有一定的距离，尤其是国家手中掌握了大量的权力，社会自组织刚刚发育、力量不足，这些需要进一步的改革来推动。

在20世纪90年代的农村，一方面因为旧的社会控制模式的退出而没有新的替代模式出现，另一方面因为对农业的过度提取，造成了农村的治理危机。作为回应，中央政府推行了村委会直接选举，通过赋权于村民及

---

① 邹谠：《二十世纪中国政治》，牛津大学出版社1994年版，第223页。关于国家单方面行为的局限性，参见〔美〕斯科特《国家的视角：那些试图改善人类状况的项目是如何失败的》，王晓毅译，社会科学文献出版社2004年版。

② 关于社会主义政治经济体制，参见〔匈〕科尔奈《社会主义体制：共产主义政治经济学》，中央编译出版社2008年版，第二部分。

其自治组织来进行农村治理，一定程度上缓解了农村治理危机。[1] 同样也有很多经验研究发现通过地方政府和草根社会组织的合作，能够更有效地提供公共物品。[2] 但这样的例子并不是很多，即使在大部分城市地区，都存在社会组织发育不足，无力承担社会功能的现象。也有研究发现在一些农村地区，村委会并不能很好地提供公共物品，反而是宗族、教会等非正式组织在提供。研究者还提出了这样做会不会削弱、架空政府权威的疑问。[3] 这些经验研究，一方面指出了国家社会合作、促进协同治理的重要性，另一方面也指出了现实中制度化程度不足的缺陷；需要进一步的改革和社会本身的进步来弥补。

国家对市场的治理能力同样如此，我国实行的计划经济和全面的国有制貌似能够使国家更好地掌控经济资源，但却严重削弱了正常的激励机制而很快陷入了缺乏创新和经济停滞，使得以政企分开、市场机制主导的经济改革成为必要措施并带来了长达三十多年的经济高速发展奇迹。而现在经济出现的很多问题，深层次的原因还是政企不分、市场机制未能发挥基础性决定作用。一方面，政府手里拥有多种权力，设租、寻租，缺乏足够的自主性；另一方面，企业未能成为市场的真正主体，各方面受制于政府，倾向于寻求庇护关系而非平等的协作关系。因此无法形成埃文斯所称的"嵌入自主性"，达成国家、企业（以及行业协会）共治的局面。这些都需要进一步的政府改革和市场改革才能实现。

国家、市场和社会的共治和相互赋权还包括民主协商的层面。正如前文提到的财政宪政理论那样，强大的、可持续的国家治理能力需要国家和社会行为者之间通过讨价还价和协商达成的共识。

---

[1] Wang, Xu, *Mutual Empowerment of State and Peasantry: Village Self-government in Rural China*, New York: Nova Science Publishers, 2003. 国外的一个例子：福克斯（Jonathan Fox）在研究墨西哥的农村社会时发现，政府中的改革者们首先通过政府项目动员了群众，然后通过提供更多的政治和经济资源，促进了代议的自主社会团体的巩固和发展。Jonathan Fox, "How Does Civil Society Thicken? The Political Construction of Social Capital in Rural Mexico", *World Development*, 24 (6), June, 1996.

[2] 参见 Spires, Anthony J., "Contingent Symbiosis and Civil Society in an Authoritarian State: Understanding the Survival of China's Grassroots NGOs", *American Journal of Sociology* 117 (2011: 1).

[3] 参见 Tsai, Lily L., *Accountability without Democracy: Solidary Groups and Public Goods Provision in Rural China*, Cambridge studies in comparative politics, New York, NY: Cambridge University Press, 2007.

三 能力的多元化及各种能力间的协调

现代化的治理能力意味着全面的治理能力,这对于同时要应对多重发展危机的后发展国家而言尤为重要。[1] 因为各种发展危机是接踵而至并非同时发生,先发展国家可以一个一个地解决危机;而对于后发展国家而言,多种发展危机同时降临,必须同时应对——这就对后发展国家的国家治理能力提出了更严峻的挑战。一个例子就是促进经济发展对于后发展国家而言是一个重大的挑战,但对先发展国家而言却可以更多地由市场来主导。[2]

使后发展国家的国家治理问题更为复杂的是这些不同的能力之间可能是相互冲突的——正如前文讨论的提取能力和促进经济发展能力之间的关系那样——这需要治国者具有更高明的政治智慧。因为之前的研究者们倾向于对某一类能力的个案或比较研究,目前学界还缺乏关于其他种类国家能力间的矛盾的研究,这也为我们进行理论创新提供了机遇。

四 基于制度化和法治化

如何才能使这些内在存在一定冲突的治理能力之间相互协调而非冲突?一个根本性的决定因素是要制度化、法治化。现代经济发展的前提条件是一个强大的(能提供公共物品、制定并执行法律)国家,然而这个强大的国家本身却可能是问题的根源:运用其权力掠夺市场而非维护市场。[3] 那么如何才能有效地制约国家的权力不被用于掠夺性行为,把权力关进制度的笼子呢?以及如何使政治家或者政客们着力于加强国家治理能力而非互相内耗、削弱国家能力?从前文对米格代尔、贝茨和格迪斯等人的研究中,我们发现制度化至关重要:只有当制度能够为政治家们提供可靠预期时,他们才会努力增进国家能力而非通过建立各种庇护关系或各种政治伎俩来维护自身权力,但却损害国家能力和人民福祉。

---

[1] Binder, Leonard, *Crises and Sequences in Political Development*, Studies in political development, Princeton, N. J.: Princeton University Press, 1971.

[2] Gerschenkron, Alexander, *Economic Backwardness in Historical Perspective*, *a Book of Essays*, Cambridge: Belknap Press of Harvard University Press, 1962.

[3] North, Douglass and Barry Weingast, "Constitutions and Commitment: The Evolution of Institutions Governing Public Choice in Seventeenth-Century Britain", *Journal of Economic History*, Vol. 49 (1989: 4), pp. 803 - 832.

国家、市场和社会主体间的协商也需要制度化和法治化，否则无论是法团主义式的利益表达和协商，还是多元主义式的表达，以及各种代议机制和协商机制，都容易蜕化为特殊性的庇护关系，而非普遍性的、规则性的制度安排。

本章小结

国家治理能力及其现代化是一个新的命题，因此学界对此缺乏系统的研究。本文借鉴比较政治学中较为成熟的国家能力理论，对什么是国家治理能力，什么是现代化的国家治理能力，如何推动国家治理能力现代化等问题展开了讨论，提出了现代化的国家治理能力的四个特征。然而，正如文章多次提到的那样，本文提出的问题要多于回答的问题，回答这几个问题还需要我们进行更多的理论和实证研究。未来的研究中，一方面我们要更好地借鉴西方国家治理能力发展的经验，吸取许多发展中国家国家治理的教训；一方面也要更好地归纳总结发展中国家在国家治理方面的经验和教训，从而探索出推动符合各个发展中国家国情的国家治理能力现代化的道路。

参考文献

［美］巴灵顿·摩尔：《民主与专制的社会起源》，王茁等译，上海译文出版社2012年版。

［美］傅高义：《共产主义下的广州：一个省会的规划与政治》，广东人民出版社2011年版。

［美］亨廷顿：《变革社会中的政治秩序》，王冠华等译，生活·读书·新知三联书店1989年版。

黄冬娅：《比较政治学视野中的国家基础权力发展及其逻辑》，《中大政治学评论》2008年第3卷。

［匈］科尔奈：《社会主义体制：共产主义政治经济学》，张安译，中央编译出版社2008年版。

［美］米格代尔：《强社会与弱国家：第三世界国家的国家社会关系和国家能力》，张长东等译，江苏人民出版社2009年版。

［美］帕特南：《使民主运转起来》，赖海榕译，江西人民出版社2001年版。

［美］斯科特：《国家的视角：那些试图改善人类状况的项目是如何失败的》，王

晓毅译，社会科学文献出版社 2004 年版。

张长东：《税收与国家建构》，《经济社会体制比较》2011 年第 3 期。

张长东：《国家治理能力现代化研究——基于国家能力理论视角》，《法学评论》2014 年第 3 期。

朱天飚：《发展型国家的衰落》，《经济社会体制比较》2005 年第 5 期。

邹谠：《二十世纪中国政治》，牛津大学出版社 1994 年版。

Abrami, Regina, et al., 2011, "Accountability and Inequality in Single-Party Regimes: A Comparative Analysis of Vietnam and China", *Comparative Politics*, Vol. 43.

Acemoglu, Daron, et al., 2002, "Reversal of Fortune: Geography and Institutions in the Making of the Modern World Income Distribution", *The Quarterly Journal of Economics*, Vol. 117.

Almond, Gabriel A. and Powell, G. Bingham, 1966, *Comparative Politics: a Developmental Approach*, Boston: Little.

Bates, Robert H., 1981, *Markets and States in Tropical Africa: the Political basis of Agricultural Policies*, Berkeley: University of California Press.

Berman, Sheri, 1997, "Civil Society and the Collapse of the Weimar Republic", *World Politics*, Vol. 49, 3.

Besley, Timothy and Torsten Persson, 2009, *Pillars of Prosperity: the Political Economics of Development Clusters*, Princeton, N.J.: Princeton University Press.

Binder, Leonard, 1971, *Crises and Sequences in Political Development*, Studies in political development, Princeton, N.J., Princeton University Press.

Boone, Catherine, 2003, *Political Topographies of the African State: Territorial Authority and Institutional Choice*, Cambridge, U.K.; New York: Cambridge University Press.

Deutsch, Karl, 1961, "Social Mobilization and Political Development", *American Political Science Review*, Vol. 55.

Evans, Peter B., 1995, *Embedded Autonomy: States and Industrial Transformation*, Princeton, N.J., Princeton University Press.

Evans, Peter B., *State-society Synergy: Government and Social Capital in Development*, Berkeley, Calif: University of California Press.

Jessica Fortin, 2012, "Is There a Necessary Condition for Democracy? The Role of State Capacity in Post-Communist Countries", *Comparative Political Studies*, Vol. 45.

Jonathan Fox, 1996, "How Does Civil Society Thicken? The Political Construction of Social Capital in Rural Mexico", *World Development*, 24 (6), June.

Fung, Archon, 2003, "Associations and Democracy: Between Theories, Hopes and

Realities", *Annual Review of Political Science.*

Gerschenkron, Alexandra, 1962, *Economic Backwardness in Historical Perspective, a book of essays*, Cambridge, Belknap of Harvard University Press.

Grindle, Merilee, 1996, *Challenging the State: Crisis and Innovation in Latin America and Africa*, Cambridge; New York, N. Y., USA: Cambridge University Press.

Geddes, Barbara, 1994, *Politician's Dilemma: Building State Capacity in Latin America*, Berkeley: University of California Press.

Haggard, Stephan & Kaufman, Robert R., 1992, *The Politics of Economic Adjustment: International Constraints, Distributive Conflicts, and the State*, Princeton, N. J.: Princeton University Press.

Hall, Peter and Soskice, David, eds., 2001, *Varieties of Capitalism: the Institutional Foundations of Comparative Advantage*, Oxford; New York: Oxford University Press.

Huang, Yasheng, 1996, *Inflation and Investment Controls in China: the Political Economy of Central-local Relations during the Reform Era*, Cambridge; New York: Cambridge University Press.

Iversen, Torben, 1999, *Contested Economic Institutions: the Politics of Macroeconomics and Wage Bargaining in Advanced Democracies*, Cambridge studies in comparative politics, New York: Cambridge University Press.

Migdal Joel, 1988, *Strong societies and Weak States: State-society Relations and State Capabilities in the Third World*, Princeton, N. J.: Princeton University Press.

Johnson, Charlmers, 1982, *MITI and the Japanese Miracle: the Growth of Industrial Policy*, 1925 – 1975, Stanford, Calif.: Stanford University Press.

Soren Holmberg, 2009, "Quality of government: what you get", *Annual Review of Political Science* 12.

Kohli, Atul, 1987, *The State and Poverty in India: the Politics of Reform*, Cambridge; New York: Cambridge University Press.

Kohli, Atul, 2004, *State-directed Development: Political Power and Industrialization in the Global Periphery*, Cambridge, UK; New York: Cambridge University Press.

Levi, Margaret, 1988, *Of Rule and Revenue*, Berkeley: University of California Press.

Levi, Margaret, 1997, *Consent, Dissent, and Patriotism*, Cambridge; New York: Cambridge University Press.

Li, Hongbin & Zhou, Li-An, 2005, "Political turnover and economic performance: the incentive role of personnel control in China", *Journal of Public Economics*, Elsevier, Vol. 89 (9 – 10), September.

Lieberman, Evans S., 2003, *Race and Regionalism in the Politics of Taxation in Brazil and South Africa*, Cambridge studies in comparative politics, Cambridge; New York: Cambridge University Press.

Lipset, S., 1959, "Some Social Requisites of Democracy: Economic Development and Political Legitimacy", *The American Political Science Review* 53.

Lowi, Theodore J., 1969, *The End of Liberalism: Ideology, Policy, and the Crisis of Public Authority*, New York: Norton.

Mann, Michael, 1986, *The Sources of Social Power V. 1*, Cambridge; New York: Cambridge University Press.

Mann, Michael, 1993, *The Sources of Social Power V. 2*, Cambridge; New York: Cambridge University Press.

Moore, Mick, 2008, "Between coercion and contract: competing narratives on taxation and governance", in Brautigam, Deborah, et al., *Taxation and State-building in Developing Countries: Capacity and Consent*, Cambridge; New York: Cambridge University Press.

North, Douglass and Barry Weingast, 1989, "Constitutions and Commitment: The Evolution of Institutions Governing Public Choice in Seventeenth-Century Britain", *Journal of Economic History*, Vol. 49.

O'Brien Kevin and Li, Lianjiang, 1999, "Selective implementation in rural China", *Comparative Politics*, Vol. 31.

O'Donnell, Guillermo A., 1973, *Modernization and Bureaucratic-Authoritarianism: Studies in South American Politics*, Politics of Modernization Series, Berkeley: Institute of International Studies.

Oi, Jean C., 1992, "Fiscal reform and the economic foundations of local state corporatism in China", *World Politics* 45.

Pierson, Paul, 2004, *Politics in time: History, Institutions, and Social Analysis*, Princeton: Princeton University Press.

Pressman, Jeffrey L., Wildavsky, Aaron B. & Oakland Project, 1979, *Implementation: how Great Expectations in Washington are Dashed in Oakland; or, Why it's Amazing that Federal Programs Work at all, this being a Saga of the Economic Development Administration as Told by two Sympathetic Observers who Seek to Build Morals on a Foundation of Ruined Hopes* (2d. edition), Berkeley: University of California Press.

Przeworski, Adam, 2003, *Democracy and Development*, Cambridge, UK; New York, N. Y., Cambridge University Press.

Putnam, Robert D., Leonardi, Robert & Nanetti, Raffaella, 1993, *Making Democracy Work: Civic Rraditions in Modern Italy, Princeton, N. J.: Princeton University Press.

Schumpeter, Joseph A. and R. Swedberg, 1991, *The Economics and Sociology of Capitalism*, Princeton, N. J.: Princeton University Press.

Skocpol, Theda, 1979, *States and Social Revolutions: a Comparative Analysis of France, Russia, and China.* Cambridge; New York: Cambridge University Press.

Skocpol Theda, 1985, "Bring the state back in: strategies of analysis in current research", in Evans, Peter B., Rueschemeyer, Dietrich, Skocpol, Theda, *Bringing the State back in*, Cambridge; New York: Cambridge University Press.

Shue, Vivienne, 1988, *The Reach of the State: Sketches of the Chinese Body Politic*, Stanford, Calif: Stanford University Press.

Shih, Victor, 2008, *Factions and Finance in China: Elite Conflict and Inflation*, Cambridge; New York: Cambridge University Press.

Slater, Dan, 2010, *Ordering Power: Contentious Politics and Authoritarian Leviathans in Southeast Asia*, Cambridge; New York: Cambridge University Press.

Smith, Benjamin B., 2007, *Hard Times in the Lands of Plenty: Oil Politics in Iran and Indonesia*, Ithaca: Cornell University Press.

Spires, Anthony J., 2011, "Contingent Symbiosis and Civil Society in an Authoritarian State: Understanding the Survival of China's Grassroots NGOs", *American Journal of Sociology* 117.

Tilly, Charles, 1990, *Coercion, capital, and European states, AD 990 – 1990*, Cambridge, Mass, USA: B. Blackwell.

Tsai, Lily L., 2007, *Accountability without Democracy: Solidary Groups and Public Goods Provision in Rural China*, Cambridge studies in comparative politics, New York, N. Y.: Cambridge University Press.

Wade, Robert, 1990, *Governing the Market: Economic Theory and the Role of Government in East Asian industrialization*, Princeton, N. J.: Princeton University Press.

Waldner, David, 1999, *State Building and Late Development*, Ithaca, N. Y.: Cornell University Press.

Wang, Xu, 1999, "Mutual Empowerment of State and Society: Its Nature, Conditions, Mechanism, and Limits", *Comparative Politics*, Vol. 31, No. 2.

Weiss, Linda & Hobson, John M., 1995, *States and Economic Development: a Comparative Historical Analysis*, Cambridge, MA: Polity Press.

Whiting, Susan, 2001, *Power and Wealth in Rural China: the Political Economy of Institutional Change*, New York: Cambridge University Press.

第 二 章

社会安全与贸易投资环境：
一项重要的研究命题

吴白乙　史沛然[*]

第一节　社会安全对当今世界贸易投资的影响

20世纪，特别是20世纪90年代以来，随着科学技术发展、资本市场自由化和跨国公司兴起成为日益普遍的趋势，国际贸易和投资也发生周期一再缩短，且流量不断超前的大扩张、大高涨、大发展的历史性现象。活跃的全球贸易投资活动不仅成就了巨量资本的流入流出，同时也带动了相关的学术研究，从广义的投资贸易环境到具体的投资贸易策略，学术兴趣和理论成果也相伴而生，不断丰富和细化起来。与此同时，在现有的研究中还存在着一些有待填补和深究的空白。相关文献普遍认可有某些因素影响甚至决定一国贸易投资水平，但是人们对这些因素是否存在着国别和行业的差别依然存在争议。例如，一个国家/地区的民主化程度被普遍认为与贸易投资环境以及引资水平呈正相关的关系。然而，近年来的事实表明，尽管亚洲、非洲和拉美地区许多国家被某些国际机构视为民主程度低下的投资目的地，它们所吸引的外国直接投资却远高于本地区内那些被认定为民主程度高的发达经济体。进入21世纪以来，民主化程度与资本流入呈负相关性的国别案例越来越多。大量吸引外国投资的国家，不仅其民主化程度迥然不同，而且在自然禀赋、人口构成、经济发展等方面千差万

---

[*] 吴白乙，法学博士，中国社会科学院拉丁美洲研究所所长，研究员，国务院应急管理专家组成员。史沛然，美国兰卡斯特大学经济学博士，拉丁美洲研究所博士后。

第二章 社会安全与贸易投资环境：一项重要的研究命题

别。因此，当我们再次讨论影响贸易投资环境的因素这个问题时，不仅需要关注那些已经被反复讨论和认定的对象，更值得把一些之前很少或是从未被纳入研究视野的因素加以审视、分析，以便更好地理解这个问题。

较20世纪中叶外国直接投资开始兴起，目前全球投资格局和流向已经有了很大不同，主要行为体不再局限于少数大型跨国公司，具有国家主权投资或国有资产性质的商业机构异军突起，而大量的私人资本所支持的创投活动悄然间"登堂入室"，成为外国直接投资的主要力量。外国直接投资活动也不再局限于发达经济体之间的相互投资和发达经济体向发展中经济体的投资，新兴的发展中经济体不仅积极地在发达经济体投资，其相互投资方兴未艾。随着新兴经济体在全球经济总量中比重的不断上升，其内部投资和对外投资行为的调整和变化无疑将带来全球投资贸易格局以及一些旧有投资模式的变化。一些过去投资贸易的决定性因素的重要性有可能下降，而另一些之前被认为对贸易投资决策影响不大的因素则有可能被重视起来[1]。本章将着重讨论社会安全与贸易投资环境之间的关系，概因笔者认为前者对未来全球贸易投资环境和决策的影响力将进一步上升，却未曾被充分探讨：首先，社会安全体现着一国政府的综合治理能力，这种能力应与党派和政治倾向无关，在很多时候甚至与一国政体、民主化程度没有必然联系。一项有利于维持和提高社会安全的政策，应具有超越党派和政见的高度连续性，其合理性和有效性来自其经济社会发展的内在要求与治理现代化外在趋势之间的有机结合而非冲突。其次，丰富的事实表明，尽管社会安全在一定程度上可以作为测度民主化水平的指标，但二者互动并非总是稳定的正相关性质，无论在何种政治体制下过度民主都可能造成社会失序和不安全。近年来国际贸易投资的实践也有力地摒弃了学术界测量各国民主化程度所造成的意识形态偏见。最后，目前直接用于衡量社会安全水平的指数多种多样，但大多只涉及社会安全中的一个，或者几

---

[1] 以中国为代表的发展中国家在现今全球经济贸易格局中发挥着越来越重要的影响力，"中国因素"成为贸易投资环境越来越不可忽视的力量。如中国自2013年提出的"一带一路"贸易投资战略，合作对象范畴涵括欧亚60多个国家和地区，以北中南线分别从海路和陆路展开经济贸易合作，在巩固中国同中亚和东南亚合作基础（发展中经济体之间的相互合作）的同时，逐步形成辐射作用，增强中国同欧洲的经济合作，以"互通要求"为基本内涵，在基础设施、自然资源、双向投资等多方面互补互助，共同发展，促进现有世界贸易格局的革新，推动沿线国家共同发展。

个方面,没有一个系统性的、直接的社会安全指标体系。

首先,本章从既有文献出发,对政治稳定、社会发展程度、政府决策力、民族矛盾、法律秩序等影响国家/地区引入外国直接投资的量化分析加以综述,肯定了社会安全之"稳定程度"要素对外国直接投资的正面影响;其次,引入目前分析最常用的衡量政府治理能力的世界治理指数(WGI),以此作为社会安全水平的一个间接的全面衡量指标;最后,通过将2013年度世界治理指数和全球外国直接投资流量加以对比,发现世界治理指数对诸多所谓"社会不安全"的国家和地区仍然吸引大量外国直接投资,后者的引资额且年年攀升的事实缺乏足够的解释力。基于这一观察,笔者认为现存指标体系的缺陷提出了引入新的解释元素的必要性。受此启发,本章试从引资国的人口年龄结构,投资方的获利模式,引、投双方互信程度和文化差异,生态文明的差异化程度以及引资国民族主义文化基础等方面阐述其解释意义,借以推动对这一重要研究命题的进一步讨论和研究。

第二节 外国学者对社会安全与投资环境的研究

在学术界中,社会安全的定义随着学科的差异定义也各有千秋。在政治学中,社会安全的一个重要标准为政治稳定度(Political Stability);经济学把宏观经济的稳定作为社会安全的一个常用参照物;社会学则把男女性别比例、犯罪率高低当作重要指标,也包括食品安全,水资源安全等。就贸易投资环境的讨论而言,分析的视角或指标也多种多样,如外国直接投资(FDI)的数额、国际贸易的顺逆差值、证券市场的活跃程度,诸如此类均被广泛应用。费雪(Fischer)(1993)的研究表明:宏观经济层面的稳定对发展至关重要,如高通货膨胀率、大额财政赤字和扭曲的外汇市场与经济增长呈负相关关系。阿勒斯那和佩罗蒂(Alesina & Perotti)(1995)在研究了71个国家1960—1985年的数据之后,从收入分配、政治安定以及投资三者关系的角度发现收入不平等会导致社会政治不稳定性增加,从而造成不稳定的政治社会环境,最终导致投资活动的减少。作者试图证明收入差距过大与投资呈负相关性,并且通过细分以下几个变量为政治失稳性建模:受政治驱动的暗杀数、国内大型暴力事件死亡人数占总人口的百分比、成功的政变次数、预谋但不成功的政变次数,以及民主程度。文章将第二次世界大战后亚洲和拉美国家经济增长和投资环境加以对比后发现，几十年间两地人均 GDP 相近，但由于许多亚洲战后土地改革和福利制度大幅度缩小社会的贫富差距，其政治和社会稳定程度优于民主化程度，而收入差距更大的拉美国家，因而享有更多的外资流入和发展红利。

君和辛（Jun & Singh）（1996）基于 31 个发展中国家 1970—1993 年的数据研究表明，一国政治和社会的不稳定性直接关涉企业运营条件，不可避免地对该国吸引 FDI 能力影响重大。一般来说，政治失稳与社会失序之间存在明显的双向互动作用，而且终究会带来企业运营条件的恶化，让后续的外国直接投资者望而却步。

泰勒和萨尔诺（Taylor & Sarno）（1997）以 1988—1992 年美国对 9 个拉美国家的资本输入为样本，讨论决定发展中国家（长期及短期）引资水平的主要因素，其结论是国家信用评级和政府政策对国际资本流入的影响至关重要。

戴阿蒙特等（Diamonte et al.）（1998）的研究对新兴市场和成熟市场的证券市场回报率作出比较，发现政治风险对新兴市场的影响力更为深远。更有意思的是，作者指出随着新兴市场政治安全度逐年提高，成熟市场政治风险程度也在同步上升，两个市场的政治风险程度差异正在缩小。

冯（Feng）（2000）从私人投资的角度，检验了民主程度对投资的影响。在这篇论文中，民主程度被进一步细分成三个要素并同时得到检验：政治自由、政治不稳定性和政策不确定性，作者最终认为这三个要素对私人投资均有重大影响。

欧布瓦纳（Obwana）（2001）以乌干达为研究案例，提出宏观经济形势和机构稳定对该国吸引外国投资至关重要。此前，李佩西（Lipsey）（1999）对亚洲国家吸引美国投资和图曼等（Tuman et al.）（1999）对拉美国家吸引日本投资的相似研究也得出过相似的结论。

本戈雅和桑切斯 - 洛布勒斯（Bengoa & Sanchez-Robles）（2003）在研究了历时 30 年、18 个拉丁美洲国家的相关数据后，发现稳定的政治形势有利于长期吸收外资，提出为了更好地吸收外资，政府应该在建立以市场为导向的环境之余，致力于达到政治和经济环境的双重稳定。经济自由通过两条渠道刺激经济增长：直接渠道表现为自由市场鼓励经济发展，而在间接渠道上稳定的政治形势和自由的经济环境可吸引更多的外国直接投资，继而促进经济发展。

罗格夫和莱因哈特（Rogoff & Reinhart）（2003）在其研究非洲地区外国直接投资活动的专著中，开宗明义地阐述"宏观经济政策的透明度、强有力的行政机构、腐败程度低下、安全无战事、贸易开放度高和外部环境友善和睦是非常重要的环境条件。但是，对于投资和增长而言，稳定的宏观经济政策，特别是稳定的价格则是必不可少的一环"。作者通过分析后殖民地时代非洲国家的数据得出结论，认为透明的、稳定的宏观局势有利于政府控制通货膨胀和汇率巨大波动，最终有利于吸引外国投资。

另一篇关注非洲外国直接投资的论文出自阿西耶杜（Asiedu）（2006）之手。它根据 1984—2000 年撒哈拉沙漠以南非洲国家的数据，分析自然环境、社会环境、政治环境对吸引外资的影响，认为良好的基础设施、劳动力教育程度、宏观经济稳定、对境外资本开放度、有效的法律系统、低腐败程度和政治稳定均是吸引外国直接投资的重要条件。作者特别强调，增强政府治理能力是吸引外资的一剂良方。倘若尼日利亚可将腐败程度降到南非的水平，可直接带来石油和矿石出口量增加 38.4% 的直接收益。

布希和赫非科尔（Busse & Hefeker）（2007）的论点是建立在对 83 个发展中国家 20 年间引资数据的量化分析之上的，因而具有相当有力的说明性。他们观测到，国家政权的稳定性、内外部冲突、腐败程度、民族矛盾、法律秩序、政府公信力和相关职能部门的执行能力等均可显著地影响外资流入的水平。

概括起来，上述文献均主张在政治和社会稳定、民主化程度与国际资本流入水平之间存在正相关性。与此同时，另有一些文献持相反的意见。

海嘉德（Haggard）（1990）指出，市场稳定对资本产生高回报率是外资最大的偏好。因此，在一些"劳工和左派对经济变化或者基本物权具有强大压力"的国家，有利于及时回应这些压力和稳定市场的却可能是某些欠民主的乃至极权性质的政权。对于境外投资者而言，它们甚至更有吸引力。

奥内尔（Oneal）（1994）的研究专门比较了民主和专制制度对投资的影响，结果他发现政体的差异对于外国直接投资的流入并无影响，在一些发展中经济体中，对"极权国家"投资收益明显地高于在"民主政体"

下的投资回报。

李和雷斯尼克（Li & Resnick）(2003) 以"企业为何出国投资"为着眼点，将53个发展中国家在1982—1995年期间引进外资的数据进行统计和归纳，发现民主政体对于外国直接投资具有正负两面影响，进而提出"相较于政体本身，一个政权是否能有效保护产权才是影响外资流入的关键因素"的重要论断。

不同于其他在宏观层面分析外国直接投资的研究视角，霍尔本和泽尔那（Holburn & Zelner）(2010) 详细分析了跨国公司投资电力行业的情况，并试图以电力行业为例，探讨政治风险和投资环境二者的关系。其研究成果发现，相当一部分的跨国投资者愿意选择政治风险高的国家进行投资——20世纪90年代电力行业的跨国投资中，有25%发生在政治风险极高的国家。对于投资者而言，如果本国的政策环境宽松，或是面临足够强的再分配风险，他们就很愿意去风险更大的国家/地区进行投资。

阿西耶杜和林恩（Asiedu & Lien）(2011) 系统性地分析了112个发展中国家1982—2007年的数据，试图研究民主制度、外国直接投资和自然资源的关系。最终作者发现，民主制度只有在出口的石油和矿产占出口总额低于某一个特定值时，才会吸引和促进外国直接投资。在自然资源丰富的国家，跨国公司（MNCs）的投资主要集中于开采业，开采业往往需要大额的前期投入，投资周期较长，因此比起政权更迭较快的民主制度，投资者们更倾向于选择民主化程度较低但是政权周期更长的国家开展投资活动。对于引资方来说自然资源具有政治、经济和战略上的重要性，是政府必须最大限度加以控制的，从而造成政府是外资进入这一关键领域的主要谈判对手的实际情况。如果能与政府保持较好的关系，则更容易获得自然资源的利用权。在这点上，民主化程度低的国家比民主化程度高的国家便于操作。尽管在112个国家中，有90个国家的数据支持外国直接投资与民主制度的扩张的正相关性，但其余22个国家所显示的相反结论同样需要高度重视，后者恰恰表明外国直接投资的主要驱动力是自然资源的数量而非国家政权的类别。

综上所述，现存的研究成果通过对不同地区、国家、时期的数据分析和讨论，得出以下几点共同结论：首先，引资国的市场大小、资源和要素条件、经济稳定情况是其吸引外国直接投资的重要决定因素；其次，几乎所有的文献都肯定了自由和稳定的宏观经济市场对投资者具有吸引力。然而，在目前的文献里很少有直接量化"社会安全"的研究，而仅仅使用少数似与"社会安全"这一命题相关的参照系数，有时这些衡量"社会安全"的参照系数甚至是互相矛盾的。例如，虽然"政治稳定"系数可对部分案例具有一定的解释力，却无法有效地衡量和量化另外一些国家的安定程度，因此不能解释不少评级为"政治风险极大"却能够吸引大量国际投资的发展中国家的实际现象。为了进一步说明现存的、常用的社会安全的标准与现实情况的差距和冲突，接下来的一节将选取"世界治理指数"为例进行讨论并指出相应的值得思考之处。

第三节　标准的界定与存疑：以"世界治理指数"为例

世界银行是现存全球治理体系的重要组成部分之一，它公布年度世界治理指数（World Governance Index，WGI）意在衡量各国政府及其相关部门的执政能力，包括政府选举、治理和更换、有效制定和推行政策的能力、对公民的回应程度以及管理经济和社会组织的能力和状态。自1996年出台至今，因其严谨度高、资料来源广、功用多，已日益成为决策界和学术界相关政策讨论和研究的最常用的指标之一[①]。

WGI汇集来自32个不同机构的数据，包括私人和机构问卷调查机构（9家），商业信息机构（4家），非政府组织（11家），公共部门组织（8家），并将之最终整合为6项指标：1. 表达与可信度（Voice and Accountability）；2. 政治稳定与无暴力（Political Stability and Absence of Violence）；3. 政府效率（Government Effectiveness）；4. 规制质量（Regulatory Quality）；5. 法治（Rule of Law）；6. 腐败控制（Control of Corruption）。世界银行详细说明设定这6项指标的具体依据及其来源。尽管没有专门的"社会安全"指标，但是这6项指标得以建立的众多数据选项均与社会安全息息相关，特别是政治稳定和无暴力程度、政府效能、法治3个指标的数据构成，直接反映一个国家/地区的治理能力，也对该国/该社会安全与稳定状况给出"客观的"测定：

[①] 有关世界治理指数的详细介绍和构建方式，参见http://info.worldbank.org/governance/wgi/index.aspx。

表 2-1　　　　　　　　　世界治理指数指标的构成

机构简称	指数	机构简称	指数
	表达与责任（VA）		政治稳定与无暴力程度（PSAV）
EIU	民主指数	EIU	武装冲突
	特权利益		暴力示威
	政府官员的责任		社会动荡
	人权		国际局势紧张/恐怖主义威胁
FRH	政治权利	GCS	恐怖主义的成本
	人权	HUM	政治杀戮的频率
	媒体自由指数		失踪的频率
	传媒		酷刑的频率
	公民社会		政治恐怖尺度
	选举程序	IJT	安全风险评级
GCS	政策制定透明度	IPD	内部矛盾程度：种族、宗教或区域
	媒体自由		暴力活动程度：如地下政治组织的存在
	政府官员做决定的偏好		社会矛盾程度（土地矛盾除外）
	立法机关效能	PRS	政府稳定度
GWP	选举公正力度		内部矛盾
HUM	对境内外旅行的限制		外部矛盾
	政治参与自由度		种族冲突
	因民族、血统或政治、宗教而入狱	WMO	内乱
	言论自由		恐怖主义

续表

机构简称	指数	机构简称	指数
	表达与责任（VA）		政治稳定与无暴力程度（PSAV）
IPD	国家层面上的自由选举		
	选举程序是否有缺陷		
	代表机构（如议会）是否依照正式法规（如宪法）行事		
	结社自由		
	集会、抗议自由		
	对少数族裔自由权利的尊重（少数民族、宗教信仰者、移民等）		
	国际货币基金组织基于条款五制作的报告是否印行		
	政府预算可信度		
	政府账户可信度		
	国有企业账户可信度		
	基本经济和金融数据可信度		
	国有银行账户可信度		
	政府采购透明度		
	离境自由		
	外国人入境自由（根据协定自由出入公民除外，如申根区）		
	公民在世界各国出入自由		
	真正自由多元化		
	网络自由		
PRS	军队在政治中的比重		
	民主责任		
RSF	新闻自由指数		
WMO	机构永久性		
	代表性		

注：英文字母代表 WGI 数据来源的各机构缩写，具体来源机构名称请参照：http://info.worldbank.org/governance/wgi/index.aspx#doc-sources，本表中只收录了代表性数据来源，非代表性数据来源略去。

表 2-2 世界治理指数指标的构成（续）

机构简称	指标	机构简称	指标
	政府效率（GE）		规制质量（RQ）
EIU	行政部门质量		不公平竞争行为
EIU	冗余机构		价格控制
GCS	基础建设	EIU	歧视性关税
GCS	初等教育质量		过度保护
	公共交通满意程度		歧视性税收
GWP	公路和告诉满意程度		政府规则的负担
	教育系统满意程度		税收的程度和效能
	公立学校覆盖率		贸易壁垒盛行程度
	基础医疗服务覆盖率	GCS	本土竞争程度
IPD	饮用水卫生系统覆盖率		创业难度
	电网覆盖率		反托拉斯政策效率
	交通设施覆盖率		环境政策的强度
	垃圾处理厂覆盖率	HER	投资自由度
PRS	行政部门质量		金融自由度
WMO	行政部门		当地法律监管下创业难度
WMO	政策一致性和后续计划		外国公司设立子公司难度
			限制性价格份额
			政府是否补贴物价（食物和必需品，油除外）
		IPD	政府是否补贴油价
			食品和服务业（金融行业除外）
			新竞争者的实际进入壁垒（对执法者而言）
			食品和服务业（金融行业除外）
			新竞争者的实际进入壁垒（对已有竞争者而言）
			市场各行业竞争管制效率（金融行业除外）
		PRS	投资概况
		WMO	税收效率
			立法

注：英文字母代表 WGI 数据来源的各机构缩写，具体来源机构名称请参照：http://info.worldbank.org/governance/wgi/index.aspx#doc-sources，本表中只收录了代表性数据来源，非代表性数据来源略去。

表 2-3　　　　　　　　世界治理指数指标的构成（续）

机构简称	指标	机构简称	指标
	法治（LR）		腐败控制（CC）
EIU	暴力犯罪	EIU	官员的腐败
	有组织犯罪	GCS	公众对政治家的信任
	司法程序公正度		进出口非常规付款
	合同执行力		公共设施非常规付款
	司法程序速度		税收非常规付款
	充公/征用		公共合同非常规付款
	知识产权保护		司法判决非常规付款
	私有产权保护		政府俘获
GCS	犯罪和暴力的商业成本	GWP	政府中的腐败是否广泛
	有组织犯罪的成本	IPD	政府市民间的红包程度
	警察服务可信度		政府企业间的腐败程度
	司法独立		政府外国企业间的腐败程度
	挑战现有法规的法律框架的有效性	PRS	腐败
	知识产权保护	WMO	腐败
	财产权		
	非正式行业		
GWP	警察力度		
	司法系统力度		
	本人或家人是否被偷窃		
	是否被侮辱或抢劫		
HER	财产权		
HUM	司法独立性		

第二章 社会安全与贸易投资环境:一项重要的研究命题　39

续表

机构简称	指标	机构简称	指标
	法治（LR）		腐败控制（CC）
IPD	人身物品安全程度		
	司法独立程度		
	庭谕效力程度		
	司法判决实效性		
	本国与外国公民法律面前的公平度		
	限制逃税力度		
	私人利益相关者起冲突时保护其财产权的效率		
	处置私产时政府是否武断独行		
	征用私人土地时所付补偿是否等同损失		
	征用生产工具时所付补偿是否等同损失		
	本国公民签订合同时的守法程度		
	本国公民与外国公民签订合同时的守法程度		
	过去三年中，政府撤销合同时是否给予本国利益相关人补偿？		
	过去三年中，政府撤销合同时是否给予外国利益相关人补偿？		
	尊重涉及商业机密和生产专利的知识产权		
	尊重涉及生产仿制品的知识产权		
	国家是否正式认可土地制度的多样性		
PRS	法律与秩序		
TPR	人口交易		
WMO	司法独立性		
	犯罪率		

注：英文字母代表 WGI 数据来源的各机构缩写，具体来源机构名称请参照：http://info.worldbank.org/governance/wgi/index.aspx#doc-sources，本表中只收录了代表性数据来源，非代表性数据来源略去。

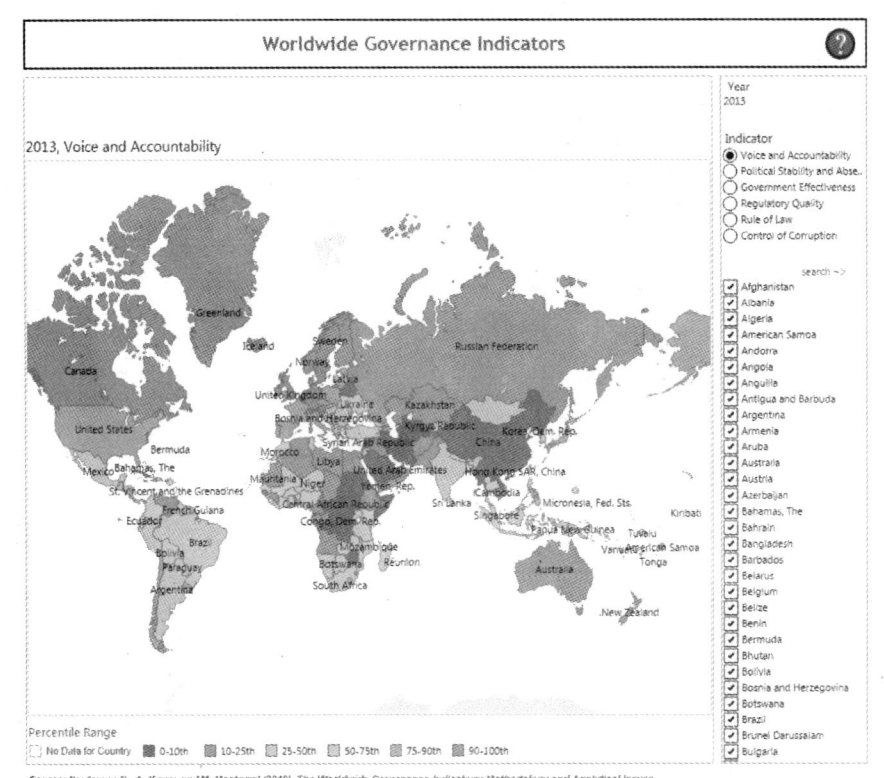

图 2-1 2013 年全球世界治理指数分布：表达与责任

图2-2 2013年全球世界治理指数分布：政治稳定与无暴力程度

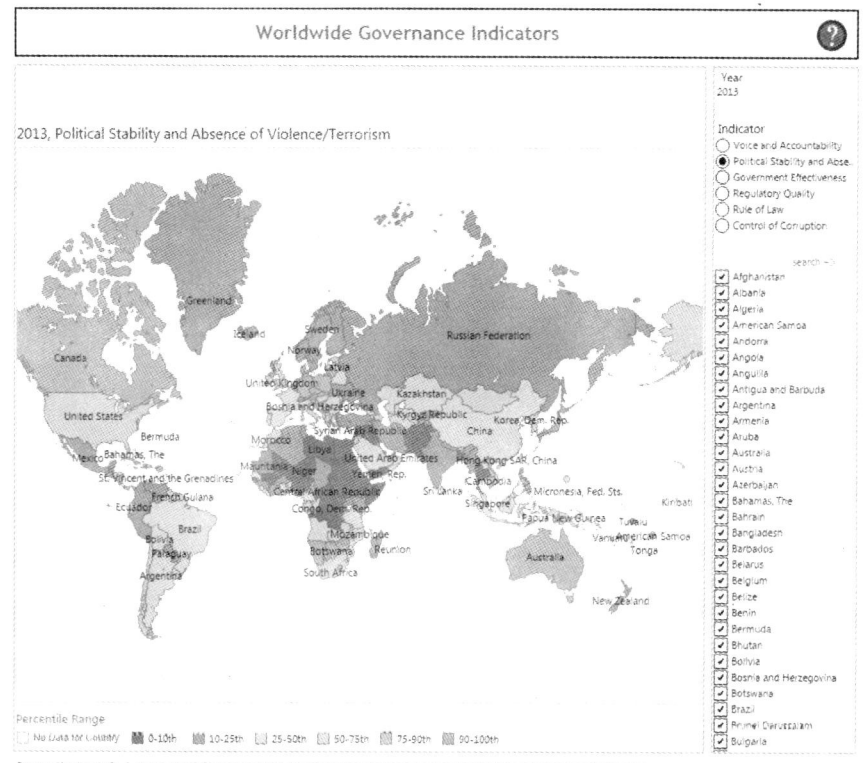

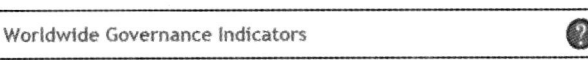

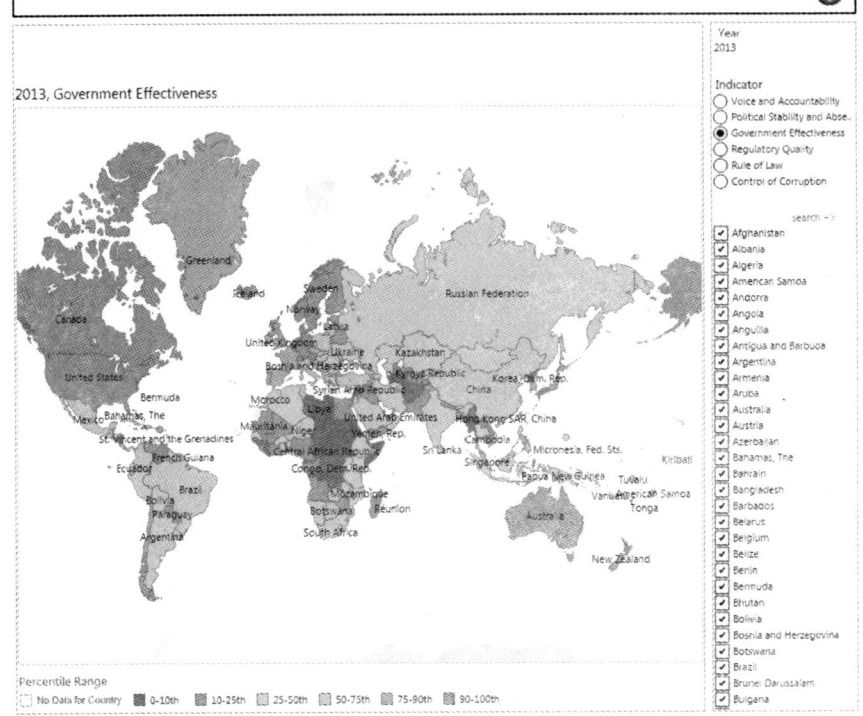

图 2-3　2013 年全球世界治理指数分布：政府效率

图 2 - 4 2013 年全球世界治理指数分布：规制质量

图 2-5　2013 年全球世界治理指数分布：法治

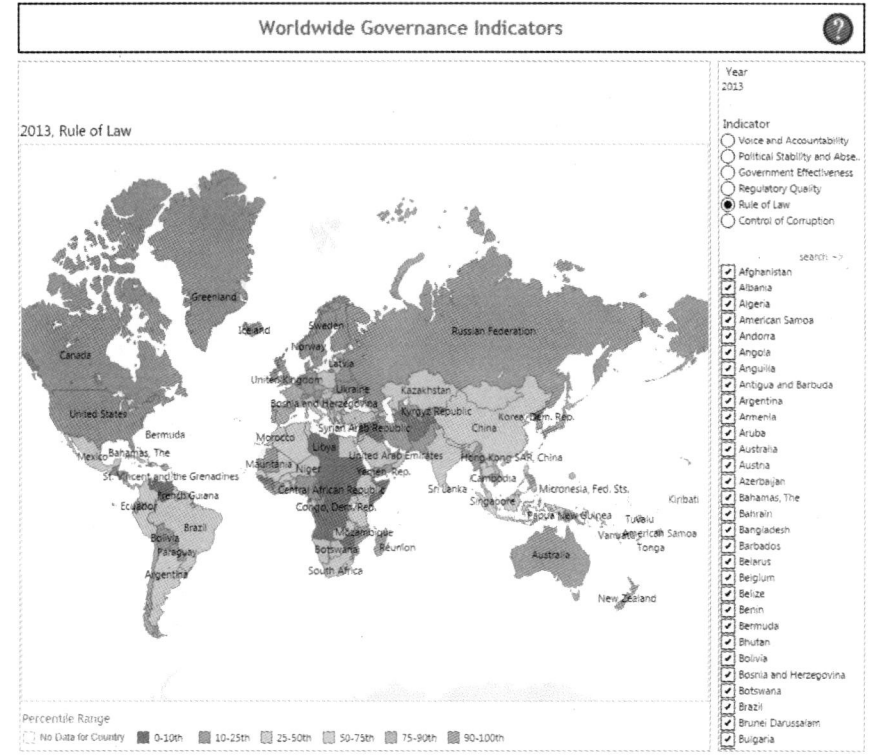

图 2-6　2013 年全球世界治理指数分布：腐败控制

图 2-1 至图 2-6 为 2013 年全球 WGI 的可视化分布。由图可见，发达经济体和经济合作与发展组织（OECD）成员的 WGI 指数整体高于世界其他国家。其中加拿大、澳大利亚、西欧、北欧的各项指标始终领先，美国因近年来恐怖主义事件频发，其"政治稳定和无暴力"指标的世界排名较其他几项指数低。

与之相对的是近 30 年来外国直接投资流入热门国家和地区，即撒哈拉以南的非洲、南美洲（除智利和巴西外）以及东亚和东南亚地区（除日本及亚洲"四小龙"），却在世界银行的"全球治理指数"排名榜上均处于落后之列。

2013年度联合国贸易和发展会议（UNCTAD）提供的全球外国直接投资流入统计也表明，发展中经济体外国直接投资流入为7.78千亿美元，发达经济体为5.65千亿美元。其中，亚洲和美洲发展中经济体的外国直接投资流入分别为4.36千亿美元和2.92千亿美元，而这两个洲的发达经济体对应的投资流入金额分别为141.07千亿美元和2.50千亿美元。只有大洋洲发达经济体的外国直接投资流入高于发展中经济体，这是因为大洋洲的发展中经济体无论是面积、人口、自然资源都无法与其两个主要发达经济体（澳大利亚和新西兰）相提并论，而非洲没有发达经济体数据，欧洲没有发展中经济体数据。

图2-7提供了一个更直观的2013年度发达经济体和发展中经济体外国直接投资流入对比状况。值得注意的是，欧洲和美洲发达经济体的外国直接投资流入金额均低于美洲发展中经济体。

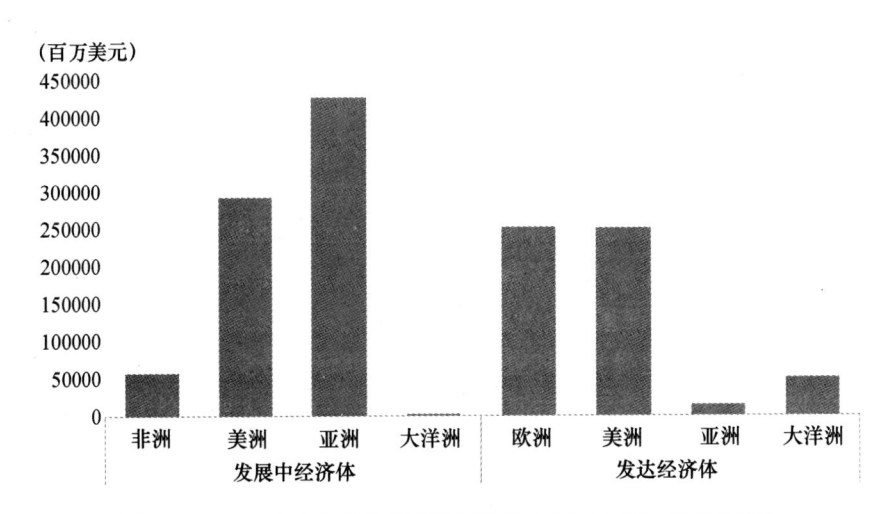

图2-7 2013年度全球外国直接投资流入额（来源：UNCTAD）

综合比较图2-1至图2-6和图2-7带来的信息，不难发现至少在2013年，WGI指数无法很好地解释一个重要的矛盾现象，即该指数所显示治理能力落后的国家所吸引的外资数量远高于治理能力排名靠前、政治风险小、社会安定程度更高的发达经济体。

另一个有趣的理论假设指出，外资流入量和国家治理能力之间可能存在着滞后一期（或更长）的正相关性：前一期的国家治理能力影响当期的外国投资贸易水平——投资者未来的投资方向和趋势不仅仅取决于当前的投资回报,也可能受到当前情势的影响。在研究影响FDI水平的决定性因素的经济学论文中,滞后一期的政治风险常常出现在模型中,作为一个重要的解释变量[①]。不过,在简略地分析和比较2009—2013年中国的世界治理指数排名和FDI二者的关系后,我们发现,这一假设似难成立。

图2-8为2009—2013年中国的FDI净流入额和WGI各项指数排名(Rank)。WGI以百分位数法排名,数值越高,则表示该项指数在全世界排名越靠前。根据WGI的排名,中国的各项治理指标普遍靠后,除了"政府效率"一项,其他五项指数的排名都处于全球后50%,"责任与表达"更是处于全球最低10%的国家之列。许多指标更是在近年来排名逐年下降。但是,中国的FDI净流入值在2008年全球金融危机之后依然保持着向上的趋势。因此,在比较中国的资本流入额净值和WGI中中国的排名之后,不难发现,上述假设除了难以在分析中国的情况时成立,且进一步加强了WGI排名和现今国际资本流入之间的矛盾情况。

尽管WGI作为现今使用最广泛、认知最直观的政府治理能力参数,但已有学者开始对其实际解释力存在的缺陷提出质疑,如WGI难以体现不同国家能力的多样性、部分数据缺乏透明度、过度包装和隐匿偏见、缺乏根本的治理理论和有效性概念、静态结构难以客观地反映动态变迁等。臧雷振(2012)指出,WGI指标在具体实例应用中遇到的问题包括:1.WGI可能无法实现对一些特定国家治理质量的准确判断;2.WGI对有些大洲治理质量的判断相较其自然禀赋的优势显得微不足道;3.WGI可能无法作为处理某些国家治理难题的实际指导工具。

[①] 如前文提到的Jun和Singh(1996),就分析了滞后自变量的解释力度。Bevan和Estrin(2004)则指出,在欧洲境内的资本流入国,FDI的流向更多地取决于前期的信息,其中滞后一期的政治风险对FDI流入额具有显著的解释力。(Alan A. Bevan and Saul Estrin, "The Determinates of Foreign Direct Investment into European Transition Economies", *Journal of Comparative Economics*, Vol. 32, 2004, pp. 775-787.)

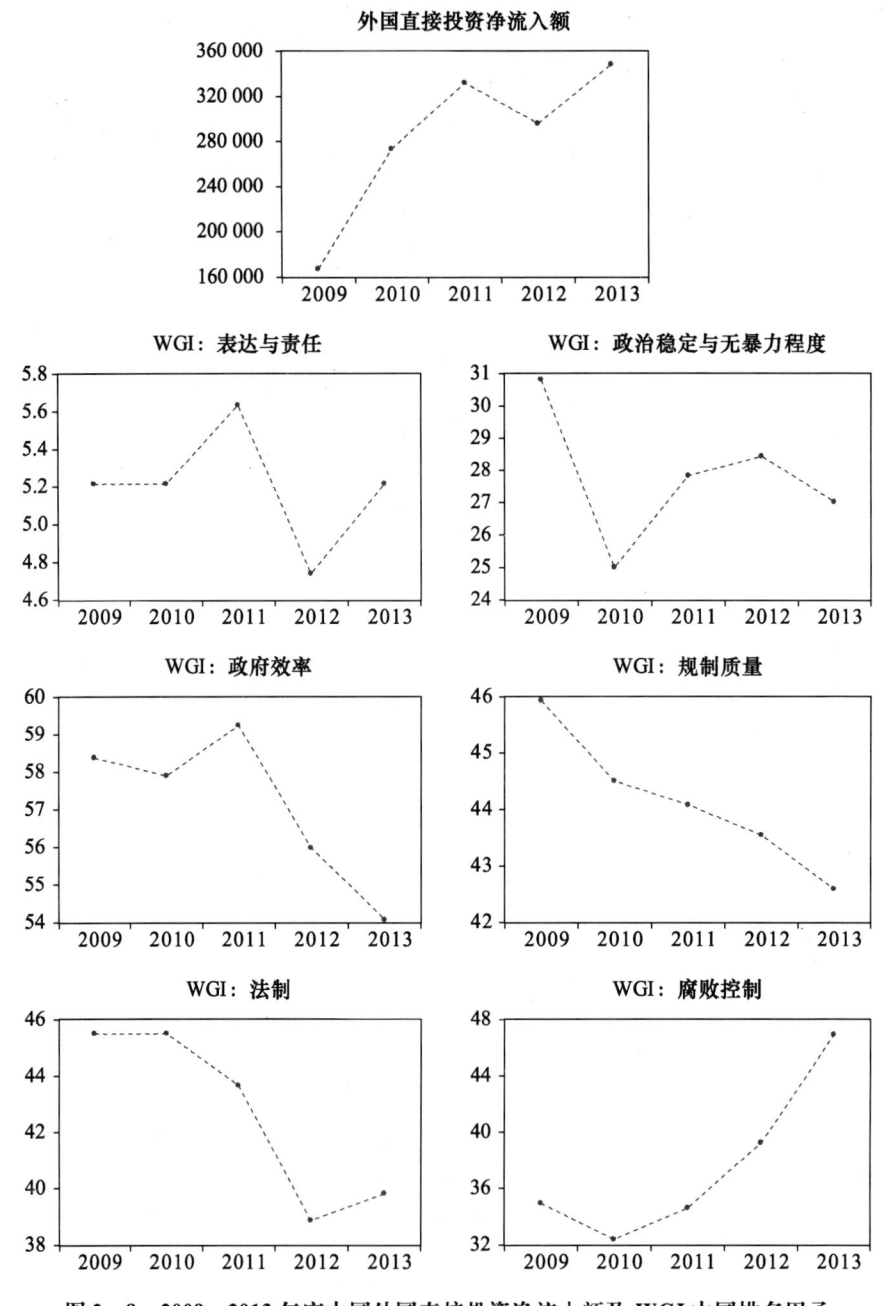

图 2-8 2009—2013 年度中国外国直接投资净流入额及 WGI 中国排名因子

注：FDI 净流入额数据来源于 UNCTAD（单位：百万美元），WGI 数据来源于世界银行，图中报告的六项 WGI 因素均为 2009—2013 年度中国在全球中的排名（Rank）。

因此，无论是基于对全球治理实际变动的观察，还是根据学术理论的演绎推论，WGI指数所存在的固有局限和不足正在逐步显露出来。作为国际权威机构直接衡量一国/地区治理能力和间接反映该国/地区社会安全水准的政策工具，这一指数仅仅肯定国家治理和社会安全状况与贸易投资的正相关性，却忽略了它们之间可能具有负相关或不相关性，且层出不穷大量案例，恰恰说明以WGI为代表的传统评估标准的不完整、不彻底乃至不客观之处已经到了需要充分引起人们注意的地步。越来越多的企业和国家选择在社会安全系数较低的国家和区域进行跨界投资的事实应该推动我们引入更多新的社会安全参数，以便更好地分析社会安全与贸易投资环境二者的关系。下一节所提出的若干刍议，是笔者为此所做的努力，并期待造成"抛砖引玉"之效。

第四节　衡量社会安全水平的新参数

一　人口年龄结构

人口问题是许多国家在发展进程中常见的重要挑战之一。人口的年龄结构是指一定时点、一定地区各年龄组人口在全体人口中的比重。一国/地区的人口年龄结构是过去几十年，甚至上百年自然增长和人口迁移变动综合作用的结果，也是人口再生产变动的基础和起点，直接或间接地影响一国/地区劳动力人口比例、失业率高低、社会福利等制度安排，甚至关涉其社会安定、制度安全程度。现有的大量研究结果表明，失业率与就业人口的年龄变化呈负相关性，即失业问题的严重程度会随着人口结构的逐步老化而相应下降。一般来说，年轻人占比偏高的社会较老龄化程度高的社会具有更高的犯罪率预期，而犯罪率与社会安定程度则成反比关系。同时，人口结构老龄化也会带来养老金、医疗支出等巨额公共开支，日渐庞大的社会福利负担也会间接影响社会安全水平。

拉丁美洲为我们进一步分析人口年龄结构可能对社会安全和贸易投资环境产生的影响提供了实证。众所周知，拉丁美洲是世界上犯罪率最高的区域之一，仅次于撒哈拉以南的非洲。根据《影响发展的非经济因素》[1]

---

[1] 美洲开发银行：《影响发展的非经济因素》，江时学等译，世界知识出版社2007年版。

提供的数据，在一些拉美国家国民受到侵害的比率高达30%以上，而犯罪者中年轻人占了相当大的比重。以阿根廷为例，26—27岁年龄段的囚犯的比例最高。与此同时，根据联合国1998年的预测[①]在21世纪的第一个十年，拉美人口结构变化对于社会犯罪率的影响将显现出混合性特征：青年人口（10—29岁）将下降，壮年人口（30—39岁）将上升，直到21世纪的第二个十年才会开始稳步下降。这就意味着在2020年之后的一段时间，拉美国家的犯罪预期下降，社会安定程度则会随之增强，投资者可以预期一个更好、更安全的社会环境。

人口结构对贸易投资环境的影响意味着投资可能性的差异。拉丁美洲各个国家之间的经济发展程度不同，进入人口老龄化社会的速度也不同。一些国家人口与流行病趋势转型初露端倪，而另一些国家已步入人口和社会服务结构性变化阶段，一系列连锁问题也随之而生：公共保险对老龄人口的养老金支持有限，人口日益老龄化带来医疗需求不断攀升，政府运营的公立医疗体系效率低下。对于北美、欧洲等发达经济体，由于先于拉美等发展中经济体进入老龄社会，因此对于应对老龄化社会的相关挑战更有经验，同时已开发出更为成熟和专业化的资本市场和投资运营机制。对于这些国家的企业和机构而言，拉美不少国家开始面临的因人口结构变化而发生变化的如医疗服务、私人养老保险等方向的新市场和新领域，恰恰为其扩展在当地贸易和投资提供了新的机遇。

站在全球的角度再度审视人口问题，一个清晰的趋势是发达经济体的人口增加逐渐放缓，而包括拉美在内的发展中经济体的人口增长持续上升。根据美洲银行做出的调研和分析，到2030年，拉美国家和发达国家的总体人数将基本持平，但拉美国家总人口中青年的比例要远远高于发达国家，人口红利无疑将给当地劳动力市场带来新一轮贸易投资的机遇和挑战。

上述三点之间的紧密联系，再次显示人口问题（及随之而来的社会问题）不仅是影响社会安全的重要因素，同时也对投资贸易环境发挥着非经济性的然而同样重要的作用。

[①] United Nations, *World Population Prospects*, New York, 1998, Electronic data.

二 获利模式

在过去的 30 年间,一些被国际许多机构和组织普遍认为"社会不安定""政治风险高"的国家(如撒哈拉以南非洲国家安哥拉、塞拉利昂、卢旺达等)一直源源不断地吸收着外资。投资者不仅来自新兴经济体,也有相当多的发达国家的大型跨国公司。面对高投资回报率,资本的逐利本性最终在决策中占据上风。投资者通过调整自身策略创建适应本土化运作的获利模式,试图将社会和政治风险置于可控程度之内。此类实例表明,对一些投资者而言,是否在某地进行投资最终取决于其获利模式,而并非当地的社会环境。特别是对于一些短期项目或是套利性质的投资行为,投资方并不在意资本流入国的社会安定程度。如 1997 年的东南亚金融危机,受波及的国家和地区包括中国香港、韩国、新加坡、菲律宾、泰国、马来西亚和印度尼西亚等,这些市场的经济发展水平有明显的差异,社会安定程度、民主化程度也更不相同,但都成为国际游资的目标,成为被套利的一方。而投资周期较长、获利模式需要若干年周期的项目,以及一些具有独占性自然资源优势的项目,投资者则对社会安定的关注程度更高。近年来,中国、印度在欧洲以并购和全额收购企业等方式进行大量投资,则兼有短期资产保值增值功能和产业链延伸、海外市场扩容等长期获利考虑。既可能与当地社会安全程度较高有关,也可能与目标资产本身的战略价值有关。

三 政治互信程度

另一个似乎与贸易投资环境无直接关系,却可能最终对贸易和投资走向具有逆转性影响的因素是投资、引资双方国家层面的政治互信程度。换言之,政治互信水平的高下对引资国社会安全状况的超越作用往往未受到经济学者们的充分重视。一个很好的例子是中国与巴基斯坦之间"全天候战略伙伴关系"对双方投资贸易活动的引领效应。近年来,巴基斯坦饱受恐怖主义之苦,恶性暴力袭击事件频发,社会动荡失稳,甚至严重危及包括中国公民在内的外国商务人员的人身安全。从社会安全角度衡量,该国安全评级偏低,不适合正常的商业投资活动。然而,中国对巴基斯坦的投资从国家层面到企业层面都非常活跃,显示出鲜明的持续性和战略性。2014 年 11 月,中国政府和商业银行向巴基斯坦提供近 500 亿美元的投资,用于支持当地基础设施以及包括煤电和多种新能源在内的能源建设项目。中国政府还鼓励多家银行为下一步来巴投资的中国企业提供融资平台,在"中巴经济走廊项目"之下加快建设和开发瓜达尔港,使之成为"一带一路"战略早期收获的成果之一。

四 社会与文化差异

随着跨国投资日益频繁,许多国家和企业开始开拓新的投资目的地,从熟悉的近邻延伸到遥远的异乡。如何适应当地文化、合理衡量并最大可能地避免因文化差异而起的投资风险,是社会安全和贸易投资环境二者关系这个大命题之下越来越重要的要义之一。

投资贸易活动有时面临这样的困局:某地社会安全程度水平较高、投资贸易环境良好,但是在合作过程中,双方因为文化差异的因素,导致原本预期收益良好的投资项目遭遇未能预见的风险和损失。相当一部分跨国投资项目周期较长,不可避免地涉及雇用当地员工和企业的本土化经营问题,小到劳工待遇和权利,大到企业与当地社会的公共关系,实际都折射出观念与思维方式、行为规范与习惯乃至语言和文化的各种差异。处理不当的话,跨国投资贸易活动就很有可能面临全面失败的境地。

2003年,中国上汽集团并购了韩国双龙汽车公司。由于对韩国企业中的工会文化缺乏足够了解和应对预案,拥有绝对控股权的上汽集团多次遭遇双龙汽车公司工会组织的罢工和抗议,在面临巨大亏损时无法裁员,直至双龙公司申请破产保护后,上汽公司才通过持续减持对方股份,最终退出对该公司的经营管理[①]。

除了工会问题,本地居民的社区文化问题也有可能成为投资贸易中遇到的障碍。秘鲁拥有丰富的自然资源,秘鲁政府采取一系列吸引外来投资的政策,使该国成为位居拉丁美洲地区最佳投资目的地前列的国家之一(仅次于智利)。随着外国资本的涌入,秘鲁却发生了许多因当地居民反对外国商业开发活动,最终导致外方投资折戟沉沙的案例。根据秘鲁法律,在秘鲁进行资源开发和基础设施建设,须事先经过环境评估,而是否

---

① 详细案例参见查道炯等主编《中国境外投资环境与社会风险案例研究》,北京大学出版社2014年版,第228—241、216—226页。

对当地居民的生活习惯、文化传统、社区文物等产生负面影响是其中的重要标准之一。由于许多企业无法得到当地社区的支持和认可,最终无法通过环境评估而获得经营许可权。2013 年,仅在采矿业领域就有 13 个项目因为引起当地社会文化冲突而被迫一再推延实施。

五 生态卫生环境

随着国民生活水平的提高,生态卫生环境对于长期社会安全的影响越来越大。对于许多发达国家来说,对外资是否准入,已不单纯看重投资和贸易带来的经济红利,而是把该项投资对于本国大至生态环境小至食品卫生的作用纳入考量范围内,出台各种新的政策和标准,使投资贸易活动的生态安全门槛不断提高。把生态卫生环境当作社会安全的一个重要衡量指标,并对相关产业投资进行高标准限制的国家和地区一般具有如下特点:相对封闭、完整的地理环境;独特的生态系统;在经济上已经进入发达经济体水平;有的国家有一种或者几种严重依赖进口的商品货物,且这些商品货物对国民是否能维持正常的日常生活有一定影响①。

日本和澳大利亚是中国重要的经济贸易对象。因其独特的岛国地理环境,高度发达的经济水平和生活标准,两国对生态环境和食品卫生的保护有非常严格的标准。根据商务部公布的《2014 年国别贸易环境投资报告》,2013 年,日本公布和修改了一系列政策和法规,包括全面提高(或新增)有毒有害物质的分级标准、修订了食品添加剂的相关标准、修订食品卫生法中关于农药的使用标准、更加严格地对进口食品开展监控和指导等。日本人口密度高、耕地和淡水资源有限,进口食品所占比重很大,因此进口食品的安全和卫生,对其维持社会安定具有重要的意义。日本对进口食品的监控检验项目和标准之高堪称全球之最。在福岛核泄漏事件之后,更是进一步修订了监测放射性物质的对象食品清单。

澳大利亚对于生态安全的重视在于其国内具有很多独特的动植物物种,外来物种如不经过严格检疫,进口之后可能对本土物种造成危险,造成生态系统紊乱,最终危害整体社会安全。澳大利亚对卫生和生态安全的保护措施则更多地体现在动植物卫生上。外国动植物产品进入该国市场前,必须通过周期很长的进口风险分析期,澳大利亚进口商只有通过国家

---

① 如日本对石油、铁矿石、棉花等原材料的严重进口依赖。

生物安全局风险水平评估后方可进口。

随着生态安全、绿色经济等环保理念越来越深入人心,更多国家的政府意识到经济的发展不能为了一时一地的得失而背离生态和环境安全。作为国家主权首要维护者,政府设立更严格、更全面的生态和环境标准,不仅直接提高了本国社会安全水平,而且推动跨国投资者改进自身的投资安全标准和环境风险意识,使之在选择贸易投资项目上更加全面地评估现实和潜在的收益和风险,更富远见地界定和履行企业的社会责任。

六 国际观

国际观,是指"某个阶段某个国家的主流人群对外部世界的共同认识,包括特定的集体心态、对外部世界的知识水平、与外部世界互动的热情"(金灿荣,2012)。一个国家的国际观可能是开放、具有国际化视野的,也可能是封闭、带有浓重民族主义色彩的。在多数情况下,一个国家、地区的民众及其政府所持的国际观可以存在程度差异,但取向是一致的。其国际观对贸易投资环境的作用力,既可以在短期的紧张和冲突中凸显出来,也应该作为评估投资贸易长期条件的重要内涵受到决策者和学术研究人员的高度重视。民族主义是基于共同族群主体之上的文化意识。本族与外族并非总是一对固定不变且不断对立的认知关系,在漫长的历史进程中,主体民族与他族之间通过经济、社会、文化、宗教的相互沟通和影响,甚至血缘上的混合而发生融会、转换和延展,与之相应的民族主义概念也多有变异。及至当代,狭隘和消极的民族主义思潮在经济全球化的冲击之下已显露颓势,只有在经济、社会矛盾达到十分尖锐的程度时才会沉渣泛起,甚而溃乱成殇,把内部矛盾转嫁到外国投资者身上。2011年10月,深受欧元债务危机影响的意大利掀起全国餐饮业排外运动,在旅游名胜区驱逐包括土耳其烤肉、日本寿司、美式快餐、爱尔兰式酒馆、中餐馆等外国餐馆,波及企业达2500家之多。

由于历史、地缘政治等原因,投、引资两国政治或安全关系始终存在显性或隐性的紧张状况,容易使本不具有政治色彩的贸易投资项目成为公众关注,甚至在极端情形下的泄愤对象。迅速蔓延并失控的群体性暴力排外事件不仅给外国投资项目带来灾难性的损失,也造成引资国社会秩序的持续动乱和经济震荡,甚至让该国国家声誉和发展进程备受伤害。

一个近期的例子来自越南。21世纪以来，中国和越南均加快改革和发展进程，双方市场联通、产业衔接、资源互补的深度合作格局已然形成，中国成为越南最大的贸易伙伴。与此同时，两国有关海洋领土主权的争议不时加剧，在越南当局的默许下，越南国内相关反华言行增多，仇华排外思潮不断发酵。2014年5月，越南平阳省多地爆发大规模反华示威活动，近140家中资（含台资）、韩国和新加坡企业遭到当地民众暴力冲击和抢劫，造成中方人员伤亡和严重的经济损失。为尽快消除负面影响和恢复引资基本面，2014年6月越南政府向此次暴力骚乱事件受害企业支付700多万美元的首笔赔偿金，警方逮捕1036人，分别以煽动他人暴动、破坏财产及抢劫财产等罪名起诉其中700多人。

本章小结

写作本章旨在提出讨论社会安全和贸易投资环境二者真实且多维关系的必要性。通过对相关文献的基本回顾，人们不难发现到目前为止的研究多从政治风险和稳定性，或经济稳定性角度讨论这一关系的存乎臧否，从政治和经济以外来考量社会安全定义还相对不充分，而严格地依据较为完整的社会治理指标对贸易投资环境作出综合性、超越学科局限评估的成果则更为少见。

进一步而言，越来越多的跨国贸易投资活动走向政治体制和行政水平均"不及"西方发达国家排名的发展中世界，这就充分表明政治风险只是社会安全水平中的一个相关因素，尽管它相当重要并时而决定性地影响贸易投资走势，但并不是决定一国一地的投资贸易水平的根本性因素。对出现这种情况的一个解释是至少有部分资本持有者为自身逐利性所强烈驱使，而放弃惯常的风险规避策略。他们愿意承担投资目的地政治不稳定所带来的包括社会不安全在内的诸多潜在风险，以此获取更高的投资收益。这些投资贸易策略的生效实际造成社会安全（政治稳定）和投资贸易环境之间正相关性发生退化，在特定国家和时期这种相关性甚至会转为负值。另一个值得思考的问题是对政治稳定与否判断本身的质疑。在当今全球治理体系内，朝鲜、古巴等社会主义国家多年被打上"虚弱""失败"的标记，在过去三十多年里中国也数度被预测会发生经济"硬着陆"，社会不稳定，乃至政治崩溃，非洲和中东的一些国家及其政府也长期处于应被"治理甚至更迭"之列。尽管世界银行等机构经常在事后修正其预测分析中的失误,但人们似乎从来没有真正吸取判断失误所提供的教训,建立一套更加全面、客观、公正的标准体系。世界是丰富多样的,运用简单的和基于部分先验达成的指数显然无法解释、判定和指导复杂且不断变动中的国际贸易、投资活动。

近年世界治理指数(WGI)与外国直接投资流向变化似无重要关联,甚至呈负相关性这一事实进而确证了上述观察。世界治理指数排名靠后(即治理能力差,社会安全程度低)的国家,却总体上吸引了更多的外国直接投资。这一方面表明外国直接投资者对潜在风险的认知与偏好程度可能正在发生嬗变,另一方面则清晰地暴露出在用以分析发展中经济体所面临的问题时,世界治理指数存在一些固有的短板,远不具有"放之四海而皆准"的普适性。

世界治理指数自身的缺陷和局限进一步提示我们,在讨论社会安全的定义时,此前被忽略的一些因素亟待引起重视和深入讨论,以便帮助投资者和研究者们更好地认识社会安全的定义,特别是对于发展中经济体的政治变迁、社会文化、治理特性等作出更为准确的理解和判断。世界治理指数所显示的实际解释力不足问题也可能预示了对现存社会安全指标体系加以更新、完善的必要性。本章提出可将此前文献中很少涉及的引资国人口年龄结构、投资的获利模式、国家间政治互信和文化差异、生态和环境安全的社会含义、引资方社会的国际观和民族主义情绪等因素引入讨论,并尝试说明这些因素对社会安全与贸易投资环境之间的平衡关系具有相当程度的影响,对于某些时期内特定国家其影响甚或更加显著。总之,无论是理论意义上的探究,还是对国别案例的分析,只有将更多的可以反映社会安全原貌及其本质的要素纳入分析体系中,才能获得更加接近实际的结果。需要特别说明的是,受篇幅和现有数据的限制,本章只是初步提出了可能有助于观察和解释社会安全与贸易投资环境二者关系的因素,而这些因素是否真正具有准确的说明性,则需要对它们一一进行建模分析。希望在于本章提到的五个因素均可量化,有些(如人口年龄结构、获利模式)已具备可观的现有数据,另一些则(如政治互信度、文化差异、国际观)可以参考WGI和其他一些常用指标的方法加以量化,有的(对生态卫生环境的态度)则可以设定为傀儡变量。通过对上述因素进行建模分析,再将结果与现存文献的结论加以比对,便可从模型的角度来进一步认证这些因素对投资贸易活动解释的有效程度。当然，寻找新的，更能反映社会安全状况或根源的变量也将是我们继续努力的一个方向。

参考文献

金灿荣：《今天，我们需要确立什么样的世界观？》，《北京日报》2012年3月19日第17版。

臧雷振：《治理定量研究：理论严禁及反思——以世界治理指数（WGI）为例》，《国外社会科学》2012年第4期。

美洲开发银行：《影响发展的非经济因素》，江时学、王鹏、赵重阳译，世界知识出版社2007年版。

查道炯等主编：《中国境外投资环境与社会风险案例研究》，北京大学出版社2014年版。

中华人民共和国商务部编：《国别贸易投资环境报告2014》，上海人民出版社2014年版。

中华人民共和国商务部编：《对外投资合作国别（地区）指南（2014年版）：越南》，http://fec.mofcom.gov.cn/gbzn/gobiezhinan.shtml?COLLCC=601949501。

Aisen, A. and Veiga, F., 2010, "How does political instability affect economic growth?", *Working Paper*.

Alesina, A. and Perotti, R., 1995, "Fiscal expansions and fiscal adjustments in OECD countries", *NBER Working Paper*.

Asiedu, E., 2006, "Foreign direct investment in Africa: The role of natural resources, market size, government policy, institutions and political instability", *The World Economy*, 29, 63–77.

Asiedu, E. and Lien, D., 2011, "Democracy, foreign direct investment and natural resources", *Journal of International Economics*, 84, 99–111.

Bengoa, M. and Sanchez-Robles, B., 2003, "Foreign direct investment, economic freedom and growth: new evidence from Latin America", *European Journal of Political Economy*, 19, 529–545.

Bevan, A. and Estrin, S., 2004, "The determinates of foreign direct investment into European transition economies", *Journal of Comparative Economics*, 32, 775–787.

Buethe, T. and Milber, H., 2008, "The politics of foreign direct investment into developing countries: increasing FDI through international trades agreement?", *American Journal of Political Science*, 52, 741–762.

Busse, M. and Hefeker, C. , 2007, "Political risk, institutions and foreign direct investment", *European Journal of Political Economy*, 23, 397 – 415.

Diamonte, R. , Liew, J. and Stevens, R. , 1998, "Political risk in emerging and developed markets", in Richard Levich ed. , *Emerging Market Capital Flows*, Kluwer Academic Publishers.

Dutta, N. & and Roy, S. , 2011, "Foreign direct investment, financial development and political risks", *The Journal of Developing Areas*, 44, 303 – 327.

Feng, Y. , 2001, "Political freedom, political instability, and policy uncertainty: a study of political institutions and private investment in developing countries", *International Studies Quarterly*, 45, 271 – 294.

Fischer, S. , 1993, "The role of macroeconomic factors in growth", *Journal of Monetary Economics*, 32, 485 – 512.

Haggard, S. , 1990, "*Pathways from the Periphery: The Politics of Growth in the Newly Industrializing Countries*", Ithaca, N. Y. : Cornell University Press.

Holburn, G. and Zelner, B. , 2010, "Political capabilities, political risk, and international investment strategy evidence from the global electric power generation industry", *Strategic Management Journal*, 31, 1290 – 1315.

Jun, H. and Singh, H. , 1996, "Some new evidence on determinants of foreign direct investment in developing countries", *Policy Research Working Paper 1531*, World Bank.

Kamaly, A. , 2003, "Behind the surge of FDI to developing countries in the 1990s: an empirical investigation", *Working Paper*.

Li, Q. and Resnick, A. , 2003, "Reversal of fortunes: democratic institutions and foreign direct investment inflows to developing countries", *International Organization*, 57, 175 – 211.

Lipsey, R. E. , 1999, "The location and characteristics of US affiliates in Asia", *NBER Working Paper*.

Obwana, M. , 2001, "Determinants of FDI and their impact on economic growth in Uganda", *African Development Review*, Blackwell Publishers Oxford.

Oneal, J. R. , 1994, "The affinity of foreign investors for authoritarian regimes", *Political Research Quarterly*, 47, 565 – 588.

Rogoff, K. & Reinhart, C. , 2003, "FDI to Africa: the role of price stability and curry instability", *International Monetary Fund Working Paper*.

Sarno, L. and Taylor, M. , 1997, "Capital flows to developing countries: long and short-term determinants", *The World Bank Economic Review*, 11, 451 – 470.

Tuman, J. and Emmert, R. , 2001, "Explaining Japanese aid policy in Latin America: A test of competing theories", *Political Research Quarterly*, 54, 87 – 101.

World Health Organization, Erik Blas (ed.), 2000, *Equality, Social Determinants and Public Health Programmes* (*Nonserial Publications*), WHO, 1st Edition, 1 – 2, 6 – 9.

第三章

公共安全治理的技术支持：
清华辰安的实践

杜 鹏[*]

公共安全是国家安全和社会稳定的基石，是经济和社会发展的重要条件[①]。公共安全管理专注于保障人、物与社会、经济等系统的和谐运转的状态不被自然灾害、事故灾难、公共卫生事件和社会安全事件等因素破坏。通过科学技术了解掌握灾害特点、行为、演化规律，并提供事态监控、支持处置决策的手段则被统称为公共安全科学技术[②]。随着国际范围内公共安全形势的日趋复杂，传统的技术手段在全新的公共安全形势下逐渐暴露出诸多局限性，严重限制了政府的国家治理能力。面对种种问题，以科技的力量保障社会公共安全的治理理念应运而生。而公共安全科技的发展则被视为提升安全管理能力，应对机遇和挑战的关键一环。

中国政府面向社会公共安全重大需求，瞄准世界公共安全科技前沿，依托以清华大学公共安全研究院（IPSR）为代表的学术机构的科研实力，构建了先进的综合应急平台体系，并通过辰安科技股份有限公司等科研成果转化基地，在近年来的社会安全事件、自然灾害、事故灾难、公共卫生事件等突发事件的处置中发挥了不可或缺的重要作用。中国与拉丁美洲国

---

[*] 杜鹏，清华大学公共安全研究院博士后、助理研究员，辰安信息科技有限公司设计咨询工程师，伦敦大学博士。

[①] 范维澄、刘奕、翁文国、申世飞：《公共安全科学导论》，科学出版社有限责任公司2013年版，第1—2页。

[②] 袁宏永、黄全义、苏国锋、范维澄：《应急平台体系关键技术研究的理论与实践》，清华大学出版社2013年版，第2—4页。

家的情谊由来已久，多年来为拉美基础设施的建设和更新提供了大量的投资和先进的技术。随着现今中拉各方面关系步入快速发展的新阶段，双方的合作逐渐转向高新技术产品和其他高附加值产品。近年来中方承接了多个拉美国家公共安全系统的建设项目并在预防和打击违法犯罪、维护社会治安方面取得了令人瞩目的成果，公共安全科技产品无疑已经成为中拉经贸合作中的新亮点。

第一节 公共安全科学技术

一 公共安全应急管理面临的挑战

当今科技快速的进步为人们提供便利舒适的同时，也带来了诸多潜在危险：社会接触网络的拓展使灾害因子的传播速度和范围急剧扩大；信息技术的发展使沟通方式发生了前所未有的变化，信息交流量和传递效率猛增，公众与社会秩序的互动空前复杂。新的社会治安形势对公共安全和应急管理提出了一系列要求，主要体现在以下方面[1]：

●预防准备：通过分析识别公共安全突发事件的早期形态、特征与规模，采用恰当的技术手段防止其被触发或达到临界值，从而预防事件的发生；基于对突发事件触发的模式和演化规律的认识，在突发事件发生后启动恰当的防控技术，抑制突发事件发展。

●监测监控：包括对突发事件临界值和可能的触发因素的监测监控，也包括对突发事件作用的类型、强度、时空特性进行监控监测。

●预测预警：基于突发事件被引发的机理和规律认识，结合相关监测信息，对事件的大致时间、地点、影响范围、程度等进行预警；基于事件演化规律，对事件的可能发展趋势进行预测预警。

●应急处置：基于对突发事件机理和规律的认识，采取恰当的干预手段组织或减弱突发事件的作用，阻断或减少事件的次生衍生。

传统的公共安全和应急管理由于技术手段的局限已经难以满足以上要求，因此如何利用新科技提升应急管理水平成为政府部门和研究界共同关心的问题。

---

[1] 范维澄、刘奕、翁文国、申世飞：《公共安全科学导论》，科学出版社有限责任公司2013年版，第7—9页。

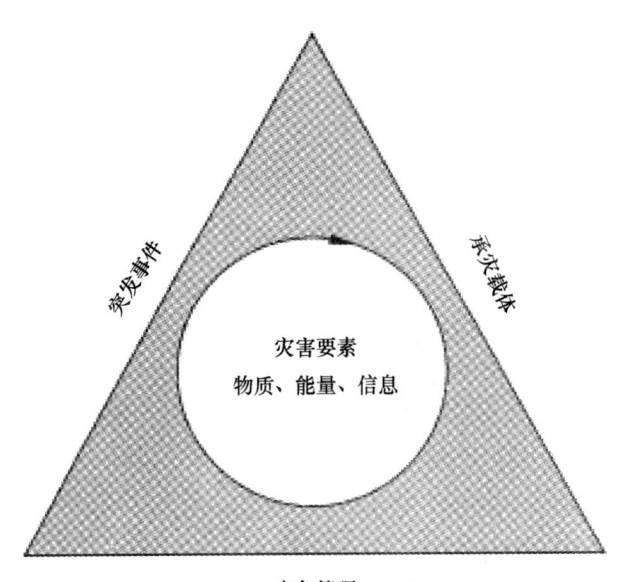

图 3-1　公共安全科学技术三角形框架

二　理论概述

公共安全科技的理论框架可由如图 3-1 所示的三角形来表征[①]。三角形内部涵盖物质、能量和信息，统称为灾害要素。灾害要素本质上是一种客观存在，当其超过临界量或者遇到一定的触发条件就可能导致突发事件，造成破坏。三角形的三条边分别代表突发事件（灾害要素的灾害性作用）、承灾载体（突发事件的作用对象和应急管理的保护对象）和应急管理（预防或减少突发事件及其后果的各种人为干预手段与过程）。

公共安全科技的核心是通过掌握灾害要素的行为与演化规律，认识突发事件作用的类型、强度和时空分布特性，提供突发事件的监测监控和预测预警、掌握实时应急处置的正确方法和恰当时机。从而最大限度地阻止或控制突发事件的发生、发展，以及减少承灾载体的破坏。如图 3-2 所示，公共安全科技可以被广泛地应用于包括社会安全、事故灾难、公共卫生和自然灾害等方方面面的管理之中。

[①] 袁宏永、黄全义、苏国锋、范维澄：《应急平台体系关键技术研究的理论与实践》，清华大学出版社 2013 年版，第 2—3 页。

- 恐怖主义
- 毒品犯罪
- 抢劫谋杀
- 群体性事件

- 交通事故
- 爆炸
- 火灾
- 有毒物质泄漏

社会治安　事故灾难

公共安全科技

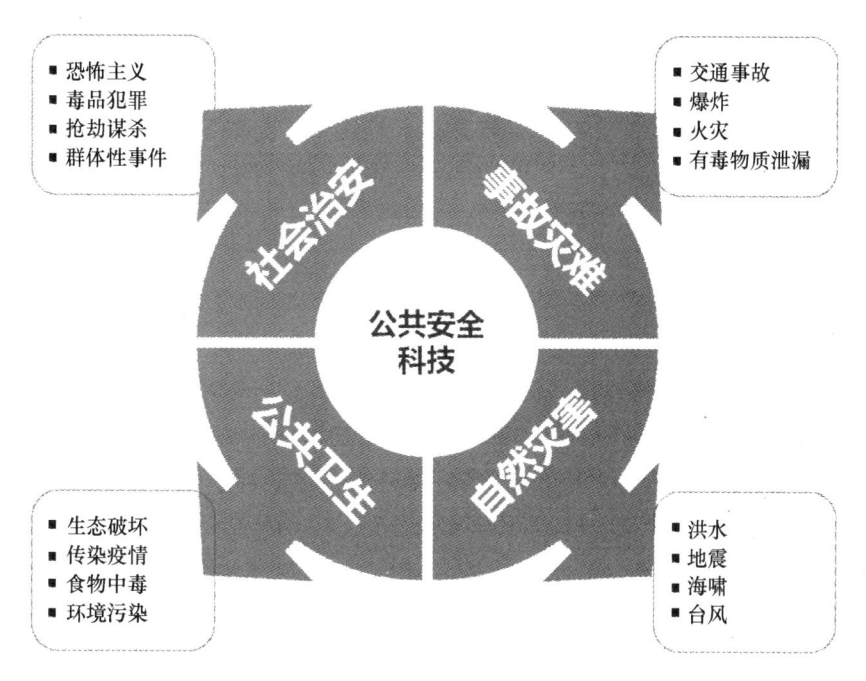

公共卫生　自然灾害

- 生态破坏
- 传染疫情
- 食物中毒
- 环境污染

- 洪水
- 地震
- 海啸
- 台风

图3-2　公共安全科技典型应用领域

三　关键技术与设备

1. 支撑技术

支撑技术为执行各种公共安全管理业务提供必需的基础技术支持[①]，主要包括：

• 通信

用于支持公共安全管理中的日常工作联络、突发事件应急处置时语音、数据、视频等业务的传送需要。主要包括有线通信和无线通信两大类技术手段。各种通信方式互为备份，在一种方式受阻时，可以保持有一种以上其他方式保障通信畅通。

有线通信：包括公共电话网络（PSTN）通信、IP网络电话（VoIP）、传真等。有线通信有连接质量稳定，安全易控等特点，因此在条件允许的情况下是公共管理通信的主要手段。

---

① 范维澄：《突发公共事件应急信息系统总体方案构思》，《信息化建设》2005年第9期。

无线通信：主要涵盖基于短波/超短波/微波的信号传输。由于其天然的灵活性，无线通信适合在特殊环境和情势下（如偏远地区，通信基础设施损毁）保障公共安全管理单位间的互联互通。

计算机网络：

借助计算机网络，各个部门之间可以高效地共享包括文本、音频、视频、地理、态势等多种信息，从而满足公共安全管理对于互联互通、远程访问、信息安全等方面的需求。依靠虚拟局域、虚拟个人专网（VPN）、网络虚拟化等技术，计算机网络可以被有效地管理，从而在保障涉密信息安全的前提下，既满足公共安全管理部门的业务需求，又提供面向公众和媒体的信息发布等社会职能。

● 数据存储

公共安全管理中涉及大量的数据，这些数据有类型复杂（空间数据、非空间数据）、体量庞大、用户群多样（警察部门、交通部门、外交部、专业媒体、科研机构、社会公众等）等特点。数据存储技术为这些信息提供有效可靠的管理，以保障为各方面提供相关服务的能力。

● 视频会议

视频信息有直观、具体、相互间理解准确、沟通高效等优势。在突发事件发生时，利用视频会议系统可以实现异地会商，综合实现语音通信、视频传输和图像显示等功能，便于信息的交流以及各项指挥调度工作的开展，提高会商、分析、协调、处理等工作的效率。

● 图像接入

作为监测监控的重要信息获取源之一，图像信息在隐患识别、状态监控、目标跟踪、问题追溯等方面具有重要的作用。图像接入系统实现将危险源、关键基础设施、重点防护目标等的监控图像，以及突发事件现场的实时图像、视频资料等传送到应急平台，为更有效地掌握突发事件现场、相关基础设施安全状态、救援队伍、应急物资、交通状况等实时动态信息，辅助应急指挥决策提供支持。

● 容灾备份

采用容灾备份技术能增强系统抵御自然或人为引发的事故或灾难事件的能力，当某部分设备或系统遭受特殊事件（如火灾、地震等）影响时，应用系统可以维持整体正常运转。

2. 综合技术

综合技术指的是在支撑系统的基础上，针对公共安全管理的业务职能形成的智能技术。这些技术的核心是通过大数据分析对公共安全风险识别、预防及准备，以及通过协同协调行动提升应急处置效果。主要包括：

- 风险监控

依靠自动监测、传感器、计算机、通信等手段对来自应急机构以及应急现场的各种数字化和非数字化信息进行快速采集和汇总，从而实现对风险隐患或事态变化的实时监测，进行风险分析并为应急处置提供决策依据。

- 预测预警

"预测"是指突发事件发生前，通过各种科学方法（如模型模拟推演）来分析事件发生的可能性、发展趋势、影响范围及事件后果；"预警"是指基于对突发事件的预测结果，采取适当的方式向公众、应急工作者等相关人员预先发布事件威胁警告并采取相应级别的预警行动，实现"预防为主"的公共安全管理理念[①]。

- 综合研判

支持在应急处置过程中的指示下达、资源协调与调拨信息管理、任务跟踪反馈、情况汇总等，辅助应急指挥人员了解突发事件处置情况、资源到位情况等。

- 应急评估

根据系统自动记录的事件处置过程，按照相关评价指标，对行动过程中各种措施的及时性、有效性等进行综合评估、形成报告，并以此为依据对涉及地区和部门的公共安全管理能力进行评价。

- 模拟演练

依据有关应急预案，模拟应对突发事件的活动，直观地检验应急预案和应急处置方案的科学性、合理性、有效性及预案之间的协调性。

3. 应急装备

公共安全科学技术的发展促成了一系列具有实用性、灵活性、针对性

---

① Pearsall, B., 2010, "Predictive Policing: The Future of Law Enforcement?", *National Institute of Justice Journal*, 266.

的应急装备与器材的产生。在此对几类比较具有代表性的装备进行简要介绍。

(1) 个人防护装备

• 防灾应急包

突发事件的侵袭往往伴随着停水停电、食品短缺、通信中断、交通中断、救援人员不足、无法迅速集结进入灾区等问题。个人防灾应急包可以提高使用者的生存能力和获救概率。应急包可以针对不同类型突发事件配备不同装置，如地震P波报警器、被困人员电子呼救器等。

(2) 特种作业设备

• 多旋翼无人飞行器

多旋翼无人飞行器可按照设定的路线自主飞行或手动控制飞行到突发事件现场上空，完成现场信息采集、监测监控、通信传输、定向广播、追踪定位等业务。

• 应急低空飞艇

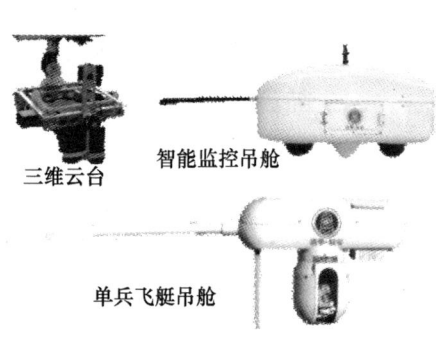

图 3-3

应急低空飞艇可装配多种任务吊舱，完成现场信息（如图像、地理信息、环境参数等）采集、传输处理，实现事发现场空地立体监测，为事件灾害评估、预警及预案启动、应急决策指挥提供重要依据和有力支持。

(3) 安防及反恐防暴装备

• 微波拒止设备

微波拒止设备可产生高能微波信号，从而迫使目标车辆停止或干扰某些便携式电子设备，如简易爆炸装置、窃听器、微型无线摄像头、录音笔等。

- 通信干扰

可以对于特定区域内移动通信进行监听和攻击，可用于网络侦察、目标用户侦察、目标用户管控等任务，既能干扰威胁目标又能保证可信任手机的正常通信。

- 非杀伤性戒止设备

通过发射高强度声波刺激对象目标的听觉器官和中枢神经使目标丧失作战意志，实现远距离拒止式干扰；同时也可利用语音广播进行示警或心理战，达到驱散和拒止的目的。

（4）分析检测设备

- 生物特征识别装置

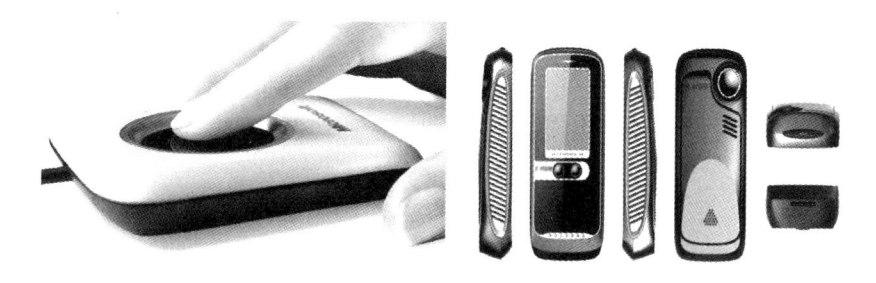

图 3-4

集成多种识别手段，供处置人员在事件现场进行采用和比对分析，装置内建生物特征数据库，装载部分人员的生物特征，并与指挥中心的大型数据库对接，进行交互对比识别。

- 危险物质检测设备

危险物质检测设备可对物质采样进行快速分析。危险物质检测类型包括毒品、爆炸物、毒气和辐射等。

（5）监测预警装备

- 监听设备

用于对预设区域的移动通信进行侦察及干扰，主要包括：对敏感区域的侦察干扰，警察和安全部门对犯罪分子或可疑人员的监控区域屏蔽。

- 远距离定向拾音设备

远距离定向拾音设备利用高增益、内部频率补偿的双运算放大器，实现远距离声音信号放大与降噪。可以直连 DVR、有源音箱、耳机、声卡等。

（6）通信技术设备

● 现场应急平台

图 3 – 5

可由单人携带，具有快速采集现场综合信息的能力，具备 GPS 定位和跟踪功能，满足从有关应急平台数据库远程加载和调用的要求，提供信息报送、音视频会商、协同标绘、资源管理、综合查询、应急通信等综合应用功能。

● 智能警务终端

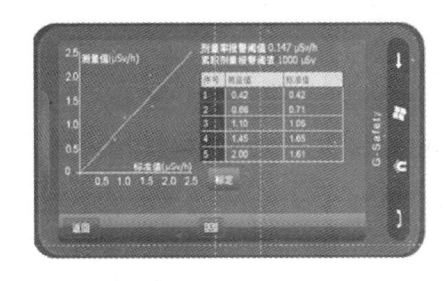

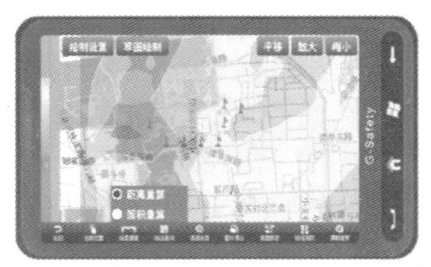

图 3 – 6

智能警务终端可对现场信息进行采集，并与监控中心及时沟通，采集的信息可传输到监控中心进行存储、查看、分析与统计，从而满足政府对数据查看、报表统计、信息核对等工作要求，并能对未来工作规划提供建议和参考、支持部门决策。

● 互联互通语音指挥调度系统

互联互通语音指挥调度系统实现现场多线语音、不同频段对讲机、

PBX、PSTN、常规电话、GSM/CDMA 移动电话、卫星电话、IP 电话等多种不同频段、不同制式语音通信手段的互联互通,且有单呼、群呼、组呼、会议、对讲等指挥调度功能。

(7) 信息技术设备

● 三维电子沙盘

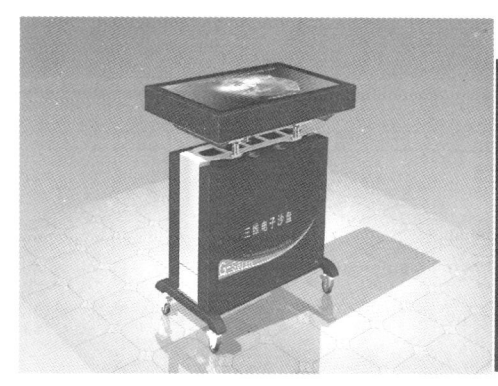

图 3-7

电子沙盘以三维形式模拟突发事件周边的地形、地貌,方便指挥人员在沙盘上进行协同标绘、导航、分析、态势推演,从而制订更为详细周全的处置方案,进行决策指挥。三维电子沙盘可车载,也可安装在固定指挥场所。

(8) 其他

移动应急平台

图 3-8

实现现场应急的综合应用,可在移动和静止状态下使用,通过多种链路通信互联技术和卫星等通信手段,实现应急平台间互联互通,具有现场应急通信、监测监控、现场会商、综合分析和研判、决策指挥、移动办公、定位导航等功能。

第二节　公共安全与应急管理一体化系统

公共安全与应急管理一体化系统是以公共安全科技为核心，以信息技术为支撑的软硬件相结合、与公共安全网络相集成的技术系统。系统对社会安全、事故灾难、自然灾害、公共卫生等领域进行综合感知、处理和决策，提供统一指挥、功能齐全、反应灵敏、运转高效的公共安全与应急管理服务。同时系统提供综合集成气象、自然灾害、重点行业卫生等社会管理部门的外部接口，具备未来扩展到其他领域的能力。建设公共安全与应急管理一体化系统可以提高政府及相关部门保障社会安全和处置突发事件的能力，增强决策的科学性，提升公共安全治理水平。

一　系统架构

如图3-9所示，公共安全与应急管理一体化系统主要由以下部分构建而成：

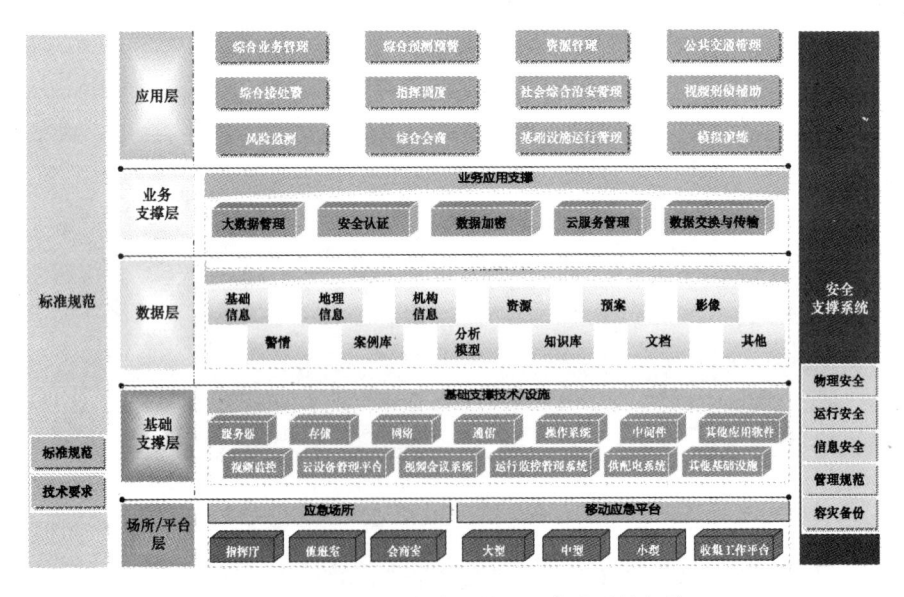

图3-9　公共安全与应急管理一体化系统架构

● 场所/平台层

• 应急指挥场所：应急平台部署和运作的物理区域，主要包括：应急指挥厅、值班室、会商室、专家工作室、技术保障室、设备间等。

• 移动应急平台：根据需要实现综合信息查询、协同标绘与在线会商、综合研判、态势推演等功能；与指挥中心互联互通，实现前后方的综合协调与统一指挥。

● 基础支撑层

主要包括操作系统、供配电、通信、网络、视频会议、图像接入、存储等一体化系统运行所必需的基础支撑技术与设施。

● 数据层

负责维护应急业务所需的数据，为上层业务应用提供信息基础。包括基础信息数据库、地理信息数据库、机构信息数据库、影像库、分析模型库、警情库、预案库、知识库、案例库、文档库等。

● 业务支撑层

提供满足业务应用共同需要的支撑功能，促进信息交换整合与业务管理。主要包括大数据数据管理、安全认证、数据加密、云服务管理、数据交换与传输。

● 应用层

负责实现一体化系统业务功能的复杂软件系统。主要包括综合业务管理系统、风险监测防控系统、综合预测预警系统、指挥调度系统、综合接处警系统、社会综合治安系统、模拟演练系统等。

● 标准规范

主要服务于一体化系统的建设和日常运行、维护及管理。根据系统整体构成划分为基础性标准体系、应用支撑标准体系和通用性标准体系。

● 安全支撑系统

主要涵盖场所安全、网络安全、应用层安全、通信安全、容灾备份、安全管理等。

二 发挥作用——以社会治安为例

一个完备而健全的应急平台，不仅仅是提供"过去"和"现时"状态数据信息平台，还应该提供"未来"灾害发展趋势、预期后果、干预措施、应急决策、预期救援结果评估，以及全方位监测监控的信息，具有发现潜在威胁的预警功能；不仅仅是在突发事件发生时为指挥调度服务的指挥平台，还应该对突发事件进行科学预测和危险性评估，能动态生成优化的事故处置方案和资源调配方案，形成实施应急预案的交互式实战指南，为应急管理提供便捷的工具，为指挥决策提供辅助支持手段[①]。

建设应急平台可以提高政府处置突发事件的能力，增强决策的科学性。作为公共安全突发事件中重要而又常见的一类，以社会安全事件为例，公共安全应急平台对于社会安全问题治理能力的提升主要通过以下途径体现：

● 通过接入视频图像系统，实现对城市重点区域和重点目标、关键基础设施等目标的实时监控，并对监控视频进行自动分析，一旦识别社会治安突发事件或疑似违法犯罪行为的发生，实时音频、图像、视频等资料被传送到后方指挥中心，为快速反应处置的行动指挥提供辅助。

● 对突发治安事件进行快速定位，并提供即时的现场周边态势信息，有效地掌握突发事件现场、周边相关安全基础设施状态、交通状况，对警力资源、救援队伍、应急物资等资源进行实时动态调度，更加有效地协调治安事件的处置。

● 通过多种科技手段广泛搜集情报信息，并采用数据挖掘、综合研判等技术对情报信息加以分析，对可能发生的社会治安事件进行预测预警，支持公共社会治安的事前防控工作，以及在事发后的案件侦破工作中提供情报支持。

● 支持多种通信手段，确保有关地区和部门的通信联络畅通，满足多媒体传输、视频会议和协同指挥调度等需求。

● 对警情案例历史信息进行数据挖掘和犯罪热点分析，通过把分析结果映射到空间和时间域，识别犯罪高发地段和时段，并以此为依据对日常警力部署进行智能优化，提高警力使用的效率，改善执勤巡逻的效果，达到有的放矢的社会治安管理。

通过对以上途径，基于公共安全应急平台的社会治安管理系统通过建立和健全统一指挥、功能齐全、反应灵敏、运转高效的管理体系和应急机

---

① 袁宏永、黄全义、苏国锋、范维澄：《应急平台体系关键技术研究的理论与实践》，清华大学出版社2013年版，第8—14页。

制，可以有效预防、制止违法犯罪活动，防范、打击恐怖活动，维护社会治安秩序，制止危害社会治安秩序的行为，提高政府公共安全管理和危机应对能力。

第三节　成功项目案例

清华大学于 2003 年成立了公共安全研究院（Institute of Public Safety Research，IPSR），致力于采用科学技术提升政府、企业的公共安全保障能力。从 2003 年开始，中国政府基于国家公共安全和应急体系建设的需要，依托清华 IPSR 牵头的跨学科跨领域研究团队，利用 5 年的时间突破了风险监测与预防、事件预测与评估、智能决策与调度、现场指挥与救援诸领域的核心技术，构建了覆盖国家、省、市、县 4 级公共安全应急平台体系，极大地提高了中国的公共安全治理水平，并在北京奥运安保、广州亚运应急保障、利比亚撤侨、低温雨雪冰冻灾害、汶川地震、玉树地震、三峡库区滑坡、甲型 H1N1 流感、日本地震核泄漏等重大突发事件应对中提供了关键技术保障。研究院先后获得了 2010 年国家科技进步一等奖、2009 年教育部科技进步一等奖等重要奖项，编制了多项应急平台标准，已经成为我国公共安全科技的发展基地。

为了推动科研成果的转化，清华 IPSR 于 2005 年建立了辰安科技股份有限公司（以下简称辰安），专注于公共安全和应急技术的产业化，丰富公共安全科技内涵和产业链，为国家和社会作出贡献。针对拉美国家普遍存在着社会治安不佳的状况，清华 IPSR 和辰安利用公共安全科技和信息化技术帮助拉美国家增强安全防控和治理能力，并取得了经济效应和社会效应的双赢局面。从 2009 年开始，清华 IPSR 和辰安将其研发的公共安全产品和集成系统出口到厄瓜多尔、委内瑞拉以及玻利维亚等国。目前厄瓜多尔境内一期工程已经完工，其他国家的公共安全工程正在筹建或建设中。

一　厄瓜多尔

2010 年开始建设的厄瓜多尔公共安全一体化指挥控制系统（ECU-911），共投资 1.7 亿美元，是厄瓜多尔国家级安全指控中心，也是南美地区规模最大、设施最先进的安全指控中心。系统旨在在全国范围内提供强健的公共安全管理与控制、安保行动、预案和危机管理。该系统具有以下特性：

- 统一简洁的公众安全应急报警号码
- 无缝的多公共安全部门警情传送
- 统一的部门内和跨部门的处警服务
- 应急相关部门机构的系统和资源整合
- 集中的指挥控制场所
- 战略级行动的分析决策系统
- 为联合应急和危机管理行动提供协同功能
- 为指挥员和现场应急人员提供通用态势图

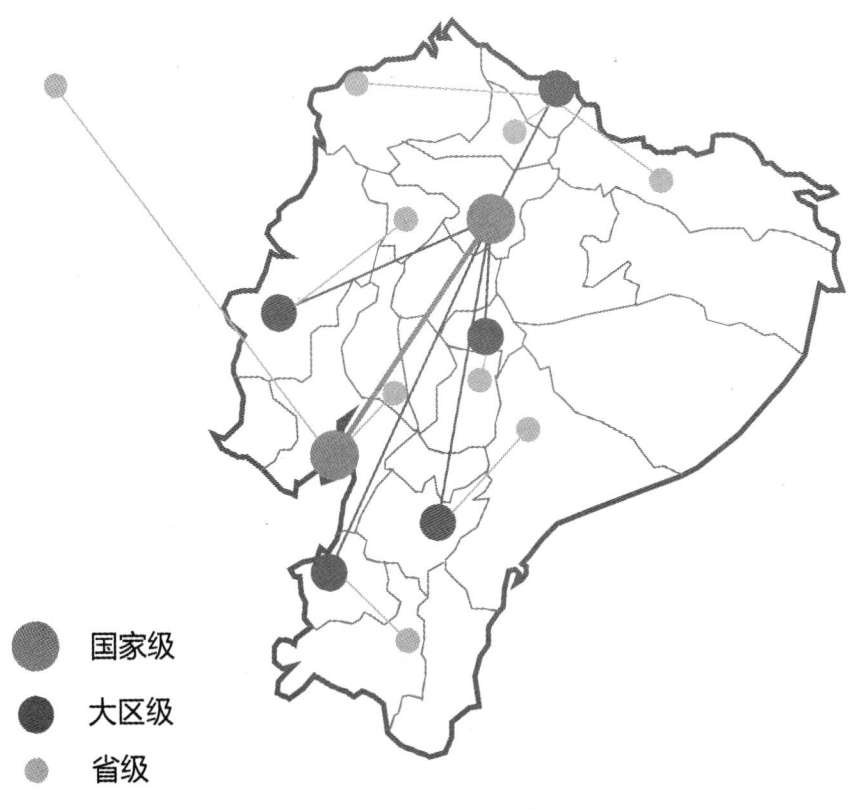

图 3-10　ECU-911 系统部署

1. 部署结构

ECU-911系统按照三个层级进行部署,如图3-10所示分别为:2座国家级指挥控制中心、5个大区级指挥控制中心、8个省级中心及1个加拉帕戈斯群岛监控大厅,基本覆盖厄瓜多尔全境,为全国1400万人口提供有效的安全保障。该系统是以国家指挥中心为核心,以区域或本地市指挥中心为节点,互联互通、信息共享的国家级公共安全指挥体系。系统整合厄国内的警察、交通、消防、医疗等7个职能部门的资源,由指挥控制系统提供综合通信调度,实现对应急事件的跨部门、跨地域联合处置。指控中心职能设计依据以下原则:

● 国家级指控中心

对全国跨部门、跨区域的重大突发事件进行综合协调和处置,两个国家级指挥中心互为备份。

● 区域级指控中心

对本区域中跨部门、跨省的突发事件进行综合协调和处置。

● 省级指控中心

主要完成本省突发事件的统一接警、处警和指挥调度;管理所辖区域内资源、装备、监测监控信息等,同时可以与上级指挥中心协同处置突发事件。

2. 功能设计

ECU-911系统指挥中心架构设计如图3-11所示。其中硬件部分主要包括集成通信、音/视频会议、数据存储、图像显示、供电保障等方面的设备;软件部分提供了社会治安管理的核心业务,主要包括:

● 接处警管理

接入多种社会治安紧急情况报警渠道以获得警情信息,包括电话、短信、视频监控、一键报警系统,并依据应急处置章程从相关部门指派应急人员或小组。

● 危机事件管理

快速接受、合并、转发、审核紧急事件和危机信息;提供态势感知和分析功能;支持协同应急行动。

● 预测预警

根据掌握的信息,运用综合预测分析模型进行快速计算,对事态发展和后果进行模拟分析,预测可能发生的次生、衍生事件,确定事件可能的

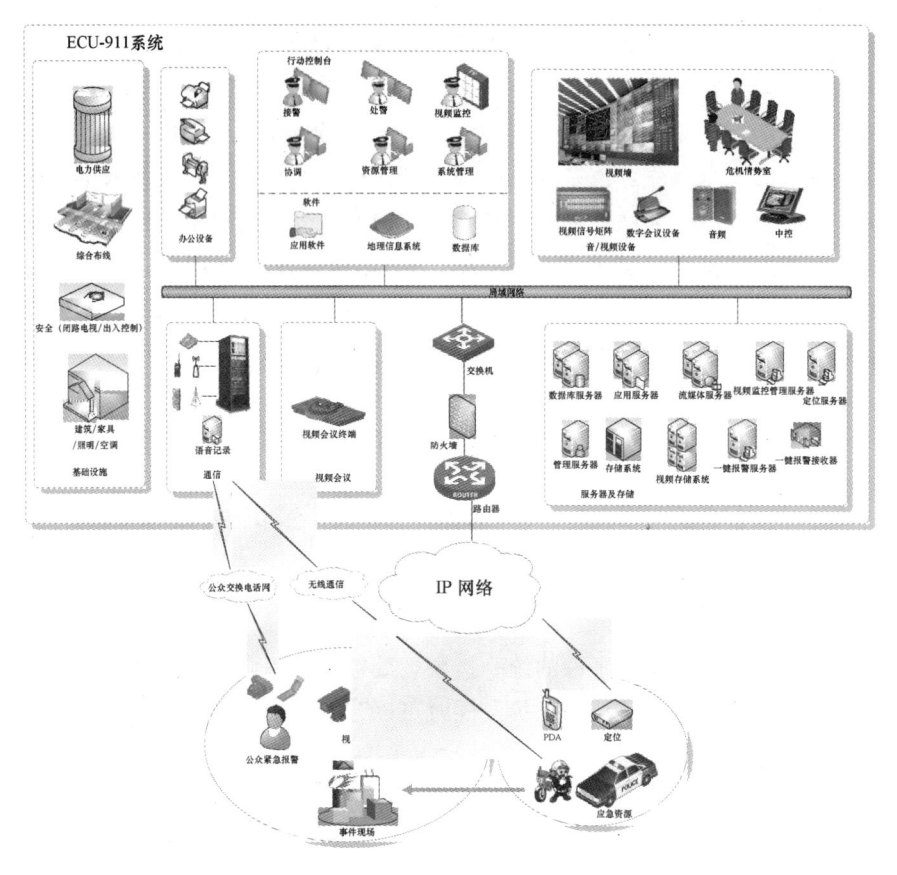

图 3-11　指挥中心系统架构

影响范围、影响方式、事态发展趋势。

●资源管理

对于应急处置中设计的多种资源进行管理，包括人力资源、物料资源、财政资源、医疗资源、交通资源、通信支持资源等。

●地理信息管理

提供地理空间信息，包括定位、缓冲分析、地图浏览等服务，为态势展现和行动分析提供支持。

●协同会商

为多部门协同行动中的参与单位提供通用态势图，支持行动协调、多方会商、远程标记、信息同步等功能。

●视频监控

通过通信网络,对于城市及交通视频监控系统远程进行存储、发布、显示、回放等操作。

3. 成果成效

厄瓜多尔曾是拉美地区治安隐患最为严重的国家之一。治安状况差成为制约国家经济、政治等各领域事务正常开展的难题。政府也因此对于ECU-911项目高度重视。2011年11月1日,厄瓜多尔总统拉斐尔·科雷亚在安全部、内政部、通信部等多个部门的政府要员陪同下亲临项目现场视察,并观摩了ECU-911系统的首次公开演示。参观时间共持续了6个小时,总统先生非常满意,并向项目组成员表示感谢。此后每一所指挥控制中心的揭幕仪式总统先生都会亲临。

在ECU-911系统运行之前,厄瓜多尔国内几条应急热线并存:匪警101、火警102、交通800等。这些繁杂多样的热线号码令身处困境的民众时常感到困惑,更重要的是还会对出警效率产生影响。以交通事故为例,事发现场往往同时需要交通管理人员疏导交通、警察处理肇事、医院处理伤者伤情、火警控制可能发生的火灾保障。如果没有一个统一的应急服务平台,当事人只能自行拨打多个热线电话,而各条接警热线的工作人员掌握资源有限,也很难做出全面、有效的判断,最终影响对事故的处理效率。

而在ECU-911系统投入使用之后,各个警种都并入了统一的应急服务号码之下,使厄瓜多尔民众可以通过一个平台就能获得全方位的紧急服务,也使紧急状况发生后各部门之间的协同更加高效、有序,从而最大限度地保证了民众的财产和生命安全,还减少了政府对各部门重复投资。

ECU-911系统运行流程的高效可以用一个典型应急场景来说明:当有求助电话打入时,操作员面前的电脑迅即开始工作,3秒钟内操作台上三台连接主机的屏幕分别显示电子地图、事件记录和可调度资源以及通信操作面板。系统自动确定报警人所在位置,并在电子地图上进行展现。同时操作员可通过地图界面对事发地周边可用的人员和物资进行空间查询,并将事件信息通过电台或掌上电脑通知现场应急人员,并协调多个部门进行配合。

图 3-12　系统操作界面

　　在系统正常运行的情况下，以上过程将在一分钟内完成，而救援单位在 5—10 分钟内就会赶到事发地点开始处置工作。而在 ECU-911 投入使用以前，对类似事件的处理过程往往会长达两个小时左右。

　　显著提升的应急处置能力带来的是民众安全感的大幅提升。自首个指挥控制中心投入运行以来，ECU-911 系统累计处理了超过 3400 万件紧急情况，拯救了 8000 个生命，平均每天约有 7 人因此而得救。ECU-911 系统对政府社会治安综合治理能力的提升还体现在其对潜在犯罪行为的有力的震慑效应。系统建成运行次年全国犯罪率下降 20%（见图 3-13），而至 2014 年犯罪率下降已达 30%，厄瓜多尔在拉美地区的治安状况排名从第十六位升至第四位，一跃成为拉美最安全的国家之一①。

----

　　① 《中国企业为厄瓜多尔打造全套国家安全指挥系统》，《人民日报》2014 年 10 月 22 日。

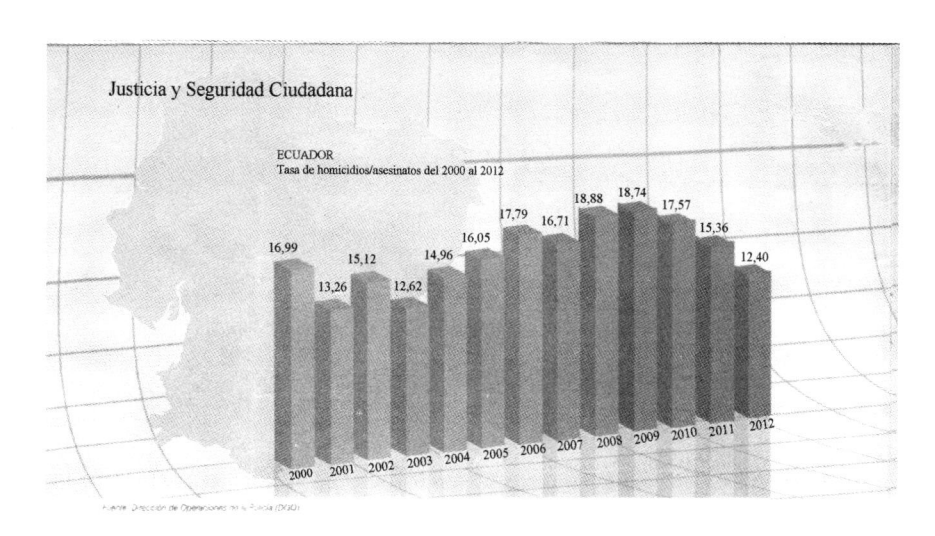

图 3-13　系统部署次年厄瓜多尔全国犯罪率年下降达 20%[①]

4. 后续扩展

ECU-911 项目取得的成功进一步加强了厄瓜多尔政府与中国企业合作的信心。在此之后辰安信息和中电又承接了 ECU-911 的拓展项目——国家交通管理部交通安全系统（ANT）。

ANT 项目瞄准了厄瓜多尔涉及公路交通的社会治安事件相对密集、车辆管理水平相对滞后等现实问题，主要从以下方面为公众安全提供进一步保障：

●保护公共交通安全：主要针对公路抢劫、出租车抢劫和凶杀、交通肇事导致的伤亡等社会安全威胁因素。

●提升车辆管理：主要解决低效的资源管理和无章的行动管理等问题，实现对应急资源调配的优化，并建设公共车辆的管理网络。

●安全套件是 ANT 系统的基础。以出租车安全套件为例（图 3-14），套件包含摄像头、车载影像记录与传输设备、GPS 定位设备、一键报警装置，并接入包括出租车计程表、车门开闭传感器等采集的数据。安全套件通过公众移动网络（2G/3G）与数据中心建立数据连接，数据中心提供对安全套件的数据接入和图像接入、数据存储及上层业务应用功

---

① Moreno, S. B., 2013, "10 razones para una reducción sostenida", *Nuestra Seguridad*, March.

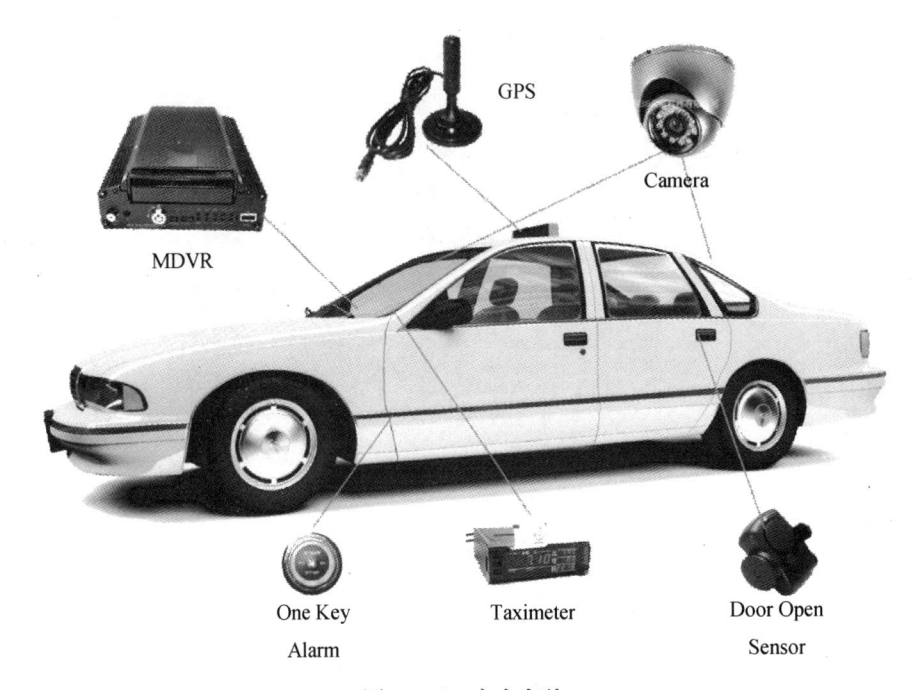

图 3-14 安全套件

能，并通过接口向 ECU-911 中心提供报警、处置的数据服务，以支持 ECU-911 实现公交车和出租车的报警处置。监控中心通过数据中心提供的应用服务实现对车辆的实时监控。

如图 2-15 所示，ANT 系统实现了以下主要业务：

● 车辆监控

通过车载 MDVR 和传感器实时掌握公共车辆运行状态以及车内外情况。

● 告警

对监测到的异常情景向指挥中心发出告警信息。主要告警对象包括设备状态异常（温度异常、信号丢失、低电压），超速报警，车门异常状态，异常越界。

● 一键报警

驾驶员触发一键报警后，车辆上安装的 MDVR 将自动上传音视频数据到数据中心，并启动车辆自动定位与跟踪。监控中心可通过应用客户端查看报警信息及报警相关的音频、视频等信息，ECU-911 接处警中心也

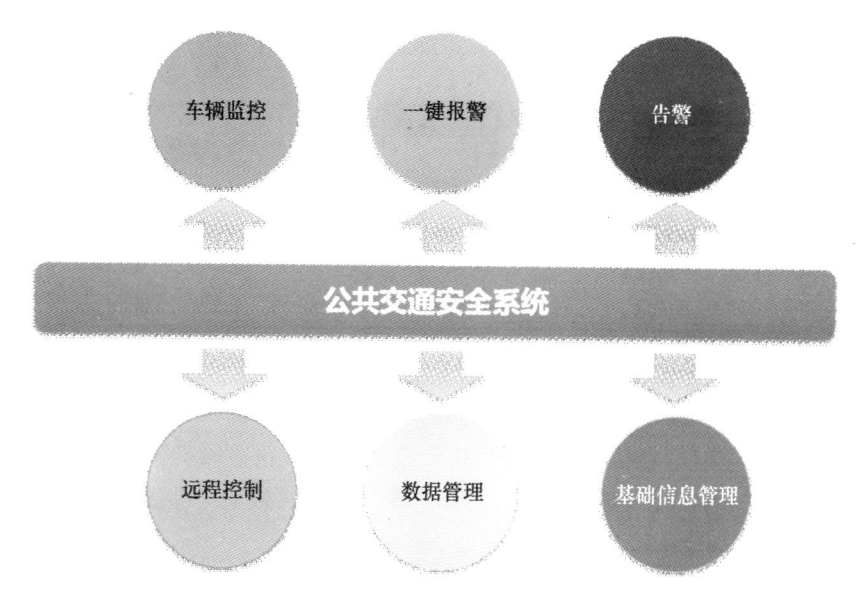

图 3-15 ANT 系统功能

可通过服务接口收取相关信息。

● 远程控制

根据需要对车载监控设备进行调整，如摄像头角度。支持远程调取监控视频，提取报警信息。

● 数据管理

负责管理维护每天数以百万条计的监控信息，支持 $24\times7\times365$ 的不间断数据存储、快速数据抽取，以及数据挖掘，从而支持报警车辆的音/视频取证、历史轨迹查询等操作。

● 基础信息管理

对于公共车辆的基础信息，如车辆特征、车辆归属等进行统一管理，以备突发事件进行处置或事后案件侦破时调用。

案例

2014 年 12 月，ECU-911 接到报警，一女士声称在出租车上遗失了 2000 美元。经询问，该女士搭乘出租车时把 2000 美元放在了司机座椅后背的口袋内，但下车时匆忙之间没有把钱带走。在意识到问题后她向警方报了案。

由于之前没有留心车辆信息，加上事发后情绪激动，该当事人并不能清楚地提供所搭乘出租车的牌号。根据失主提供的几个模糊的近似车牌号码片段、车辆颜色、行车线路、上下车时段、司机体貌特征等信息，结合ANT系统储存的车辆信息和公共交通系统采集的视频监控信息，工作人员利用ECU-911进行了综合信息碰撞分析，并通过与GPS定位信息的结合，警察最终确认了车辆身份并在市中心一座加油站找到了该出租车，并把2000美元物归原主。

二 委内瑞拉

清华IPSR和辰安为委内瑞拉设计了国家公共安全系统（SIMA）。SIMA采用先进的信息化手段，旨在构建覆盖委内瑞拉全国的安全网络，并形成能够统一指挥、反应灵敏、协调有序、运转高效的公共安全和突发事件应急处理一体化系统。

1. 项目背景

委内瑞拉社会治安每况愈下，抢劫、绑架、杀人等恶性案件频生，犯罪率居高不下，而首都加拉加斯甚至被视为拉美暴力犯罪最严重的城市之一，官方公布的谋杀率为每10万人中109人被杀，恶劣的治安环境影响了社会、经济的进一步发展。

社会治安问题产生的原因往往错综复杂，涉及政治、经济等许多方面。但从国家维护社会安定、治理犯罪的角度来说，委内瑞拉面临的主要有以下挑战：

●缺乏统一的、高技术水平的社会治安管理平台。

●缺少警务信息化装备，如警车信息终端、警员个人信息化装备、综合指挥车等。

●缺少现代化特种警用装备，如侦查用无人飞行器、拒止及戒止装置、生物特征识别装置等。

●城市治安监控覆盖范围窄，智能监控技术手段缺失。

为了解决上述问题，SIMA项目提供以社会治安为核心功能的公共安全与应急管理平台。平台以业务应用系统为纽带，涵盖应急指控场所及配套设施、视频监控系统、警用车载/手持终端设备及快速反应装备。同时建设安全监测、定位、报警网络，服务覆盖主要城市、重点区域场所，以及社区和家庭，构建渗透委内瑞拉每个角落的公共安全一体化网络。

2. 系统设计

如图 3-16 所示，SIMA 的指挥体系由四级指挥层级构成，分别包括国家级、战区级、城市级和警务站级。整个系统形成 1 个国家中心、7 个战区中心、16 个城市中心及其辐射的 16 个区域中心和若干个警务站。

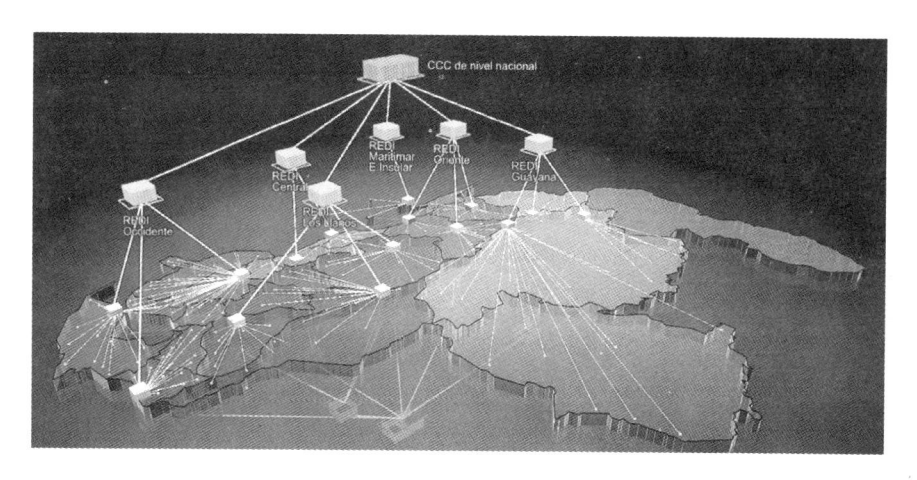

图 3-16 SIMA 系统部署

SIMA 系统从逻辑上可分为基础设施层、数据层、支撑层、应用层、展现层和用户层。这些层级之间上下相互关联，构成互联互通、协作交流的紧耦合的系统：

● 基础设施层

位于系统最底层，由两部分构成：

• 保障项目运行的基础设施支撑，包括供配电系统、通信、网络、服务器、存储、视频监控系统等。

• 软件环境支撑，包括操作系统、数据库管理软件、应用中间件、云设备管理系统等。

● 数据层

为系统运营中需要调用和产生的数据提供管理维护服务。主要包括：

• 基础数据库，如人口数据库、社会单位信息库、用户信息库、机构信息库、人员数据库、物资数据库等。

• 地理信息数据库，如遥感影像库、数字地形数据库、地址库、电子地图数据库等。

● 业务数据库，如警情库、处置信息库、案事件库、案例库、在逃人员库、被盗车辆信息库等。

● 支撑层

提供各系统为满足业务要求而共同需要的功能项目。依托支撑层，各应用系统不需要再考虑与业务无关的其他功能，在平台之上通过调用公用的支撑层服务实现各业务功能。支撑层包括综合数据库平台、地理信息系统平台、数据传输与交换平台、统一安全认证平台、数据加密系统、云服务管理平台等。

● 应用层

包含核心业务应用系统，如综合会商系统、应急管理和响应系统、预测分析系统、风险评估系统、预警发布系统、资源管理系统等。

● 展现层

提供集中的信息发布和媒体发布渠道，为用户实现信息聚合、信息交付、个性化展现定制等需求。包括媒体信息发布、信息门户网站、电子沙盘、情景交互与导向等系统。

● 用户层

为包括指挥中心工作人员、公众、家庭、社区、警务人员等在内的系统用户提供人机交互接口。接口形式包括显示大屏、指挥中心业务PC、警用手持/车载终端、社区和家庭智能终端、公众信息接收端（如智能手机、Pad）等。

3. 系统亮点

（1）公共安全应急装备

先进的装备可增强对社会治安突发事件的快速响应能力，提供更丰富的应急处置手段，增强现场移动式指挥处置能力。以下是SIMA系统中一些具有代表性的公共安全应急装备。

● 复合飞行器

复合飞行器由空中平台、地面站系统（高机动装载平台）、指挥中心端组成。空中平台由多旋翼无人机和业务终端组成。多旋翼无人机可按照地面站控制系统设定的路线自主或手动控制飞行到事件现场上空，完成现场信息采集、监测监控、通信传输等功能；各种业务终端则可被挂接在多旋翼无人机上，执行信息采集、定向广播、环境监测、追踪定位等任务。

地面站系统集合了旋翼无人机的飞行控制、测控、信息汇总、信息处理应用以及现场指挥控制功能,并能提供系统动力保障。为了使其具有良好的机动性能,地面站系统被装载在高机动装载平台上。高机动装载平台由机动性强、平顺性好的越野车辆底盘改装而成,具有良好的行驶性能、乘坐性能和高可靠性的安全保障。

指挥中心端部署在战区级指挥中心,提供系统应用服务支持、建立协同会商的服务端环境,提供对地面站系统的文件共享及上传下载服务。

●非杀伤性拒止车

非杀伤性拒止车由装载平台和拒止设备组成。装载平台由机动性强、平顺性好的越野车辆底盘改装而成,具有良好的行驶性能、乘坐性能和高可靠性的安全保障。拒止设备采用高强度定向发射,方向和声音强度均可根据实际需要进行调节,可全天候工作,适合快速部署。非杀伤性拒止车配有与指挥中心联通的车载终端系统,可接收指挥中心下达的任务及推送的事件信息,并可反馈任务执行情况等信息。

●危险物质检测车

危险物质检测车配备多种定制型便携检测仪,能对现场进行快速采样分析。车内可以从指挥中心数据库调取比对数据,提高检测准确度。检测车内备有匹配多种设备的数据采集接口,并可将检测结果即时回传。

(2)犯罪热点分析

犯罪现象在时间和空间上通常不是均匀或随机分布,而是呈现一定的聚集状态。掌握犯罪的时空分布规律对有效预防和打击犯罪有非常重要的作用。SIMA系统结合地理信息、社会经济信息、环境特征等多方面的数据进行综合分析,并将犯罪热点的统计与分析、犯罪热点的趋势、警务决策、警务资源分配等系统结合在一起,与司法体系相联系,使犯罪预防与打击更智能化、精确化。

(3)智能视频警务分析

利用从公共交通视频监控系统获取的信息进行目标提取。提取的同时可对车辆静态信息进行抽取,如车牌、车标、车身颜色、车型等。同时还可对动态特征进行分析,如运动目标轨迹跟踪、叠加等。

(4)社会安全大数据技术

全面的公共安全管理措施和设施会产生大量数据。有些数据具有显而易见的可用性,但有些数据的价值则不容易被认识到。SIMA系统利用多种大数据技术,对海量数据背后隐藏的有用信息进行深度的挖掘,从而对公共安全趋势、犯罪网络构成、警务资源配置等方面提供有用指导。

(5) 安全云服务

"安全云"服务利用云计算技术搭建面向全国提供服务的安全云服务应用平台。平台提供信息发布云、日常工作云、知识云、案例云、模型云、应急资源云、模拟演练云、在线会商云、数据接入云、视频云等相关应用服务。业务软件及其相关的数据由云端集中式托管，用户仅需接入网络，而不必安装特殊软件即可使用。通常情境下用户使用精简的客户端经由一个网页浏览器即可使用安全云提供的服务。

4. 项目进展

目前项目还在建设之中，一期项目已经开发完成，正在部署之前的紧张调试之中。我们期待 SIMA 项目全面交付，早日帮助提升委内瑞拉全国公共安全水平、提高人民生活安全幸福指数。

本章小结

随着人类物质文明的高度发展，国家、社会和个人对安全的依赖和期盼达到了前所未有的高度，公共安全已经成为国家安全和社会稳定的基石，是国家治理能力的重要衡量标准之一。传统公共安全管理手段在新时期种种挑战面前已经逐渐被淘汰，而新兴的公共安全科技的发展则迎来了历史机遇。

作为中国公共安全科研领域的"领头羊"，清华大学公共安全研究院（IPSR）经过多年的科学研究，无论在公共安全科学理论、应用技术还是产品设备方面都获得了令人瞩目的成绩。通过辰安科技这一科研成果产业转化基地，清华 IPSR 凭借出色的一体化公共安全集成系统将先进的公共安全科技产品出口到拉美国家。

以清华—辰安为厄瓜多尔建设的 ECU - 911 和 ANT 项目为例，公共安全一体化指挥控制系统的交付帮助树立了以先进科技推动社会安全的治理理念，大大增强了社会治安管理机构的执法能力，提升了相关部门的协同行动效率。系统运行以来累计处理了超过 3400 万件紧急情况，对抢劫、凶杀、贩毒等长期困扰厄瓜多尔的犯罪行为[①]的打击效果显著，并且系统

---

① 王鹏：《2011 年拉美地区安全形势回顾》，《拉丁美洲研究》2012 年第 1 期。

对潜在犯罪行为产生了有力的震慑效应。

公共安全管理项目的成功不仅意味着公共安全科技本身的输出，同时也是中国先进的社会公共安全管理理念的输出，这对于提升拉美人民生活质量，改善拉美国家投资环境，促进中拉经济贸易往来，增进中拉友好关系等方面都起到积极作用，是中国与拉丁美洲友好合作的又一条坚实的纽带。

展望今后公共安全科技的研发工作，主要集中在两个方面：一方面是对当前应急平台的完善和升级，对系统的人机界面、功能实用性等进行改进和完善；另一方面是将以公共安全物联网、应急管理与业务持续性管理一体化、应急云计算与服务、应急平台与智慧城市等为代表的当前先进的科学技术以及应急管理理念和方法应用到应急平台建设中。随着科研工作者和产业从业者的不断努力，公共安全科学技术必将为社会安全事业提供源源不断的推动。

参考文献

范维澄：《突发公共事件应急信息系统总体方案构思》，《信息化建设》2005年第9期。

范维澄主编：《公共安全科学导论》，科学出版社有限责任公司2013年版。

《中国企业为厄瓜多尔打造全套国家安全指挥系统》，《人民日报》2014年10月22日。

王鹏：《2011年拉美地区安全形势回顾》，《拉丁美洲研究》2012年第1期。

袁宏永主编：《应急平台体系关键技术研究的理论与实践》，清华大学出版社2013年版。

Moreno, S. B., 2013, "10 razones para una reducción sostenida", *Nuestra Seguridad*, March.

Pearsall, B., 2010, "Predictive Policing: The Future of Law Enforcement?", *National Institute of Justice Journal*, 266.

Perlman, M., 2012, "Using Technology to Enhance Communities' Engagement with Public Safety", in *Municipal Action Guide* (Center for Research and Innovation, National League of Cities).

Universidad Santiago de Chile, 2013, *Technological Innovation for Security in Latin America*, Schaumburg: Motorola Solution Foundation, http://responsibility.motorolasolutions.com.

第 四 章

国家治理与社会治理：拉美国家的经验

袁东振[*]

本章从可治理性和治理的基本内涵出发，主要从政治发展的视角，分析拉美国家治理的主要经验，探寻拉美国家所面临的治理难题及其根源。

第一节　从可治理性到治理：理论阐述

一　可治理性及其含义

20世纪70年代西方学界开始了对可治理性和政府治理问题的研究。欧洲学者克罗齐、美国学者塞亨廷顿和日本学者绵贯让治在给"三边委员会"的报告中，较早提出"可治理性"（governability或gobernabilidad）概念。起初，可治理性主要指政府或体制的能力，克罗齐等人用可治理性解释社会需求与公共机构满足这些需求之间的关系，并从广义上把可治理性理解为公共机构应对挑战或机遇的能力。随着研究的不断深入，可治理性概念的内涵不断扩展，并逐渐成为政治实践分析的重要范畴。

然而，由于衡量标准的差异，人们对可治理性有不同理解，对可治理性含义的解释至少有十多种[①]，其中以下几种解释最具代表性。墨西哥学者安西拉（Andrea Ancira）认为可治理性是"社会需求与政府应付该种

---

[*] 袁东振，法学博士，中国社会科学院拉丁美洲研究所研究员。
[①] 关于外国学者对可治理性问题的讨论和主要观点，参见袁东振主编《拉美国家可治理性问题研究》第一章，当代世界出版社2010年版。

需求能力之间的平衡状态或平衡程度",可治理性的实现应以建立公正的国家为目标,强调权力行使应以尽量小的代价实现,体制应该有很强灵活性,有适应政治、经济和社会变化的能力。法国学者佩科（Daniel Pecaut）强调,可治理性既包括政府有效和合法地满足大多数人的利益,又包括社会的自我组织能力。还有人把可治理性解释为有各级政府和非政府机构参加的决策进程。哥伦比亚学者卡德纳斯（Jorge Hernán Cárdenas）认为,可治理性不仅超越传统的体制、机制和机构,而且包含政治、经济和社会组织的新形式。美国学者普沃斯基（Adam Przeworski）则认为,"可治理性是指社会—经济得到巩固,政治得到改善"。

与欧洲或美国学者不同的是,拉美地区学者在对可治理性进行解释时,较多考虑了本地区的特点。奥唐奈（Guillermo O'Donnell）把可治理性视作拉美民主化进程的巩固,他在研究拉美政治民主化时提出,在专制独裁统治得以避免,或人们的权利得以扩展时,就实现或具有了可治理性。智利著名政治活动家和学者阿连德（Isabel Allende Bussi）结合拉美地区实际,将可治理性概括为民主、政府行动能力、体制创新能力、化解危机的能力及公民参与的总和,她对拉美可治理性问题的阐述也基本围绕上述方面展开。

二 治理及其含义

治理（governance 或 gobernanza）的概念是在对可治理性及政府执政能力等更广泛含义的讨论过程中提出的。20 世纪 90 年代以来,西方学者对治理做出许多新界定。但与对可治理性的解释类似,关于治理的定义和解释也各种各样。迪亚（Haroldo Dilla Alfonso）认为治理比可治理性包括更多的内容,如与一般福利、民主、环境等有关的公共政策的质量等,都属于治理的范畴;治理既是政府的工具和行为方式,也是调节政府行为的相关机制。罗泽瑙（James N. Rosenau）将治理定义为一系列活动领域里的管理机制,既包括正式的政府机制,也包括非正式的和非政府机制。科伊曼（Jan Kooiman）按照各种行为主体间互动关系的特点,把治理划分为"自我治理""合作治理"和"分级治理"三大类。罗茨（R. Rhodes）则把治理定义为以下 6 个层次,即国家管理活动的治理、公司管理的治理、新公共管理的治理、善治的治理、社会—控制体系的治理以及社会组织网络的治理①。

相关国际机构对"治理"的使用,扩展了这个概念的影响力。1992年世界银行在"治理与发展"的报告中阐述了以善治促发展的观点。此后该行几乎所有年度报告均涉及市场经济条件下政府如何处理公共事务和促进持续发展的论题。该行把治理归结为6个方面:民众的意愿和对体制的信任度、政治不稳定和暴力的程度、政府的效率、政府政策和法规质量、法制程度、对腐败的控制②。1995年"全球治理委员会"将治理界定为个人或体制、公共或私人管理其共同事务的众多方式与手段的总和,"是冲突或不同利益得以调和、合作行动得以实现的持续过程",认为"治理既包括得到授权的正式体制和制度,也包含经人民或体制同意或符合其利益的非正式安排"③。

三 可治理性与治理的关系及其在本文中的含义

综上所述,无论是从起源还是从具体含义上说,治理和可治理性应是两个不同概念,二者有一定区别。科伊曼曾对两者进行了区分,认为前者是各战略或相关部门按照一定游戏规则互动的过程,而后者是政治和社会体系在更广的范围内自我治理的能力,是社会需要与社会和政治体系能力的关系问题④。目前,治理和可治理性这两个概念在国际学界基本被交叉使用,欧美及中国学者较多使用"治理",拉美地区的学者则较多使用"可治理性"⑤。

但治理和可治理性有密切联系,其含义相互交织。正因为如此,在很

---

① 参见马丽娟《治理理论研究及其价值述评》,《辽宁行政学院学报》2012年第10期,转引自中国改革论坛网,http://www.chinareform.org.cn/gov/governance/Report/201302/t20130226_161410.htm。

② Daniel Kaufmann, Aart Kruay, Massimo Mastruzzi, *Governance Matters* IV: *Governance Indicators for 1996 - 2004*, the World Bank, May 2005, p.4. http://siteresources.worldbank.org/DEC/Resources/GovMattersIV_main.pdf.

③ *Global Governance*: *Our Global Neighborhood*, The Report of the Commission on Global Governance, Chapter 1, "A New World", http://www.gdrc.org/u-gov/global-neighbourhood/index.htm.

④ 参见袁东振《可治理性与拉美国家的可治理性问题》,《拉丁美洲研究》2007年第5期。

⑤ 例如,在拉美地区知名研究机构拉美社会科学院(FLACSO)的许多研究项目和出版的研究成果中,仍较多使用"可治理性"。具体详情可参见该机构官方网站,http://www.flacso.org.cr。

多情况下两者通常被当作同义词使用。一些国际组织经常把两个概念混用，许多学者也没有把两者做严格区分。鉴于这两个概念使用上的混乱，西班牙皇家语言学院甚至曾建议把这两个词作为同义词。欧盟、世界银行、联合国开发计划署等国际组织基本是把两者作为同义词使用。

尽管这两个概念有区别，但为了论述和分析的便利，本文也暂且将两者作为同义词使用，并主要从政治发展的视角，从治理理念、决策机制、体制机制建设、法律制度执行力、总体环境等方面，分析拉美国家治理的经验，从社会政策理念的变化、社会政策的制度构建、社会政策的具体实施、社会领域改革等方面，分析拉美国家完善社会治理机制、化解社会矛盾和冲突的主要做法，探寻拉美国家和社会治理的发展趋势、面临的困境及其根源。

第二节 国家治理的经验与基本做法

转变治理思路和理念，摒弃传统民众主义和精英主义思想的主导作用，强调理性决策并努力构建科学合理的政府决策机制，推进依法治国理念和推进制度健全与完善，提高法律制度的效率和执行力，积极化解民众不满情绪，改善治理环境等，是拉美国家提高治理能力和水平的具体做法，也是其治理的基本经验。

一　转变治理理念，摒弃民众主义和精英主义的主导

民众主义和精英主义曾是拉美地区占主导地位的治国理念和政策。20世纪，精英主义和民众主义"周期性"交替，左翼和右翼"钟摆式"轮替是拉美政治、经济和社会发展进程的重要组成部分和主要表现形式。一般来说，左翼政府倾向民众主义，右翼政府倾向精英主义。民众主义和精英主义、左翼和右翼相互竞争，轮番出现在拉美政治舞台，并具体体现为该地区国家经济和社会政策反复性的摇摆与多变。拉美的民众主义诞生于20世纪初，虽然比精英主义产生时间稍晚，但很快便成为该地区有重要影响力的政治思潮和政策实践，自20世纪30年代开始相继在阿根廷、巴西、厄瓜多尔、秘鲁、墨西哥、智利、委内瑞拉等拉美主要国家广泛实施。与此同时，这些国家也是精英主义思想和实践的最主要实验场。不幸的是，这两种道路或政策的实践都曾给拉美国家带来灾难性后果。民众

义模式在获得初期的一些成效后,其固有缺陷最终在许多国家导致经济崩溃和社会灾难①,精英主义模式则因其所具有的较强烈排他性和保守性等特质,在不少国家引发激烈社会矛盾和冲突,甚至长期社会动荡和武装冲突,严重制约了这些国家经济政治和社会进步。在吸取历史经验教训基础上,越来越多的拉美国家开始转变治理理念,既强调摆脱"民众主义陷阱",又力图避免精英主义的缺陷。

在摒弃民众主义和精英主义的同时,拉美许多国家积极探寻新的发展政策和模式,选择了实用主义的治国理念和发展道路。虽然拉美目前仍有"左""中""右"的分野,但"左""右"双方的争论日益趋于理性。各国政府的政治取向、政策及执政理念虽仍有差异,但无论是右翼政府还是左翼政府,都有意淡化意识形态色彩,强调从本国实际出发,将政治稳定、经济增长和社会安定作为首要执政目标,注重争取更广泛社会阶层的支持。多数拉美国家政府坚持既定发展战略,主张渐进改革,未对基本经济政策面做根本性改变②。多数左翼政府明确摒弃民众主义政策,巴西、秘鲁、乌拉圭等"温和"左翼政府强调在坚持市场经济模式前提下大力关注民生。与此同时,拉美右翼政府也不再坚持精英主义路线,而是主张市场经济路线和加大社会政策力度。在拉美国家努力探索新发展道路进程中,实用主义成为政策的主流趋势,"左"和"右"的传统界限更加模糊。智利政治家福克斯雷伊将拉美地区的这种现象概括为"正在汇成中间的政治路线,形成一种进步的社会政策"③。

二 强调理性决策,注重构建科学合理的政府决策机制

在传统上,拉美主要政治力量和利益集团间有严重的理念和政策分

---

① 美国学者爱德华兹根据拉美国家民众主义政策实践情况,认为民众主义运行的一般周期是从最初的"幸福感"走入最终的"遗憾",大概会经历四个阶段,第一阶段是经济增长率、实际工资、就业都得到提高,给人的感觉是民众主义政策似乎取得了成效;在第二阶段,经济增长进入瓶颈状态,各种难题增多;第三阶段显示出物质短缺、通货膨胀加剧和资本外逃等崩溃前的预兆;最后阶段是灾难之后的整顿和调整。参见 Sebastian Edwards, *Left Behind*: *Latin America and the False Promise of Populism*, the University of Chicago Press, 2009, pp. 169 – 170.

② Silvia Gomez-Tagle, Willibald Sonnleitner (eds), *Mutaciones de la Democracia*: *Tres Decadas de Cambio Politico en America Latina* (1980 – 2010), el Colegio de Mexico, 2012, p. 35.

③ Alejandro Foxley, "Una Evaluación Optimista del Futuro de las Economías de la Región", www.cieplan.org/temas/22/06/2011.

歧，在改革传统利益机制方面缺乏共识，特别是"左""右"严重对立、激烈纷争，双方在一系列重大问题上的诉求和立场难以协调，致使在政府决策方面存在严重缺陷，甚至造成政府政策的严重扭曲。第一，政策多变和缺少连贯性成为常态。政策通常会随"左""右"更替和政府更迭而改变，同一届政府的政策前后往往也缺乏连贯性；执政者上台前的政策允诺与上台后所实施的实际政策有时也完全不同。第二，决策缺乏透明度和科学性。由于各主要政党和政治派别在涉及国家发展的重大问题上缺乏基本共识，导致政府决策既缺乏科学性，又缺乏透明度，执政者在决策时通常会为了特定集团的利益而牺牲国家整体利益，为了短期目标而牺牲长远目标。第三，政策的受益群体有明显偏向性。出于争取政治支持的考虑，加之拉美国家发展水平和政府财力有限，政府决策通常主要考虑正规部门工薪阶层和中间阶层利益，对非正规部门和农村劳动者利益重视不够，加剧了部门间、群体间、地域间的矛盾，加大了治理难度。

  进入 21 世纪，拉美国家逐渐接受新的发展思想并形成新的发展观，各派政治力量开始形成新的政治共识，无论是执政党还是主要反对派，都有意识或积极推动政府决策向科学化和合理化方向发展。拉美国家强调理性决策、注重构建科学合理决策机制的具体做法有以下方面：第一，推进理智决策。无论是左翼政府还是右翼政府执政，其决策时开始更多地考虑国家长远发展规划，更多地顾及反对派的利益和诉求，注重吸收反对派参与决策进程，在涉及国家发展的重大和长远问题上尽可能地寻求最广泛社会共识，强调政策的可持续和连续性。第二，鼓励民众参与决策进程。玻利维亚通过实施"民众参与法"，强调公民对决策的参与，墨西哥和智利等国家把民众参与作为决策进程及政策实施的重要环节。委内瑞拉、厄瓜多尔、玻利维亚等国尝试建立"参与式民主"[①]，提出把决策权建立在人民权利基础上，主张人民直接决策，委内瑞拉政府提出把决策权交给"社区"，将"社区"作为公众参与的重要方式和"履行民众权利的工具"。秘鲁颁布"预先咨询法"，规定涉及重大能矿项目的决策需预先征询居民意见。巴西扩大公民对决策的参与度，一些地方政府积极推行所谓

---

  ① Susanne Gratius, "La tercera ola populista de América Latina", 45 working paper/documento de trabajo, FRIDE, www.fride.org, Octubre de 2007.

"参与式预算"①。第三，推动中央和地方良性互动。许多拉美国家试图改变人事权和财政权高度集中在中央政府、忽视地方需求的历史传统，积极推动公共支出分散化、公共服务地方化；较大幅度增加地方政府的税收份额，充分照顾地方的各种权利、利益和关切。墨西哥、危地马拉等不断强化各级地方政府在减贫等社会领域的职能；许多国家增加中央政府向地方政府的财政转移力度，规定地方政府须承担相应的社会职责；巴西等国家通过扩大地方和市政自主权，增强地方行政机构和公共部门的积极性和效率。第四，注重非政府组织等社会团体在决策中发挥作用。拉美国家普遍承认非政府组织（以下简称 NGO）的合法性，在加强对其管理、监督和引导的同时，重视其在国家决策及经济、政治和社会发展中的作用。多数拉美国家让 NGO 承担公共部门的部分职能，鼓励其参与决策和政策的实施，并对政府和公共部门进行监督。许多国家加强与 NGO 对话，为其更大限度地参与国家发展进程创造必要条件。

三 明确依法治国目标，不断健全和完善制度与体制机制

在拉美国家政治传统上，依法治国的观念比较淡漠。19 世纪上半叶独立以后，拉美国家模仿美欧确立三权分立制度，但受历史条件限制，真正的权力分立和制约机制并没有建立起来。多数国家处于精英主义体制治理之下，国家政权被寡头权贵集团垄断，其他阶层在国家机构中缺乏代表性，中下社会阶层长期被排除在国家政治进程之外。在精英主义体制下，公民政治社会参与程度低，社会流动性差，中下社会阶层实现社会升迁机会受到限制，社会矛盾不断积聚。政治体系内任人唯亲、裙带关系和庇护主义盛行，官员升迁主要凭借政治联系而不是凭其工作业绩或个人才能。政治体系内逐渐形成特殊的既得利益集团，极力阻碍体制和社会的变革。就正式体制而言，拉美国家政治体制基本由以总统为核心的行政机构主导，本应发挥制衡和监督职能的立法和司法机构相对虚弱，基本处于被支配和服从地位，有人甚至将拉美国家的立法机构讥讽为总统的"橡皮图章"。

制度和体制的不成熟或缺陷一直是阻碍拉美国家治理的主要难题，因

---

① Tina Hilgers (ed.), *Clientelism in Everyday Latin American Politics*, Palgrave, Macmillan, 2012, pp. 99 – 119.

此，拉美各界普遍认为制度的健全与完善是提高治理能力和水平的主要手段。为提高治理能力和水平，从20世纪90年代起，拉美国家就普遍进行所谓的"国家改革"，强调要不断完善政治制度和体制，增强体制的创新能力。国家改革的目的是推进依法治国目标，加强制度机制的作用。改革的重点是：第一，加强权力相互监督的机制，特别是加强立法和司法机构对行政机关的制约和监督。在改革过程中，拉美国家不仅加强立法、行政和司法三大权力机构之间的相互制约和监督机制，还加强各权力部门内部的监督制约关系，将三大权力部门的内部监督机制、议会与行政部门之间的监督机制、司法部门与行政部门间的监督机制作为一种重长效的制度安排[1]。通过改革，许多拉美国家的议会拥有了较大自主性，开始能在许多方面正常行使宪法规定的权力和职能。20世纪90年代以来，巴西、委内瑞拉、秘鲁、洪都拉斯和巴拉圭等国家的立法机构根据宪法赋予的权力，完成对违宪总统的质询或解职，显示出立法机构的权威性。第二，强化社会各界的监督作用。许多拉美国家采取了诸如发布官方简报、建立咨询机构、保护检举人和举报人、召开听证会等做法和机制，提高公民监督政府的能力，特别是强化媒体的监督作用，进一步规范政府行为[2]。第三，提高公务人员素质，完善公务员制度。拉美国家普遍重视完善公务人员的选拔、任用、考核和晋升的相关机制建设，基本消除了因执政党常态化更迭对政府日常工作造成的冲击。许多国家采取措施不断完善公务员制度，推进"功绩奖赏"制度，提高公务人员素质，消除传统"官职恩赐制"残余的影响。第四，提高机制的效率。拉美国家把反腐体制机制建设和提高政府及公共部门效率作为提高治理能力的重要手段和途径。委内瑞拉和乌拉圭等国制定专门的《反腐败法》，例如，委内瑞拉《反腐败法》在确定公共官员行为准则、严格财产申报、严惩非法致富、公共财产犯罪和职务犯罪的同时，强化了对国家机构和公共部门的监督[3]。多数拉美国家加快相关立法进程，所有国家都有反腐制度或措施出台。阿根廷等国在完善公务员财产申报关键环节上的做法不断改进，规定财产申报制度适用于行

---

[1] 刘纪新、闵勤勤：《拉美国家的腐败问题与反腐斗争评析》，《拉丁美洲研究》2006年第6期。

[2] Silvia Gomez-Tagle, Willibald Sonnleitner (eds), *Mutaciones de la Democracia: Tres Decadas de Cambio Politico en America Latina* (1980–2010), el Colegio de Mexico, 2012, p.36.

[3] *Ley Contra la Corrupción*, www.asambleanacional.gov.ve.

政、司法和立法机构，不仅要申报，而且要公布。

四 提高司法机构效率，增强法律制度的执行力和公平性

拉美国家已建立起完备的制度框架和法律体系，但制度的效率和法律体系的执行力较弱，并在国内外饱受诟病。一般来说，拉美国家的法律传统对其法律的效率和执行力具有不可忽视的负面影响。拉美多数国家的法律体系属"大陆法"框架，常以一部宪法和数部法典为支撑，包括各种法律、法规、条例、规定、通告、行政决议等，法律体系十分健全，内容十分庞杂，且不断地进行补充和更新。在法律传统上，多数拉美国家重视"成文法"和"字面原则"。"拉美国家的司法制度是西班牙和葡萄牙殖民主义的遗产，其特征是崇尚权威，法官在庭审中起主导作用，加上一些宗教教条和法官司法不独立等因素，侵犯公民权利的事件时有发生。改革前拉美国家的司法审判主要以成文的程序为基础，不承认口头证据，完全依赖制定法，排斥习惯和判例法。"[1] 显然，与英美"不成文法"、循惯例行事的法律框架对比，拉美国家的法律制度和体系缺乏效率，很难满足巩固民主制度和推进经济改革的任务。在数百年西班牙政治传统影响下，拉美社会及大众的法治观念较强，权利概念鲜明，而义务履行的意识不够，致使法律的执行力较差，有法不依和执法不严的现象较为常见。

除了政治和法律传统的消极影响外，拉美国家法律制度执行力差还源于立法和司法机构效率不高。因此，拉美国家普遍把改变传统司法观念、增强法律制度的执行力和效率作为提高治理能力的重要举措。第一，赋予司法改革以战略意义。拉美国家把经济发展、民主巩固和实现社会正义作为司法改革的三大社会目标，把实现司法独立、提高司法效率、实现社会正义作为实现上述三大目标的基本途径。这样司法改革就摆脱了自身改革的狭隘意义，被赋予了事关国家经济社会发展战略的含义[2]。第二，改变保守的司法观念和传统。拉美国家采取包括宣传教育、改变日常司法习惯、修改相关法律条文等多种措施，试图改变传统而保守的法律制度和法律体系，消除司法程序严谨但相关进程缓慢的传统弊端，增强全社会及普通民众履行法律的责任和意识，最大限度地增强法律的执行力。第三，推

---

[1] 杨建民：《拉美国家的司法制度研究》，《拉丁美洲研究》2010年第6期。
[2] 杨建民：《公民社会与拉美国家的司法改革》，《拉丁美洲研究》2011年第2期。

进司法程序改革和司法公正。由于制度缺陷、效率差和程序烦琐,拉美国家的司法制度在传统上缺乏对贫困者和弱势群体的保护。因此,许多国家在改革过程中努力简化司法程序,完善有关法律,提高案件审结速度,减少案件的积压程度。与此同时,推进司法公正,尽可能为所有居民提供适当的司法服务,满足居民在司法方面的基本需求,让更多人享受司法公正的利益。第四,提高司法机构的独立性和效率。尽管拉美国家法律规定了法官和法院等独立工作的权力,但在日常运行中,司法机构的独立性在很大程度上受到来自在权力结构中占有优势地位的行政机构和各类经济实体的压力。因此拉美国家司法改革的重点是改变司法不独立、司法程序庞杂、工作效率低下、司法机构人员专业性不强、司法体系覆盖面狭窄的问题。例如,委内瑞拉通过"最高法院组织法"和"法官道德条例"等法律,任用一批新法官,清除履职不力的法官,纯洁司法队伍,增强法官素质,提高司法机构活力和效率。巴西国会在历经长达13年讨论和磋商后最终于2013年通过关于司法改革的宪法修正案,旨在提高司法效率,加快司法程序。第五,加强公民对司法机构的监督。委内瑞拉等左翼执政的国家不断强化对司法机构的监督甚至控制。阿根廷政府推出一揽子司法改革方案,强制法官公布财产申报的草案已提交议会审议。巴西建立了全国法官委员会,监管司法系统的行政和财务活动,监督法官履责情况。在许多国家改革过程中,各类非政府组织在客观上担当了监督改革进程、改革成效以及司法体系运行的重要功能。

五 继续推进政治改革,进一步完善国家治理机制

在民主巩固过程中,拉美国家的程序民主日益完善,民主体制和民主运行的规则趋于有效。但一些国家仍面临政治和选举改革的巨大压力,这种压力主要来自两个方面。第一,消除政治体制脆弱性的需要。20世纪90年代拉美开展的所谓"国家改革"推动了该地区民主巩固与转型,但并没有消除其政治和选举制度的固有缺陷,一些国家由选举引发的争斗和内耗频发,加大了民主转型的难度。在墨西哥、委内瑞拉、洪都拉斯、萨尔瓦多甚至巴西,近年都曾对大选结果产生争议,并引发抗议行动[①]。显

---

① 袁东振:《拉美国家民主巩固与转型的趋势与困境》,《当代世界与社会主义》2014年第4期。

然，这些国家要想进一步推进民主转型，有必要进行政治体制特别是选举制度改革，以消除体制的脆弱性。第二，适应社会新诉求的需要。在 21 世纪以后新一轮经济增长周期中，拉美地区的社会结构出现重要变化，特别是中产阶层迅速壮大，该阶层人口净增 5000 万。随着经济和社会地位的提高和改善，这些人不断提出新的政治和社会诉求，"要求政府部门收支更加透明、要求减少腐败和获得更优质公共服务"，"要求政治家们有更加开放的精神，而不需要空洞的意识形态口号"[①]。为回应该阶层的新诉求，拉美许多国家选择继续推进政治和选举改革，但各国改革的重点不同。

（一）墨西哥和洪都拉斯的改革偏重选举规则的修改与完善

洪都拉斯议会 2014 年初提出选举改革建议，试图改变和消除因选举而经常引发的党派争端。改革建议提出，如果任何总统候选人都不能获得 50% 的选票，则需举行第二轮投票。墨西哥的改革也取得重要进展。2013 年 12 月培尼亚总统向议会提出政治和选举改革方案，墨西哥参众两院随即迅速通过该方案。2014 年 1 月在议会拥有席位的墨西哥所有党派达成关于政治和选举改革的共识，作出修改宪法、进行政治和选举改革的决定。改革的主要内容包括：建立新的全国选举委员会（INE），取代联邦选举委员会，新委员会专门负责联邦选举事务，并负责与各州协调地方选举，给予地方选举机构更多自由；推动建立联合政府，即总统应尽可能组成联合政府；改组共和国总检察院，院长由参议院选举产生；允许联邦议会参议员（任期 6 年）连选连任 2 个任期、众议员（任期 3 年）连选连任 4 个任期，即任期最多不超过 12 年；允许地方议会议员、地方立法机构成员和市长连选连任；把全国性政党注册的最低门槛由在全国选举中的得票率从 2% 提高到 3%，凡在全国选举中得到有效选票 3% 以上的政党，都有权获得议会众议员席位；各政党提出的地方和联邦议会议员候选人应男女各占一半；加强选举费用管理，规定官方宣传的支出额度，明确竞选活动支出超过规定的最高数额或购买媒体宣传是违规行为；改变计票规则，得票居前两位总统候选人的得票差距不足 5% 时，需重新进行选举。为保障上述改革措施的有效实施，墨西哥国会还对涉及政治和选举改革的

---

① John Paul Rathbone, "Se acaba la fiesta en América Latina; la excepción: México", http://www.elfinanciero.com.mx/financial-times, 30 de octubre de 2014, 检索日期 2014 年 11 月 1 日。

具体法律（如选举程序法，地方和全国性政党的法律等）进行修改①。

（二）智利的改革重点是扩大政治体制的参与性

2014年8月智利众议院通过选举改革议案，提出把参议院席位由目前的38席增加到50席，把众议院的席位从120席增加到155席；智利改革的重点是增强政治体制的代表性。自20世纪90年代初民主体制恢复以来，智利的政治体制一直具有有利于两大政党联盟，而不利于各个中小党派的特性，国家机构中各个小党的代表性不足。2014年8月智利众议院通过选举改革的议案，决定对选举制度进行改革，将众议院席位从120席增加到155席，参议院席位由38席增加到50席；建议取消有利于两大政党联盟，而不利于各个小党的双提名选区制度，用一种具有更广泛代表性或包容性的制度取而代之；规定女性候选人最低要占到候选人总数的40%，确保女性的政治参与权。巴切莱特总统认为，上述改革措施是重大的改革步骤，因为"公民的利益在国会能够得到更好的体现"②。

（三）哥伦比亚和尼加拉瓜既修改选举规则，也注重体制和制度的完善

从2013年起，执政的尼加拉瓜"桑地诺民族解放阵线"议会党团就开始推动进行宪法改革，力图"强化国家法制建设和民主参与度"。该国议会分别在2013年12月和2014年1月两次对宪法修正法案进行表决。由于执政党在议会的席位绝对占优，这一受到争议的修宪提案最终获得通过③。2014年2月10日，修改后的新宪法正式生效。修改后的宪法扩大了总统权力，授予其任命军人和警察出任公共部门官员的权力，可以把退役军警人员安置在行政部门文职机构中，总统可以在认为适合的情况下设置公共部门官员的职务；允许总统连选连任，规定总统候选人获得简单多数即可当选，取消总统选举中的第二轮投票程序；延长市长、副

---

① "Las leyes secundarias de la reforma político electoral 2014"，http：//pac.ife.org.mx/，检索日期2014年2月10日。

② the Associated Press，"Prueban mayor cambio electoral en Chile desde la dictadura"，http：//www.elnuevoherald.com/，检索日期2014年8月15日。

③ 两次投票都是64票赞成（其中执政党议员63人），25票反对，3人缺席。宪法改革建议遭到反对派、社会运动、公民组织、企业家组织等反对，反对者认为改革既未广泛征询社会各界意见，也未经全民公投。

市长等市级官员的任期①。宪法修正案的通过，为奥尔特加总统寻求无限期连选连任消除了法律障碍。2014年7月哥伦比亚总统桑托斯提出一项政治改革法案，在与各政党和社会组织广泛沟通协商基础上，议案于9月初提交国会讨论。议案的目标是寻求各权力机构间的平衡，使已经占有明显优势的行政权力与其他权力机构间保持平衡。主要内容有两个，一是对现行的一些规定进行重新评估，如提议由国会决定是否继续保留总统连选连任的规定，是否取消法院的选举功能，是否取消优先投票权，是否改变参议院选举的规则以确保全国所有地区都能在参议院取得代表权。二是推进其他领域改革，延长市长、省长、市议会和议员等的任期，使其任期和总统任期一致，改革选举资助办法。一些政治家和国会议员对上述改革建议的局限性提出批评，建议"进行真正的改革，就政治体制的结构性问题进行审议和研究，而不是仅改革一些次要问题"②。

（四）巴西力图全面推进政治改革

2013年爆发的大规模社会示威抗议事件，推动巴西政府加快政治改革步伐，2014年罗塞夫连选连任总统后表示继续推进这一进程。巴西改革的建议包括：1. 就修宪和政治改革问题进行全民公投。早在2013年罗塞夫总统就提出"政治改革已势在必行"，提议就修宪和政治改革进行公投，开启巴西数十年来最大规模的政治改革进程。她在成功连任总统后再次号召以全民公投方式推进政治改革，并就改革的道路和方式进行讨论。2. 把政治改革置于首要位置。罗塞夫连任后承诺，将政治改革置于首位，已准备好就所有问题与反对派进行讨论，以取得改革共识。她还强调当务之急是推动立法改革，为新的经济发展周期创造条件。3. 加强廉政建设。罗塞夫提议实施"更有效率的打击贪腐措施"，建立"能够反映民意的政治代表制"，表示将对包括国家石油公司在内的腐败案进行调查，无论腐败者是谁，都绝不姑息迁就③。4. 完善治理方式，加强公民对改革的参

---

① Juan Barreto, "Entra en vigor nueva la Constitución de Nicaragua que amplía poderes a Ortega", http：//www.elnuevoherald.com/2014/02/11/, 检索日期2014年2月12日。

② Isolda Maria Velez, "Reforma política entra hoy a un Congreso dividido", http：//www.elcolombiano.com/BancoConocimiento/3 de septiembre de 2014, 检索日期2014年9月4日。

③ "Rousseff pide reforma política en Brasil, con referendo o plebiscito", http：//www.argenpress.info/2014/10/, 检索日期2014年10月28日。

与。早在2013年罗塞夫就提出一项旨在"增加公众参与及拓宽公民视野"的改革计划,强调公民更多地参与"政治改革";她在成功连任后承诺"将加强对话,以最温和及民主的方式治理国家",并使巴西经济尽快恢复活力。

第三节 社会治理的经验与基本对策

拉美国家社会问题由来已久,且长期得不到妥善解决,有些问题甚至愈演愈烈。拉美社会问题众多,其中最主要的包括:贫困化现象严重,贫困率长期居高;贫富分化和分配不公现象严重;生活空间相互隔离,"非正规化"住宅和贫民窟规模不断扩展;长期的高失业率以及非正规就业人口规模不断扩大;社会保障制度覆盖面较低,许多人口被排斥在社保制度之外;社会治安不佳,暴力事件频发;等等[①]。拉美社会问题严重的根源异常复杂,既有历史因素,也有现实原因,其中最主要的是拉美的发展模式具有"排斥性"特质,许多国家在现代化过程中未能妥善处理好经济与社会的关系,片面遵循"先增长后分配"的理念,忽视社会改革与收入分配,导致社会问题不断积累,社会矛盾和社会冲突不断加剧,最终危及社会稳定。为此,许多拉美国家将纠正传统社会政策理念的片面性、实施积极的社会政策、推进社会领域改革、化解社会问题、缓解社会矛盾和冲突作为完善社会治理的重要手段和政策选择。

一 纠正传统社会政策理念偏差与片面性

拉美国家的经验表明,具有"排斥性"特点的发展模式不仅不能解决结构性贫困和不平等问题,而且会加剧贫困和不平等的程度,造成严重社会冲突,加剧社会的不稳定。在总结历史教训基础上,拉美国家重视纠正传统社会发展理念和社会政策的偏差与片面性,形成新的社会发展观和积极的社会政策[②]。

---

① 郑秉文:《过度城市化导致拉美国家诸多社会问题》,《国外理论动态》2011年第7期。
② Fernando Calderon Gutierrez (coordinador), la protesta social en America Latina, siglo veinteuno editors, Buenos Aires, 2012, p.112.

(一) 纠正传统社会政策理念的片面性

20世纪80年代中期到90年代中期，新自由主义在拉美地区占主导地位。新自由主义的主要政策包括贸易自由化、金融自由化、私有化，以及大力推进税制、劳工和养老金制度改革等。新自由主义在稳定拉美地区宏观经济、恢复经济增长、降低财政赤字和通货膨胀方面取得积极效果。然而新自由主义的社会政策具有极大缺陷和偏差，特别是其经济政策和社会政策的严重脱节，致使经济改革"对公平的贡献率非常小"，造成经济增长与民众福利脱节，贫困现象不仅没有得到相应缓解，相当一部分人继续处于被边缘化和被排斥的地位，就业不稳定现象增加，财富和权力进一步集中，社会分裂进一步加剧，社会局势进一步恶化。

比安奇（Cristina Bianchi）在谈到拉美国家新自由主义社会政策的理念时指出，华盛顿共识和新自由主义信奉滴漏理论（Derrame），强调所谓公平原则（Equidad），其政策聚焦于结构性贫困问题，主张分散化、放松管制和私有化。新自由主义批评所谓"普享"的社会政策，反对福利国家，主张援助性和补偿性政策，主张聚焦于"结构性"穷人，认为这些人的问题需要紧急社会基金（FIS）和非政府组织来解决[1]。拉美国家社会政策理念的偏差造成其社会政策的严重缺陷，特别是造成政府职能的缺失。新自由主义社会政策的缺陷主要表现为：1. 认为社会公平的实现是自发过程。认为改革和增长可以促进社会公平，坚信贫困和社会问题将随着经济不断增长而逐步趋于缓解，把社会公平的实现视为经济增长的必然结果。新自由主义强调增长不仅是经济发展的核心，也是解决贫困化问题的唯一有效手段。因此，与新自由主义经济政策相配套的社会政策关注的核心问题是贫困而不是平等，主张在经济增长的同时实施一些面向最贫困阶层的政策[2]。总之，在拉美新自由主义经济改革过程中，政策的设计者缺乏对社会政策的设计，特别是没有考虑到收入分配制度和政策的设计和完善。2. 过分削弱国家的作用。主张国家最大幅度退出社会服务领域，让私人部门在社会服务方面发挥更大作用。在国家退出社会服务领域后，

---

[1] Cristina Bianchi, Politica Sociales en America Latina, 2007. http://ipes.anep.edu.uy/documentos/adultos/materiales/pol_soc.pdf.

[2] 汪行福：《分配正义与社会保障》，上海财经大学出版社2003年版，第357页。

慈善机构、志愿者、商业部门、非正规部门、非政府组织、公民社会在社会政策的执行方面承担了多项职能。私人部门参与了政府实施的穷人救助计划，一般做法是，政府将资金投放给私人部门，再由私人部门提供可以满足穷人需要的商品和服务。一些国家的私人部门还直接承担了提供医疗卫生和养老金等社会服务方面的一些职能。在强调私人部门参与管理基本社会服务、政府退出生产领域、让市场充分发挥作用的过程中，国家也放弃了其本应承担的许多社会职能。3. 社会政策具有临时或短期救助的特点。许多政策和措施缺少连贯性和持续性，致使不少社会服务项目半途而废。由于缺乏稳定和持续的资金支持，一些救助机构甚至形同虚设[①]。4. 社会政策的规模具有局限性。新自由主义的社会政策着重对特殊社会群体的救助，从20世纪80年代中期到90年代中期，拉美国家多采用所谓"聚焦方法"，强调集中有限资金救助最贫困群体。这种政策虽有利于提高有限资金的使用效率，但却无法缓解大多数贫困人口的困境，因而也无法从根本上增加社会福利模式的效率。

20世纪90年代中期以后特别是进入21世纪以来，拉美国家对新自由主义模式进行深刻反思，特别是对其社会政策的缺陷予以纠正。拉美经委会也适时提出，在加快经济增长的同时，必须加强社会政策的设计，发展人力资本和社会资本，为社会保障体系的完善提供财政支持，加强社会凝聚力，促进社会融入[②]。

（二）形成进步的社会政策观

进入21世纪以后，在对新自由主义改革和社会后果深刻反思基础上，拉美地区逐渐形成新的社会发展观，形成所谓的进步社会政策。所谓新的社会发展观和进步社会政策，从根本上说是与20世纪90年代前拉美地区盛行的以"华盛顿共识"为代表的新自由主义社会理念和社会政策相对立的。比安奇认为它属于一种社会资本理论，以欧洲社会民主主义理论为基础，信奉公平（lguldad），强调尊重人权，主张混合型的

[①] 苏振兴主编：《拉美国家社会转型期的困惑》，中国社会科学出版社2010年版，第165—166页。

[②] 韩琦：《拉美的新结构主义理论：转型时期现代化道路的思考》，《拉丁美洲研究》2008年第3期。

社会政策①。

拉美国家新社会发展和社会政策的基本特点有：1. 强调社会政策的普享性特点，主张"普享性"与"聚焦性"政策的有机结合。新理念和新政策在理论上追求普遍性或普享性，扩大社会政策覆盖范围，主张将社会政策的重点从过去关注一部分人的高福利转向低水平但覆盖面更广和具有普享性质的福利模式，通过制度改革降低体制内的高福利水平，将更多资金用于针对穷人的社会安全网计划。与此同时，重视社会政策的聚焦性效果，优先考虑特定或特殊人群，把青少年、老年人、残疾人、土著人口、单亲家庭等脆弱群体作为重点扶持对象。

2. 强调社会政策的"融入"特性。社会融入是与社会排斥相对而言的。拉美经委会2007年提出的"社会凝聚"和"社会融入"，逐渐成为许多拉美国家社会政策的指导思想和政策理念。拉美国家在传统上把经济增长作为减贫和解决社会问题的主要手段，主要通过增加经济总量和创造更多就业使中下社会阶层受益。但由于收入分配不公的存在，贫困阶层和边缘群体通常不能从经济增长中合理受益，形成"社会排斥"现象。"社会融入"就是要使中下层民众特别是贫困阶层融入国家经济社会发展进程，在经济增长的同时改善收入分配，通过减贫和面向穷人的计划，使其合理分享经济增长的利益，实现增长与公平相结合的目标。

3. 主张积极的社会政策。在强调经济持续增长对社会发展意义的同时，主张实施积极的社会政策。所谓积极的社会政策有四个核心，即制度公正、遵守道德、社会民主、团结互助，具体内容包括：收入再分配、创造就业、与失业作斗争；社会、社区和家庭的互补（integracion）；承认差别的存在；尊重公民扩大对经济社会发展进程的参与；把教育作为促进社会、经济和生产一体化的途径，强调某些阶层的基础教育，以便为推动生产和社会发展而获得知识价值的推动者②。

4. 强调社会政策与经济政策相辅相成。新的社会政策强调国家在社会领域的主导作用，强调增长方式的转变。拉美国家在社会政策调整

---

① Cristina Bianchi, Politica Sociales en America Latina, 2007. http://ipes.anep.edu.uy/documentos/adultos/materiales/pol_soc.pdf.

② Ibid..

和推进社会融入政策时,重视建立新型的国家与市场关系,既避免已经过时的"国家主义",也反对把国家作用降至最低甚至排斥国家作用的极端政策;认为国家应该承担起将经济增长、社会融入与民主结合起来的责任,既要成为经济增长和投资的推动者,又要成为社会进步和发展的推动者,还要成为权利和自由的保护者,机会平等的创造者。一些拉美国家(如秘鲁)政府强调增长方式的转变对社会发展的意义,认为社会融入不是简单地使经济增长带有更多的社会特色,而是要以渐进和持续的方式推动经济增长方式转变和国家变革,施行"有社会责任的宏观经济政策",在经济增长的同时解决不平等和社会排斥问题;通过不断完善经济结构,培育国内市场,扩大制造业和技术产品的出口,推进私人和外国投资向资源和矿业以外的部门转移,推进国家的工业化进程,把高度依赖自然资源和初级产品出口的增长模式转化为融入式增长模式。

二 在制度层面完善社会政策的设计

拉美国家在制度层面对社会政策设计的完善,具体体现为社会政策的调整。社会政策调整涉及的范围和领域非常广,但基本上可归纳为以下四个方面。

(一) 从体制上调整社会政策的设计目标以增强政策合力

拉美国家在制度上力图把社会政策设计成一种综合性或混合型政策。拉美地区的社会政策一直有两种不同或互相矛盾的目标取向。就社会政策的覆盖范围而言,存在普遍性和聚焦性社会政策(Universalismo/Focalización),普遍性政策倾向于所有公民都可以获得服务与福利,无论其社会条件和收入能力如何;而聚焦性政策则把资源和救助投向部分人口,如低收入者、青少年和妇女等。就应对社会问题时公共政策资金的使用方式而言,存在着缴费性政策与非缴费性政策(Contributivo/no Contributivo),缴费性政策是指只有缴纳社会保险费的人才可以享受到相关福利和服务(如养老金和医疗服务),而非缴费性政策是指所有人都可以享受养老金、医疗和现金转移,而无须为此缴费(不包括作为公民和消费者支付相关费用的情形)。就社会政策的实施条件而言,存在着有条件的社会政策和无条件的社会政策(Condicionado/no Condicionado),有条件的社会政策是指政策的受益者在接受救助或帮助时,须遵守一定条件,例如

20世纪90年代中期以后许多拉美国家陆续实施有条件支付计划（PTC），这些计划向贫困阶层家庭提供救助，条件是这些家庭的家长必须让其子女去学校读书，以及接受卫生免疫等；无条件的政策是指教育和卫生是基本的社会权利，接受这些服务无须任何条件[①]。

在过去相当长的时间，拉美国家普遍性政策和聚焦性政策往往是非此即彼的相互排斥。20世纪90年代以后特别是进入21世纪以来，拉美地区在总体上出现这样一种趋势，即把普遍性政策和聚焦性政策相结合作为社会政策的工具。与此同时，最大限度地使缴费性政策与非缴费性政策、有条件的社会政策与无条件的社会政策有机结合起来，使其共存，并相互融合、相互补充、相互促进，形成更强大的政策合力[②]。

（二）在制度上调整社会支出方向以有效利用公共资源

拉美国家为有效利用公共资源，在不断加大社会支出力度的同时，积极调整支出的投向，特别是将支出和公共资源从过去主要关注城市中间阶层转向最需要的社会群体倾斜，增强社会开支的再分配作用。虽然我们无法获取整个拉美地区公共支出或社会支出的完全数字，但现有资料表明，进入21世纪以来，主要拉美国家公共支出和社会支出都得到稳定和持续增长。以卫生总支出占国内生产总值（GDP）的比重为例，2000年拉美国家的平均水平为11.4%，2005年13.1%，2006年13.2%，2007年13.3%，2008年13.5%，2009年14.4%，2010年14.3%，2011年14.3%[③]。拉美主要国家公共教育支出占GDP的比重也得到明显提高，2000—2010年，阿根廷从4.6%提高到6.7%，巴西从4.0%提高到5.8%，玻利维亚从5.5%提高到7.6%，哥伦比亚从3.5%提高到4.7%，智利从3.7%提高到4.2%，尼加拉瓜从3.0%提高到4.6%，墨西哥从4.9%提高到5.3%，萨尔瓦多从2.5%提高到4.0%（2009年），哥斯达黎加从4.4%提高到6.3%（2009年）[④]。过去社会支出水平较低国家的支

[①] Protección social en América Latina: la búsqueda de una integralidad con enfoque de derechos, Publicado en la Revista del CLAD Reforma y Democracia. No. 47 (Jun. 2010). Caracas. p. 6.

[②] Fabian Repetto, Protección social en América Latina: la búsqueda de una integralidad con enfoque de derechos, Publicado en la Revista del CLAD Reforma y Democracia. No. 47 (Jun. 2010). Caracas. P. 6.

[③] CEPAL, Anuario Estadístico de América Latina y el Caribe 2013, p. 72, http://repositorio.cepal.org/handle/11362/35864.

[④] Ibid..

出水平有明显提升，例如，秘鲁2012年社会发展预算同比增长20%，高于预算总额8%的增速，教育、医疗卫生、社会计划支出得到优先考虑，其中教育预算增长15.7%，医疗卫生预算增长11.3%，用于减少儿童周期性营养不良和预防产妇和新生儿死亡的专项减贫计划支出增长25%，用于贫困地区疾病预防的支出也有较大幅度提高；政府计划到2016年社会发展预算在总预算中的比重由2012年43%提高到56%。

（三）重构与市场经济相适应的社会保障制度

一般来说，在传统上拉美国家的社会保障制度主要包括养老金制度、医疗保险制度、劳动制度和住房制度。在社会保障制度重构方面，拉美国家采取了两种方式。一是通过结构性改革，建立与公共管理的现收现付制不同的制度模式。就养老金制度而言，是以个人账户基金制全部或部分取代现收现付制，从原来单一的公共支柱体系转变为不同支柱承担不同功能的多支柱体系；以私营公司的竞争性管理取代政府统一管理，即实行养老保障制度的私营化；与此同时，养老金筹资与支付方式也相应地从规定缴费的现收现付方式和按社会互济原则进行分配的方式转向个人账户储蓄、多存多取的自我保障方式[①]。二是对原有制度模式进行调整。就养老金制度而言，在传统现收现付制度的框架内，通过提高缴费、提高退休年龄、取消特殊阶层优厚待遇等措施，扩大制度的覆盖面、统一资格条件和待遇标准。在医疗保险体系调整方面，主要措施包括：整合各部门各自为政的分散医疗保险计划，实行统一管理，统一待遇和服务标准；扩大私人部门作用，一些国家将原来由社会保险提供的部分医疗服务交给私人部门管理和运营，提高私人部门对医疗保险服务的参与；还有一些国家通过与各种医疗服务机构签订医疗和经营合同，在公共卫生部门引入竞争机制，以降低医疗成本和改善服务质量。在劳动制度方面，主要是进一步完善和扩大失业保险计划，通过对劳动法的修改，增加就业弹性，在最低工资和劳动权利等方面加强对劳动者的保护。在住房制度方面，改变传统上住房政策的利益几乎为中上社会阶层独享的局面，多渠道筹集资金，加大对中下社会阶层住房的支持力度；出台各种旨在改善各阶层住房条件的专项计划；一些国家加强对贫民窟的改造，使其发展成基本适宜居住的社区。

---

① 刘纪新：《拉美国家养老金制度改革研究》，中国劳动社会保障出版社2004年版，第30—33页。

(四) 在制度和体制上为贫困和弱势阶层提供必要社会保护

从制度设计的层面看,拉美国家在社会保护方面有三种政策取向。1. 强调社会保护与社会风险管控 (La protección social y el Manejo Social del Riesgo) 相结合。把社会风险管控理解为保护贫困阶层的网络,把社会保护理解为援助贫困人口、家庭和社区,并使其摆脱风险或向其提供帮助的公共措施的总和。这类政策以劳动力市场、安全网、养老金、社会卫生计划为核心,帮助贫困阶层减轻经济和自然冲击的影响;强调社会保护的主要目标是保证最低收入和享受基本服务,减少脆弱性,加强人力资本投资,降低最脆弱阶层的风险。2. 强调社会保护与劳动市场 (La protección social y el mercado de trabajo) 相结合。强调正规就业和进入正规劳动市场是获得社会保护的最好途径,认为社会保护需要应对以下挑战:失业增加和就业不稳定,就业的结构性问题(主要是就业部门的私人化、非正规化和第三产业化),家庭变化与妇女就业的增加,人口老龄化及其对社会保护制度和现金支付能力的影响等。3. 强调社会保护与权利的构建 (La protección social y la incipiente construcción de un enfoque de derechos) 相结合,认为社会保护是政府和私人社会政策和计划的总和。主张社会保护计划不仅要应对贫困阶层的需求,而且要构建民主,承认所有人权利和尊严,使其成为真正的公民,给予其体制化的各种参与机会;强调除管控社会风险外,社会保护还需要扩展人权和人的能力,改变社会保护的短期目标,改变依赖公平网络和社会基金的现状,向更广阔的目标发展,包括保护穷人的基本消费,加强人力资本投资,加强对穷人的培训等;把社会保护作为"人们的基本权利",通过享受社会政策的益处,减轻诸如疾病、老年、失业、社会排斥的困扰,获得食品安全、职业培训、补偿性教育,以及以合理价格获得住宅等权利[1]。

拉美国家在社会安全网或社会救助体系的构建方面,拉美国家注重现行的各种计划(如紧急就业计划、社会基金计划、转移支付计划、反贫计划、补贴计划)的改进和完善。在增加资金投入的同时,重视具体计划的规划、设计、管理、实施、协调和监督,加强其针对性和实用性。不

---

[1] Fabian Repetto, Protección social en América Latina: la búsqueda de una integralidad con enfoque de derechos, Publicado en la Revista del CLAD Reformay Democracia. No. 47 (Jun. 2010). Caracas. pp. 8 - 11.

少国家还通过制订大规模或综合性社会发展计划,强调人力资本投资,提高穷人的教育水平,创造就业,阻止贫困和不平等的代际传递[①]。

三 在政策层面推进社会领域改革

除了社会发展理念的变化和加强制度层面的设计外,拉美国家重视在政策层面推进社会领域改革,极力化解民众不满情绪,巩固执政根基,维护社会稳定大局,从根本上提高社会治理的能力和水平。

拉美国家社会领域改革的主要措施或政策安排包括:

1. 通过增加社会保护力度促进社会和谐。在整个拉美地区,让经济增长的利益更广泛地惠及所有的人,日益成为社会各界的重要共识和政府重要的政策取向。除了让正规部门的劳动者、企业家、中间阶层分别通过相应途径从经济增长中充分获益外,拉美国家日益强调中下社会阶层对经济增长利益的合理分享。如前所述,许多拉美国家把减贫作为重要的社会政策,持续不断地出台各种专门计划和措施,集中相对有限的资源救助核心贫困群体;注重对非正规部门就业者的保护程度,采取一些将非正规部门正规化的措施,适当提高该部门劳动者的工作条件和收入水平;在就业、住宅、教育、医疗等方面采取向中下社会阶层倾斜的措施。

2. 通过扩大就业增强社会凝聚。拉美国家不仅把就业作为减贫的手段,而且将其作为增加社会凝聚力的重要途径。因此,为了让更多劳动者获得稳定的收入来源,拉美国家重视增加各种类型的就业机会。拉美国家普遍将扶贫措施与促进就业措施紧密联系起来。许多国家通过建立灵活的劳动用工制度、建立和扩大失业保险制度、完善就业培训制度、加强职业培训机制、推进中小微型企业发展、实施临时的或"紧急就业计划"等手段,多渠道多途径扩大就业,特别是扩大贫困阶层人口就业机会,稳固减贫成果,避免已脱贫人口返贫。在政府和相关社会组织帮助和支持下,越来越多的贫困家庭人口通过就业获得了较稳定的收入来源,在很大程度上缓解了社会不满情绪的蔓延,为社会稳定提供了强有力的社会支撑。

3. 通过缓和社会矛盾减少社会冲突。由于历史原因和发展模式的缺陷,拉美地区的社会矛盾和社会冲突一直比较严重,目前拉美仍然是社会冲突较激烈的地区,例如,2009年10月至2010年9月的1年间,拉美地

---

① 刘纪新:《拉美国家社会政策调整评析》,《拉丁美洲研究》2005年第3期。

区发生社会冲突 2318 件，平均每月 193 件，没有解决的冲突多达 4724 件；社会冲突发生的领域十分广泛，既有社会经济问题（包括劳动、工资、集体消费以及某些经济社会政策）引发的冲突（占 50%），也有因体制或管理问题（包括公共服务的供应、管理，以及法律问题）引发的冲突（占 37.7%），还有因所谓文化问题引发的冲突[1]。鉴于社会冲突的原因和表现形式多种多样，拉美国家缓解社会矛盾和冲突的措施也是全方位的。具体手段有：增强社会保障体系的公平性；充分重视其在调节收入分配方面的作用；推进各项社会事业改革，提高其效率和公平程度；突出教育的收入再分配功能，强调把更多资源向低收入群体和农村地区倾斜，增加贫困阶层受教育的机会，为其摆脱贫困代际传递和社会升迁创造必要条件；一些国家试图继续推进农业和土地改革，缓和农村地区固有矛盾和冲突；一些国家建立了政府与各阶层、各政党和社会组织的对话机制和协商机制，争取在重大决策问题上获得充分共识；在原住民人口比重较高的国家如玻利维亚、秘鲁和墨西哥等，出台了一系列特殊的民族政策，力图缓和原住民对主流社会的敌意和反感。

4. 通过地区间和谐发展促进社会安定。拉美国家地区和城乡间发展差距问题历来严重，不仅加剧了经济和社会发展的不平衡，而且加大了各种社会问题的顽固性和严重程度，甚至引起各地区之间的矛盾。拉美国家一直试图缩小地区和城乡间发展差距，缓解在这一问题上的长期和巨大压力。为此许多国家采取措施，促进人口向中小城市流动，减轻大城市在人口、就业、环境、服务、基础设施等方面的压力；重视改善农村发展条件和生存环境，消除社会不满在这些地区赖以生存和扩张的社会基础；加强规划，整治城市发展中的混乱现象，加快城市发展合理布局，促进中小城市发展；对通过电力、自来水、下水道、道路等基础设施的建设，将大城市的"贫民窟"改造成具备基本社会服务功能的社区；重视在贫民居住区建立一些生产性企业，创造就业机会，改善治安环境，减少这些地区不稳定的隐患。

5. 拉美国家社会政策的最近动态。概括地说，拉美国家政策的基本动态是积极探索化解社会危机的政策手段。随着民主的巩固、经济增长和

---

[1] Fernando Calderon Gutierrez（coordinador），la protesta social en America Latina，siglo veinte-uno editores，Buenos Aires，2012，pp. 121 – 127.

社会进步,拉美地区固有的社会矛盾和冲突不仅没有消失,而且有新发展,例如,民主质量较低导致体制性危机频繁,甚至引发一些国家出现政治和社会动荡;民主制度中"不自由民主"现象甚至有所加剧[①];贫困和固化的社会不平等,社会排斥和边缘化现象还比较严重。与此相适应,拉美民众的不满情绪也在集聚,并以新的方式表现出来。因此,拉美各国政府不得不把积极推进改革,化解社会不满情绪,维护稳定作为完善社会治理的重要措施。

拉美国家执政党和政府秉承的理念虽不尽相同,但其施政方针却大同小异,一个共同的趋势是继续探索化解社会危机的政策手段,加强治理能力,提高治理水平。智利政府重点推进社会领域改革,目标是减少社会不公现象,缓和民众对现行经济模式的厌倦和社会不满情绪的蔓延。智利政府除推出促进宏观经济稳定、提高生产力、促进创新以及经济增长的措施外,把推进社会领域改革置于优先位置[②]。委内瑞拉政府则积极应对大规模社会抗议造成的消极后果,试图通过政策调整来化解社会不满情绪的增长。2014年政府宣布开展新的"经济攻势",把"发展、繁荣和增长"作为国家的重大课题,把增加生产,缓解物资供应,稳定价格,实现经济均衡作为重要任务;政府在2014年底宣布将实施大幅度"改变经济模式"的国家战略。政府力图通过这些手段,应对油价下跌、通货膨胀和食品短缺问题,促进生产,确保社会投入和居民收入,化解示威活动的负面影响,防止社会冲突不断升级。墨西哥政府提出建立"和平安宁、富有包容性、有教育质量、繁荣发展"国家的目标,积极缓解因安全和经济形势恶化双重因素导致的民众消极情绪的增加。玻利维亚政府一直强调推进所谓"生产型经济社会发展模式",把对国家资源的合理开发,对国民经济的有效管控,减少贫困和改善收入再分配,促进社会平等作为这一模式的核心和支柱[③]。哥斯达黎加公民行动党政府2014年首次执政后,主张提高政府效率,注重民生改善,稳固执

---

① [美]彼得·H. 史密斯:《论拉美的民主》,谭道明译,译林出版社2013年版,第325—327页。
② "Chile de todos: Programa de Gobierno Michelle Bachelet 2014–2018" http://www.gob.cl/programa-de-gobierno/,检索日期2014年12月1日。
③ 《玻利维亚莫拉莱斯政府总结经济施政纲领,强调玻工业化的发展方向和实际举措》,http://bo.mofcom.gov.cn/,检索日期2014年12月14日。

政根基，施政重点是建立透明高效的政府，推动经济发展和创造更多更好的就业机会，减少社会不公和赤贫人口[①]。哥伦比亚政府一直强调公正与包容，强调多创造就业机会，在改善教育、医疗、治安和基础设施建设方面取得重要进展。秘鲁现政府实施的《2011—2021年国家战略规划》的具体政策手段和目标是转变经济增长模式；优化产业结构；实现地区发展平衡；改善收入分配、就业、教育、医疗、公用事业、住房、公共安全的具体指标等社会指标。

第四节 国家与社会治理的趋势与局限性

一 国家和社会治理的有利条件和主要成就

综上所述，由于拉美国家采取了一系列改善治理的措施，其治理能力和水平、条件均有持续改善。除了在决策机制、制度体制、司法机构效率和执行力等方面有明显改善外，拉美国家的社会治理环境总体上也趋于有利。

（一）摆脱了政治、经济和社会动荡的历史周期

在摆脱了长期政治和社会动荡之后，拉美进入相对稳定时期，总体环境趋于有利。进入21世纪以来，虽然民众不满情绪依然较浓，但由于总体环境改善，其对公共机构的信任度缓慢提升，对医疗卫生、教育的满意度也略有增加。

（二）经济持续增长的条件更加有利

进入21世纪以后拉美地区走出长期"增长乏力"的困境，实现了长达10年的新一轮强劲增长期。受世界主要经济体增长率偏低影响，2013年以后拉美经济增长率趋缓，但一些国家经济仍保持活力，势头良好。联合国拉美经委会认为，在经历20年滑坡和起伏不定后，拉美国家经济抵御外部冲击的能力增强，有望走上持续稳定发展之路。

（三）显示出巨大发展潜力

拉美地区的自然资源、能矿资源极为丰富，为其提供强大发展后劲。拉美市场容量较大，教育体系相对发达，教育水平和劳动力整体素质较

[①] 《索利斯总统公布〈2015—2018年国家发展规划〉》，http://cr.mofcom.gov.cn/，检索日期2014年11月24日。

高，文化较具兼容性。国际舆论、世界组织和学界普遍乐观地认为，拉美地区充满生机、极具发展潜力。

(四) 一批国家近期有望步入高收入行列

2012年该地区国内人均生产总值9584美元，有10个国家人均超过1万美元，包括智利、巴西、委内瑞拉、阿根廷等主要国家[①]。相关国际组织和学界对拉美国家即将进入高收入行列也较乐观。

(五) 社会环境趋于有利

20世纪90年代后特别是进入21世纪，由于执行积极的社会政策，拉美地区社会发展指标持续改善[②]。2002年整个地区贫困率和赤贫率分别为43.9%和19.3%，其中城市地区为38.3%和13.4%，农村地区为62.4%和38.4%，2012年全地区贫困率和赤贫率分别降为28.2%和11.3%，城市地区降为23.2%和7.1%，农村地区降为48.6%和28.2%[③]。2013年贫困率进一步降至27.9%，为历史最低水平；城市公开失业率降至6.4%，处于近几十年的低点。受国际金融危机影响，近年拉美经济增速减缓，但贫困率和失业率下降、收入分配改善势头并没有根本逆转，这在拉美历史上也不多见。

二 国家和社会治理的局限性

许多拉美国家的治理远未达到理想状态，治理能力和水平的提高仍面临诸多难题和困境，其中最主要的是自身体制还有缺陷，立法和司法机构效率依然不高，决策机制还欠成熟，民众不满情绪依然较重。

(一) 许多国家的政治体制还有缺陷

在一些拉美国家，特别是墨西哥、委内瑞拉、洪都拉斯等，政治体制特别是选举制度的缺陷日益暴露，由选举引发的争斗和内耗现象频发，进

---

① 参见 UN, National Accounts Main Aggregate Database, http://unstats.un.org/unsd/snaama/dnllist.asp, 转引自吴白乙主编、刘维广副主编《拉丁美洲和加勒比发展报告 (2013—2014)》，社会科学文献出版社2014年版，第367—370页。

② 拉美经委会早在2006年就强调社会政策转变的积极作用。该机构认为，除经济快速增长因素外，2003年以后拉美国家贫困减少、失业降低、收入分配改善是社会政策变化的结果。参见 CEPAL, Panorama Social de America Latina 2006。

③ CEPAL, Anuario Estadístico de América Latina y el Caribe 2013, p.75. http://repositorio.cepal.org/handle/11362/35864/.

而引发严重社会和政治冲突。对这些国家来说，政治体制特别是选举制度的缺陷已成为进一步完善治理的障碍。如前所述，自 2014 年以来，墨西哥、洪都拉斯、智利等已陆续提出政治和选举制度改革方案，进一步完善选举规则和程序，希望通过改革有效降低政治和动荡的风险，增强国家治理能力和水平[1]。

(二) 立法和司法机构效率和执行力差

虽然拉美地区立法和司法机构的作用在增长，但其效率依然不高，主要原因是立法机构代表性差的问题仍较突出；司法不独立、程序复杂、效率低下、司法人员专业性不强、司法体系覆盖面窄的现象仍比较常见；司法制度还不能为所有居民提供适当的司法服务，不能最大限度地满足居民在司法方面的需求；案件审结速度较慢，积压现象普遍，司法成本相对较高；立法和司法机构官僚主义习气重的问题仍较普遍。在一些国家，行政机构甚至仍可对立法机构和司法机构进行控制，加大了立法和司法机构的低效率。

(三) 政府决策远未达到科学化和民主化的程度

拉美国家政府决策的缺陷主要是由下列因素造成的：第一，某些阶层对政府决策的影响力小。拉美民众具有分散性特征，处于被排斥地位的群体、贫困者、非正规部门的工人、农民，以及各种缺乏资源的人，对政府决策没多少影响力，其政治影响力主要体现在选举投票方面，容易被政治家和政客们空洞的许诺和蛊惑性宣传所吸引。因此，拉美国家常出现这样一种现象，即政治家选前做出一套政策允诺，一旦当选执政后，可能会放弃诺言，造成实际政策与民众的预期出现矛盾，容易引发民众对执政者的不满。第二，决策机构的代表性不足，一些群体的代表性在这些机构中没有得到充分体现，其利益诉求在决策过程中通常会受到忽视，容易造成决策缺乏科学性。第三，利益和派别之争会削弱决策的合理性。出于竞选和政治斗争需要，反对派出于自身利益考量，通常会想尽办法与政府唱对台戏，对政府的相关决策设置障碍，阻碍政府的改革措施，以削弱执政党的政治影响力。第四，一些国家的政府执政能力不强，应对危机和突发事件

---

[1] "Las leyes secundarias de la reforma político electoral 2014", http://pac.ife.org.mx/; he Associated Press, "Prueban mayor cambio electoral en Chile desde la dictadura", http://www.el-nuevoherald.com/2014/08/14.

不力，也加大了这些国家的制度风险、法律风险、安全风险，凸显了这些国家决策机制的缺陷。

（四）民众不满情绪较重

拉美地区民众的不满有多种表现形式，包括对民主信任度下降，对未来失去信心，对公共机构的工作业绩和效率不满，对国家发展前途态度悲观或消极，政治参与热情降低，等等。民众不满情绪首先源于对现行体制和政策的不满。相关资料显示，与 1995—2013 年这 18 年的平均水平相比，2013 年在哥斯达黎加、墨西哥、乌拉圭、巴拿马、洪都拉斯、尼加拉瓜和萨尔瓦多 7 个拉美国家，对民主的支持率下降，其中前两个国家分别下降 16 个和 12 个百分点；同年拉美民众对民主运行的不满意度高达 57%[①]。在相当长时期内，只有少数人（20% 左右）认为未来在法律面前所有人将更加平等，相信未来将会更加民主[②]。民众不满情绪还源于相当一部分人对自己未来预期的忧虑。由于工作和收入不稳定，许多拉美人对自己的前途不乐观，70% 以上的在职人员担心自己未来一年内会失业。在这种忧虑状态下，很容易滋生反社会、反体制的情绪和倾向，从而增加治理的难度。

（五）社会政策还有很大局限性

拉美国家的社会政策虽趋于积极和进步，但仍有很大局限性，社会政策在实施过程中仍侧重对贫困阶层的生活救助和改善其社会条件，缺乏与之配套的生产救助措施，并不能完全保证广大中下阶层真正融入国家经济和社会发展进程。拉美国家的社会政策在制度层面尚有较大局限性。拉美社会各界虽在经济与社会和谐发展问题上取得基本共识，社会政策调整也得到各界广泛认同和支持，但多数国家的政府在推进社会融入、调整社会政策过程中，重点还是政策层面调整，还没有从根本上触及分配制度、教育体制、税收制度等深层次问题。未来随着社会政策实施力度加大并将触及上述体制层面时，将会冲击传统利益分配机制和既得集团利益，政策调整的阻力和障碍将会有所增大。

---

① Corporacion Latinobarometro, "2013 Report", 1 November, 2013, pp. 17 – 21, 34, http://www.latinbarometro.org.

② Corporación Latinobarómetro, *Informe Latinobarómetro*, 2007, p. 53, http://www.latinbarometro.org.

本章小结

拉美国家和社会治理处于缓慢提高和改善过程中。由于治理理念的变化以及采取一系列改善治理的措施,拉美国家的制度机制不断完善,政策和决策机制趋于理性和合理,总体环境趋于有利,国家和社会治理的能力、条件和环境均有改善。但拉美在国家和社会治理方面仍面临诸多难题和困境。为实现有效治理,需要进一步化解体制缺陷,提高制度和法律体系执行力和效率,推进政府决策合理化与科学化,不断化解民众不满情绪,维护政治和社会稳定的大局。

参考文献

[美] 彼得·H. 史密斯:《论拉美的民主》,谭道明译,译林出版社2013年版。

韩琦:《拉美的新结构主义理论:转型时期现代化道路的思考》,《拉丁美洲研究》2008年第3期。

刘纪新:《拉美国家养老金制度改革研究》,中国劳动社会保障出版社2004年版。

刘纪新:《拉美国家社会政策调整评析》,《拉丁美洲研究》2005年第3期。

苏振兴主编:《拉美国家社会转型期的困惑》,中国社会科学出版社2010年版。

吴白乙主编、刘维广副主编:《拉丁美洲和加勒比发展报告(2013—2014)》,社会科学文献出版社2014年版。

徐世澄:《拉丁美洲政治》,中国社会科学出版社2006年版。

徐世澄主编:《拉丁美洲现代思潮》,当代世界出版社2010年版。

杨建民:《公民社会与拉美国家的司法改革》,《拉丁美洲研究》2011年第2期。

袁东振主编:《拉美国家可治理性问题研究》,当代世界出版社2010年版。

曾昭耀:《拉丁美洲发展问题论纲——拉美民族200年崛起失败原因之研究》,当代世界出版社2011年版。

张凡:《当代拉丁美洲政治研究》,当代世界出版社2009年版。

郑秉文:《过度城市化导致拉美国家诸多社会问题》,《国外理论动态》2011年第7期。

Armijo, Marianela, y María Victoria Espada. *Calidad del Gasto Público y Reformas Institucionales en América Latina*, CEPAL, agosto de 2014, http://repositorio.cepal.org/bitstream/handle/11362/37012/S1420450_es.pdf.

Cecchine, Simone, Fernando Fillqueira, y Claudia Robles. *Sistema de Proteccion Social en America Latina y el Caribe*, junio de 2014, http://repositorio.cepal.org/handle/11362/

36831.

CEPAL. *Anuario Estadístico de América Latina y el Caribe* 2013, http://repositorio.cepal.org/handle/11362/35864.

CEPAL. *Indicadores sociales básicos de la subregión norte de América Latina y el Caribe*, Edición 2012 - 2013, Noviembre de 2013, http://repositorio.cepal.org/handle/11362/26288.

CEPAL. *Panorama Social en America Latina* 2013, Diciembre de 2014, http://repositorio.cepal.org/bitstream/handle/11362/35904/S2013868_ es.pdf.

CEPAL. *Transferencias de Ingreso para Eradicacion de la Pobreza: Dos Décadas de Experiencia en los Países de la Unión de Naciones Suramericanas (UNASUR)*, Noviembre de 2014, http://repositorio.cepal.org/bitstream/handle/11362/37390/S1420810_ es.pdf.

Edwards, Sebastian. *Left Behind: Latin America and the False Promise of Populism*, the University of Chicago Press, 2009.

Gomez, Sabaini, Juan Carlos, y Dalmiro Moran. *Política tributaria en América Latina: agenda para una segunda generación de reformas*, junio de 2013, http://repositorio.cepal.org/handle/11362/5368

Gomez-Tagle, Silvia, y Willibald Sonnleitner (eds). *Mutaciones de la Democracia: Tres Decadas de Cambio Politico en America Latina (1980 - 2010)*, el Colegio de Mexico, 2012.

Gratius, Susanne. "La tercera ola populista de América Latina", 45 working paper/documento de trabajo, FRIDE, www.fride.org, Octubre de 2007.

Hilgers, Tina (ed.). *Clientelism in Everyday Latin American Politics*, Palgrave, Macmillan, 2012.

Repetto, Fabian. "Protección social en América Latina: la búsqueda de una integralidad con enfoque de derechos", *Reforma y Democracia*, No. 47. (Jun. 2010). Caracas.

第 五 章

拉美国家司法改革与治理能力建设

杨建民[*]

拉美国家的司法改革是世界社会改革运动的重要组成部分，也是拉美国家民主转型和民主巩固的重要内容，其目的是推动经济发展、促进民主巩固和社会公平正义。司法改革基本上是一个政治过程，[①] 是一个国家治理能力建设（state-building）的过程。但这个过程的发生有着深刻的历史背景，而这个历史背景又恰恰影响着拉美国家不同时期司法改革的具体目标和内容，甚至改革实现的途径。虽然世界上的发达国家和发展中国家都在进行司法改革，但由于拉美国家的司法改革运动具有集体行动的特征，其在世界上的影响和对拉美国家治理体系的影响更大。

第一节 司法改革与国家治理

拉美国家的司法改革最初来源于对经济发展的诉求，由于改革发生在拉美国家再民主化的初步确立时期，适应经济发展和民主巩固的需要，可以说最初的司法改革有两大目标，即促进经济发展和巩固民主进程。20世纪 90 年代末以后，由于经济发展和民主制度的发展，公民社会在拉美各国的决策过程中的作用日益显现，公民社会的各种组织，如媒体、基金会、非政府组织等作为一种社会资本（social capital）也投身司法改革，

---

[*] 杨建民，法学博士，中国社会科学院拉丁美洲研究所副研究员，古巴研究中心执行主任。
[①] Joseph L. Staats, "The Demand Side of Judicial Reform: Interest Groups and Judicial Reform in Argentina, Chile, and Uruguay", *Prepared for Delivery at the 2004 Meeting of the Southern Political Science Association*, New Orleans, Louisiana, January 8 – 10, 2004.

它们关心司法改革的各种决策和结果,但它们所关注的重点主要是司法改革的社会正义实现方面。所以,拉丁美洲的司法改革就具备了促进经济发展、巩固民主和促进社会正义三大社会目标。上述目标的实质就是建立健全国家治理体系、增强国家治理能力。20世纪80年代,拉美国家的治理能力面临着政治、经济和社会转型方面的重大挑战,具体来说,有如下三点。

一 经济上转型为更为开放的市场经济

20世纪30年代到80年代,拉美大多数国家执行了进口替代战略,而其中的1940—1968年则是拉美国家实行该战略的"黄金时期"。所谓进口替代工业化战略,就是力图通过建立和发展本国的工业,替代过去从国外进口的工业品,以带动经济增长,实现国家工业化的努力或实践。到20世纪50年代末期,进口替代工业化战略取得了相当的成就,巴西、墨西哥等拉美主要国家成为世界上比较重要的新兴工业国家,形成了相对完善的工业体系。拉美战后实现经济起飞的"巴西奇迹"和"墨西哥奇迹"都是在进口替代工业化战略的背景下实现的。

然而,由于长期执行这种内向型的发展战略,尤其是随着进口替代工业化发展战略的深化,拉美国家的经济发展陷入了困境。这主要表现为拉美国家政府和国有企业的债务负担日益严重。从20世纪60年代中期至1973年第一次世界石油危机爆发,拉美国家已经由一般消费品进口替代转向耐用消费品、中间产品和部分资本货的进口替代,开始发展汽车、钢铁、化工、家用电器以及电子工业等,这就使拉美国家的制造业有了资本密集型和技术密集型的特点。这些产品不仅需要专业化生产,而且投资大、技术复杂,进口需求高。而内部资金积累缓慢、资金普遍不足使拉美国家增加了对外资和进口的依赖度。可以看出,进口替代工业化模式越深入发展,资本密集型和技术密集型的特点就越明显,拉美国家对进口的依赖度就越大,反过来对出口的要求也就更高。拉美国家的政府和国有企业不得不向外国金融机构借债。否则,进口替代发展战略就难以持续。然而,又恰恰是长期执行进口替代工业化发展战略,导致拉美国家的对外出口无法满足这个历史重任。进口替代工业化发展模式最终使拉美国家经济陷入了困境,使拉美国家不得不进行改革和战略调整。

20世纪70年代,石油危机的爆发终于使拉美国家发生了债务危机。

1982年，墨西哥政府宣布无力偿还到期债务，这标志着国家债务危机的爆发。经济停滞、通货膨胀也在加剧。从这时候开始，一些拉美国家开始尝试改变进口替代模式，对经济进行改革。拉美国家开始了发展战略的转变过程。智利、阿根廷和乌拉圭等国开始全面抛弃进口替代发展模式，奉行所谓的货币主义战略。其中，智利是开始这种转变较早，并具有代表性的国家。智利强调经济增长以对外贸易为主，由内向发展转为外向发展，采取了实行自由市场经济模式，减少国家干预，大力调整产业结构，彻底开放国内市场等一系列重大的经济体制改革。①

20世纪80年代，拉美大多数国家陷入了严重的债务危机，进口替代战略难以为继，不得不进行改革，由国家干预经济逐渐转向开放的市场经济。1989年出炉的"华盛顿共识"更是为拉美国家的市场化改革推波助澜。1989年美国国际经济研究所邀请国际货币基金组织、世界银行、美洲开发银行和美国财政部的研究人员以及拉美国家的代表在华盛顿召开研讨会，旨在为拉美国家经济改革提供方案和对策。曾任职世界银行美国国际经济研究所的经济学家约翰·威廉姆森（John Williamson）执笔撰写了《华盛顿共识》，系统地提出了与上述各机构达成共识的指导拉美经济改革的各项主张，具体包括四个方面的十项政策措施。②

在财政政策方面，一是实行紧缩政策、削减公共福利开支、防止通货膨胀、加强财政纪律；二是把政府支出的重点转向经济回报高和有利于改善收入分配的领域，如基本医疗保健、基础教育和基础设施；三是改革税收，降低边际税率和扩大税基。

在货币政策方面，一是实行利率自由化；二是采用具有竞争性的汇率制度。

在贸易和资金政策方面，一是实行贸易自由化；二是实行资本准入，尤其是外国直接投资准入自由化。

在宏观产业政策方面，一是实行私有化；二是放松政府管制，消除市场准入和退出的障碍；三是保护产权。

上述10项措施得到了世界银行等国际金融机构的支持。由于国际机

---

① 关于拉美国家发展战略的转换，参见杨志敏《拉美国家人均GDP达到1000美元后的对外贸易战略》，http://ilas.cass.cn/cn/kygz/content.asp?infoid=3394，2010年4月10日浏览。

② 维基百科，《华盛顿共识的来源与演化》，http://zh.wikipedia.org/wiki/%E5%8D%8E%E7%9B%9B%E9%A1%BF%E5%85%B1%E8%AF%86，2010年1月16日浏览。

构的总部和美国财政部都在华盛顿，加之会议在华盛顿召开，因此这一共识被称作"华盛顿共识"。在威廉姆森看来，这些思想秉承了亚当·斯密自由竞争的经济思想，与西方自由主义传统一脉相承。后来人们将这些观点称为"新自由主义的政策宣言"。体现"华盛顿共识"的政策主张，从20世纪90年代起曾由国际货币基金组织（IMF）、世界银行等国际组织在发展中国家及转轨国家推动，其后果引起较大争议。尽管拉美国家后来的左派领导人攻击新自由主义以及为其主要代表的"华盛顿共识"，认为是这种政策造成了更大的财富分配不平等，甚至造成了国家经济的衰退。但不可否认的是，正是这些政策使拉美国家从债务危机和恶性通货膨胀中走出来，经济和贸易都获得了一定发展；同样不可否认的是，拉美国家的发展战略当前仍然处于"华盛顿共识"的框架中，左派领导人所做的仅仅是对某些方面的修修补补，并没有找到完全替代新自由主义的方案。

"华盛顿共识"以及后来拉美国家的经济改革和发展战略调整，正是拉美国家司法改革的大背景。司法改革在很大意义上从属于这样的战略调整，而经济改革中的保护产权、贸易自由等主张，同时也是司法改革的重要目标。

二 政治上转型为多元竞争的民主政治

在拉美国家的民主化进程中，国家治理体系的建设[1]一般只重视立法、行政和司法三权关系的紧张状态，司法改革也仅限于三个权力部门之间关系的调整，而对司法改革更具有实质意义的国家与社会的紧张关系却常被人们所忽视。

关于国家与社会之间的紧张状态，大体有以下三种形式。第一种是革命或武装斗争，这是二者之间最为紧张的状态。这种紧张状态充斥了拉美国家独立以来的历史，至今墨西哥萨帕塔民族解放军、哥伦比亚革命武装力量等组织仍然以武力对抗政府。即使在没有武装冲突的国家，在缺乏政治参与渠道或司法途径获得正义、维护自身利益的情况下，公民或利益集团同样可能采取非法形式，如社会暴力等寻求利益表达。[2] 第二种是如西

---

[1] 拉美国家通常把国家治理体系的改革与完善称为国家改革。
[2] 参见杨建民《政治参与和政治稳定——关于当前拉美国家政局经常出现局部动荡的一种解释》，载《拉丁美洲研究》2006年第6期。

方学者所称的"隐遁"。所谓"隐遁",它是权威主义制度下的产物,是政治压制下所表现出的消极与冷漠。① 第三种紧张状态是"忠诚"。它是严厉的压制体制下的产物。一般来说,"忠诚并不伴随社会对国家采取其他积极行动","人们证明自己忠诚的目的是推动国家采取表面上看来符合统治者利益的政策,从而试图在长远意义上违背统治者的利益而达到完全不同的其它目标"。② 因此,在这种状态下,统治者从社会上获取的信息是虚假的、失真的,基于这些信息所形成的决策一旦付诸实践,就难免失灵或失败。因此,"忠诚"状态下的国家与社会关系,其危害性和危险性并不亚于国家与社会的"隐遁"状态。统治表面看起来十分牢固,但它也可能在某一天突然崩溃,这是"忠诚"关系最糟糕的结果。

在拉美国家,司法改革的动力最开始来自经济危机的压力,民主化以来则又增加了来自多元政治民主的压力,或者说来自一个强大的反对党的存在。随着民主化的深入发展,国家与社会之间的紧张关系为司法改革注入了新的动力。其实,即使在没有多元政治的社会中,也并不意味着司法改革缺乏动力,只不过这种动力往往是以革命、隐遁或忠诚等其他方式表现出来的。

作为"宪法之父"的麦迪逊,在思考权力建构时,显然是把国家与社会、政府与臣民关系的重要性置于三权关系之上。他指出"如果人人都是天使,就不需要任何政府了。如果天使统治人就不需要对政府有任何外来的和内在的控制了。在组织一个人统治人的政府时,最大的困难在于必须首先使政府管理被统治者,然后再使政府管理自身"。③ 很显然,麦迪逊将国家与社会、统治者与被统治者的关系置于三权关系之上。因此,在我们论及今天的司法改革时,如果忽视或回避国家与社会的紧张关系,就不能正确认识司法改革的紧迫性和重要性。

在政治与司法的关系方面,司法政治化和政治司法化是经常出现的两种现象。这里讲的司法政治化不是政治司法化的同义反复,而是指司法任命政治化、司法裁决政治化、司法行政政治化等一系列政治干预司法的现象。而政治司法化则是指司法机构凭借宪法授予的权力,主要是司法审查

---

① [日]猪口孝:《国家与社会》,高增杰译,经济日报出版社1989年版,第93页。
② 转引自[日]猪口孝《国家与社会》,高增杰译,经济日报出版社1989年版,第97—98页。
③ [美]汉密尔顿、杰伊、麦迪逊:《联邦党人文集》,商务印书馆1995年版,第264页。

权以及其他权力,如宪法法院裁决政治纷争的权力,干预政治的现象。拉美国家这两种现象并存,[①] 司法政治化和政治司法化并存是当今拉美国家民主化进一步深入发展的结果。在威权主义时代和民主化初期,司法政治化是一种普遍现象。随着民主化的深入发展,在一些国家仍然存在严重的司法政治化的同时,如2005年厄瓜多尔总统古铁雷斯因干预司法引发政治危机并最终被迫下台的案例,另一些国家的司法机构独立性逐渐加强。在这些国家,司法机构不仅可以利用司法审查权宣布国会批准的法律和总统的法令无效,还可以借助反对党通过司法机构制衡政府的机会干预政府决策。在这方面,巴西是一个重点案例。

时至今日,在大多数拉美国家,司法政治化尚未随着威权主义的消亡一起成为历史,而探索政治司法化的实践正迎面而来。换言之,政治司法化与政治司法化两种现象并存,是当前拉美国家政治发展中面临的重要问题,两种现象发生的不同程度正可以说明拉美国家民主化处在不同的发展阶段。换言之,在政治司法化比较严重的国家,说明司法改革已经取得一定成效,司法机构的独立性问题已经得到基本解决,以后该国司法改革面临的问题主要是司法机构的责任和干预政治的限度了;而在司法政治化比较严重的国家,说明其司法机构还不够独立,今后司法改革的重点仍然是加强司法机构独立性等问题。因此,政治司法化和司法政治化问题也是当今拉美司法改革需要探讨的最前沿课题,它主要涉及法治与政治的大命题,以及司法机构独立性与责任问题。

在不同的政治体制下,法治与政治的关系也不尽相同。米格尔·肖(Miguel Schor)在论及法治与政治时指出,"在巩固的民主(Consolidated Democracy)中,政治是躺在法律的床上"[②]。意即在那些威权主义国家或者仅仅取得选举民主(Electoral Democracy)的国家中,法律是依赖于政治而存在的。如果法律躺在政治的床上,法院要求改革、司法要求独立以及如何改革,恐怕要看"政治"的情况如何。司法机构的独立性和责任

[①] Maria González Asis, *Anticorruption Reform in Rule of Law Programs*, http://siteresources.worldbank.org/INTLAWJUSTINST/Resources/AnticorruptionReform.pdf, 2009年11月22日浏览。

[②] Miguel Schor, "The Rule of Law and Democratic Consolidation in Latin America", Prepared for delivery at the 2003 meeting of the Latin American Studies Association, Dallas, TX, March 27-29, 2003, http://www.umass.edu/legal/Benavides/Fall2005/397U/Readings% 20Legal% 20397U/14% 20Miguel% 20Schor.pdf, 2010年1月16日浏览。

问题与法治和政治问题紧密相关。如果公民和利益集团或政治势力都在法治框架内活动，国家就可能获得稳定发展的机会，那么探索司法改革的战略，完善实现正义渠道就有了保证。可见，法治和司法改革相辅相成，相互促进。总之，司法改革和竞争性民主政治相辅相成，互相促进。

三 建立有利于实现社会正义的司法体系

所谓司法体系，是指法院、检察院、司法部和仲裁机构等公共部门，是国家治理体系的重要组成部分。所谓腐败，通常定义为利用公共权力谋取私利。所谓私利包括一切有利于当事人的物质和非物质利益。反对腐败与在经济生活中降低交易成本、促进经济增长和在社会生活中实现社会正义密切相关。透明国际在2007年反对司法腐败的报告中指出，"一个国家腐败的一般程度与司法腐败的程度紧密相关，这是当今的现实"[1]。

腐败是人类社会的一大恶疾。古往今来，多少先贤智者都在探索腐败产生的根源，以求得有效反对腐败的良方。归纳起来，学界对腐败产生根源的研究主要集中在经济、文化、历史、政治、法律与司法体系等方面的原因。

在法律与司法体系方面，特里斯曼认为直接影响腐败行为曝光和被惩罚的风险的最重要因素有两个：一是界定一个国家公共和私人关系的法律体系，它规定了公民的权利和义务；二是司法体系，它负责解决当事人的内部冲突，实现法律的一般要求。[2]

法律和司法体系与腐败的关系在20世纪90年代开始受到学者的关注。特里斯曼认为来自不同殖民地的法律渊源不同，对其以后的发展结果影响大不相同。他认为法律对权利和责任的分配并不重要，关键是国家的法律体系要制衡独裁行为的影响。[3] 赫茨菲尔德（Herzfeld）和韦斯（Weiss）发现法治和腐败行为之间有重要的内部关系。[4] ICRG（Interna-

---

[1] Transparency International, *Global Corruption Report 2007*, Forword XX.

[2] Daniel Treisman, "The Causes of Corruption: a Cross-national Study", *Journal of Public Economics*, Vol. 76, No. 3, 2000, pp. 399 - 457.

[3] Ibid..

[4] Thomas Herzfeld & Christoph Weiss, "Corruption and Legal (in) Effectives: An Emprical Investigation", *European Journal of Political Economy*, Vol. 19, 2003, pp. 621 - 632.

tional Country Risk Guide）用"法律与秩序"的指标来衡量一个国家的公民愿意接受既定制度，并适用和执行现有法律的程度。该组织认为腐败与该指标成负相关关系。虽然这个指标只是对这种关系做了抽象评价，也没有区分影响法治的各种不同因素，如司法机构、司法体系的不同特征等；但毕竟人们都相信，腐败就是法治缺失的代名词。上述关于腐败的解释自然使人们认识到，一个高效运作的司法体系和一个高质量的司法机构可以降低腐败的程度。

腐败损害治理、经济发展和社会正义，而有效实现治理，促进经济发展，实现社会正义，这一切显然离不开一个高效而公正的司法体系。因此，反对腐败、实现社会正义就成为司法改革的题中应有之义。虽然也有学者认为腐败是社会运转的润滑剂，并在一定程度上促进投资和经济增长，但这样的观点永远不会占据主流。更多的学者还是从腐败产生的根源出发，探寻反对腐败的方法。目前，人们普遍认为，一个高质量的司法机构会遏制腐败的产生，因为它可以解决法官责任与独立性之间的紧张关系，依法有效、公正裁判当事人之间的冲突，而不必贿赂或依靠政治权势。反之，一个腐败、无效的司法机构不但不能迅速解决社会冲突，还会削弱国际社会应对跨国犯罪和恐怖主义的能力，减缓贸易、经济增长和人类发展的步伐；更重要的是，它不能公正地解决公民之间、公民与政府之间的争端。

透明国际的报告把产生司法腐败的原因归结为两个方面[1]：一是政治干预司法机构；二是贿赂。就前者而言，尽管拉美的司法改革进行了二十几年，法律规定了法官和法院等独立工作的权力，但司法机构的独立性还是面临权力日益强大的行政机构和经济实体的压力。在阿根廷，这种影响在上升，一个例子就是在2006年11月，一位梅内姆时期任命的法官竟然裁定执政党的竞选资金不违反2002年竞选资金筹措法，仅仅因为该党辩称"不知道"而不用负任何责任。就后者而言，贿赂出现在司法体系运作的每一个节点上：法官勒索当事人钱财，律师多收"办案费"，庇护主义、裙带关系和政治权势的影响当然也会鱼贯而入。这些贿赂现象的存在极大地影响了司法机构在公民中的威信，缺乏公民信任的机构自然难以承

---

[1] Transparency International, "Executive Summary: Key Judicial Corruption", *Global Corruption Report*, 2007.

担促进交易和社会公正的重任。

　　司法改革的目标就是要建立一个"运行良好"的司法体系，或一个能够"公平"与"有效"地决定法律争议的法院体制。所谓"公正"，就是法官能够在审判案件时适用法律，以事实为依据，而不受任何"不相关"因素的影响；所谓"有效"，主要是指司法机关能及时裁判，避免过分延误正义，而且司法裁判能够得到其他机构和官员的尊重与执行。当然，司法的公正与效率有时存在着矛盾，这里我们姑且省略效率因素，研究实现司法公正，也就是社会正义的影响因素。

　　如果把实现社会正义作为因变量（dependent variable），那么司法独立就是自变量（independent variable）。司法独立包括两个方面，一是法官独立，即法官独立裁判，不受其他权势阶层或政治机构的影响；二是法院独立，即法院的裁判不受其他政治机构的影响。下面我们就探讨一下司法独立与实现社会正义的关系。

　　从法官的方面来讲，主观方面的能力主要受两个因素的影响，一是职业素质（professional quality），这主要由法官的教育和培训来决定，它使法官可以正确理解和适用法律；二是法官的道德素质（moral integrity），法官接受公共职位应该遵守职业道德规范。具备上述主观方面的条件，法官就可以做到公正执法了吗？不一定。因为法官的执法还受到客观条件的影响，比如权力部门或政党机构的干预，因为它们可能控制着对法官来说非常重要的社会资源；又如富有影响力的社会团体的影响，如媒体的不利报道，就有可能影响法官的公正执法。此外，还有人情关系和腐败等因素也会影响法官裁判的过程和结果。

　　实现司法独立就是要使法官和司法机构尽量避免受到上述因素的影响。影响司法独立的环境因素大致有以下四种：一是法官的任职条件，包括任命和罢免两个方面；二是法官的工作条件，包括法官任职期间的工资和福利条件（如住房、交通和社会保险等）以及办案经费等司法资源；三是法官对司法裁判的个人责任问题；四是司法腐败问题。实际上司法独立可能取消或削弱对法官和司法机构的外在制衡因素，使道德素质不高的法官在腐败面前变本加厉，这就涉及司法制裁的有效性问题。

综上所述，我们就可以得出如下等式①：

$$Y_j = X_{edu} + X_{train} + (X_{apr} + X_{wc} + X_{ind})(X_{mi} + X_{cor})$$

其中，Y_j是因变量司法公正的实现程度，自变量X_{edu}和X_{train}决定了法官的职业化程度（X_{prof}），X_{mi}是指法官的道德素质，X_{cor}指法律制裁的有效性，法官的任职条件、工作条件和个人责任（$X_{apr} + X_{wc} + X_{ind}$）决定着法官的独立程度。这样，虽然司法公正的实现程度仍然很难测度，但是司法公正与影响其实现的因素之间的关系就非常清楚了。当然，每一个因素又可以继续细分为若干因素加以研究，如任职条件可以细分为任职资格、任免程序、任免机关、任期长短等，公式只是为了简单明了地表述它们之间的复杂关系。

既然高质量的司法体系是遏制腐败、实现社会正义的重要制度保证，那么什么是高质量的司法体系呢？高质量的司法体系应该能有效、独立和公正地裁决各种权利关系、解决冲突，使腐败分子得到应有的惩罚，同时形成威慑力量。从时间角度看，有效是指法院按照法律规定的时间处理案件；从程序角度看，有效是指法院按照既定的法律程序或当事人均可接受的程序处理案件。所谓独立，是指法院和法官根据法律来处理案件，而不受外部其他政治、经济和社会力量的影响和压力。所谓公正，就是处理案件中给予实质公正，在解决冲突时考虑实质的法律寓意，而不是依靠可能对取得公正结果有害的专业性或学术性评判。

司法体系的独立和效率一直受到拉美社会各界的关注，因为人们认为其与强势民主（strong democracy）密切相关。独立，涉及法院独立的水平，如宪法或法律规定法官的选任，使政治等外部影响服从于法律等。关于效率的测量，一个优先的指标就是"结案率"（clearance rate），即法院已经判决的案件与案件总量之比。其主要目的是要求法院减少案件积压，帮助法院制定结案的时间表。在拉美国家，人们一个普遍的观念是，法院并不完全是法律的帝国，它还是法官或其他政府官员寻租的地方。对于普通民众来说，诉讼是既耗时又费力的事情。除了某些例外情况，通常一个民事案件的审理需要耗时两年多，在阿根廷民事诉讼平均需要两年多，智利和哥伦比亚需要2年零9个月，哥斯达黎加为10个月零1周，巴拉圭

---

① 参见张千帆等《宪政、法治与经济发展》，北京大学出版社2004年版，第70—77页。

超过 2 年，秘鲁为 4 年零 6 个月，乌拉圭为 8 个月。① 此外，案件积压也是拉美国家司法制度的顽疾：阿根廷 1991 年案件积压率为 94%，玻利维亚 1993 年案件积压率为 50%，哥伦比亚 1994 年为 37%，厄瓜多尔 1990 年为 42%，秘鲁 1993 年为 59%。② 由于拉美的司法审判以低效率闻名，一方面，当事人为了求得案件的加快审理向法官提供好处；另一方面，法官有充裕的时间在当事人之间和律师之间周旋。因此，改革之初对法官寻租现象的分析是不能忽视的。

虽然结案率这个指标并不完全可靠，法院的结案率因国家的司法改革方案的不同而不同，但总的来说，实行司法改革的国家在这方面都有所进步。

关于高质量司法体系的测量，法官的数量、法庭的位置和可获得性、不同级别司法机构的预算和法官的工资等，也为高质量司法体系的建设提供了目标参考。不过，法官和法院因素并不能完全决定司法体系的质量，法院人事管理和行政管理、检察院和检察官、组织良好的公共辩护机构等也对司法体系的质量产生重要影响。

第二节　国家治理体系的建设是司法改革的重要内容

20 世纪 80 年代和 90 年代，虽然拉美国家的司法改革方案大同小异，但多数方案包括以下几个共同内容：修改最高法院法官和其他法官的选任机制；提高工资；延长任期甚至规定任职终身；提高司法机构的预算，甚至在宪法中规定司法机构的预算占 GDP 的比重；更重要的变革是创建司法委员会（Consejos de la Magistratura），负责预算管理、职业教育和监督法官的独立性。此外，司法改革还包括授予最高法院司法审查权或创建宪法法院等。总之，司法改革在机构设置与改革方面的主要内容可以概括为国家治理体系的建设。具体包括以下几个方面。

---

① 转引自夏立安《论发展中国家的司法改革——一种国家与社会关系视角下的考察》，http://www.govyi.com/lunwen/2007/200711/187234.shtml，2010 年 1 月 16 日浏览。

② 同上。

一 创设保障司法独立的司法委员会

进行司法改革、完善法治、保障司法机构独立,最紧迫最重要的措施是制度和组织建设。国家的司法职能除了司法裁判之外,还有大量的司法行政事务,如法官的人事管理、法院的预算等。而如果各级法官不但要忙于案件裁判,还要从事司法行政,显然难以胜任,法官在司法行政方面也不是专家。如何使法官专心案件审理,而同时保证司法行政的独立性呢?又由什么样的机构代表国家的最高司法权力呢?

传统上,拉美各国宪法都将国家的司法权授予法院,最高法院即享有国家的最高司法权。而在司法改革中,这种情况有所改变。当前,拉美国家采取了三种模式:一是仍然有些国家以最高法院为最高国家司法权力机构,如墨西哥、危地马拉、洪都拉斯、尼加拉瓜、巴拿马和乌拉圭。1994 年前的阿根廷也实行这种体制。该模式的主要问题就是法官也要从事行政管理工作,而法官在这方面并不专业。如在阿根廷,当时 9 位最高法院的法官拥有 3000 多名雇员,甚至还要管理一家家具厂。二是建立一些依附于法院的机构,它们相对独立,帮助法院完成行政管理工作,减轻法官对一些本不专业的事务的负担。如智利在 1990 年成立了司法权力行政管理公司(the Administrative Corporation of Judicial Power),其性质是依附于法院的法律实体,主要从事司法部门中的财务和行政管理工作。秘鲁在 1993 年成立了司法权力执行委员会(the Excecutive Council of the Judicial Power)专门负责司法机构中的行政管理工作。还有一个例子是哥斯达黎加,虽然该国在 1993 年也成立了司法权力高级委员会(the Superior Council of Judicial Power),但最高法院还是对整个司法体系有着很强的传统影响。三是创建独立的司法委员会,这也是拉美各国司法改革探索的最新模式。为了体现和实现"司法自治(self-government)",创建司法委员会就成为司法改革中拉美国家在制度和组织建设方面的核心内容之一。

司法委员会是负责司法权力管理的专门机构,它独立于最高法院,体现"司法自治"和司法独立的原则和精神。这样的机构最早出现在第二次世界大战后的欧洲。1946 年,法国成立了司法委员会(Judicial Council),1948 年,意大利成立了高级司法委员会(the Consiglio Superiore de la Magistratura),西班牙成立了司法权力总委员会(the General Council of the Judicial Power)。

在拉丁美洲，1948年秘鲁军政府建立过司法委员会，主要职责是法官的选任和职业纪律管理。然而拉美第一个真正意义上的司法委员会是1969年在委内瑞拉建立的，其职责是司法独立、法官的纪律管理等。在20世纪90年代，阿根廷、玻利维亚、哥伦比亚、哥斯达黎加、厄瓜多尔、萨尔瓦多、巴拿马、秘鲁和墨西哥都相继修改了宪法，创设"司法委员会"或"司法权力委员会"。智利、尼加拉瓜、洪都拉斯和危地马拉也正在讨论通过修改宪法设立类似机构。

拉美司法委员会的职能各有不同。有些国家的司法委员会负责所有的司法行政事务，如哥伦比亚；还有一些国家的司法委员会只负责法官选任、司法职业管理等特定的司法事务。一般来说，司法委员会的主要职能包括以下三种。

第一，制定司法政策。任何国家都要有一定时期的司法政策，这意味着司法行政机构至少要有如下权力：一是制订发展计划；二是确定预算和投资计划；三是人事政策的设计；四是实行政策的立法动议。

第二，行政管理。具体包括：一是确定司法结构，这将是司法改革的推动力，但各国多陷入了与立法机构的斗争之中；二是司法职业管理，包括人事管理，这将是未来改革的方向，但当前许多拉美国家的人事管理还是政治性的；三是司法预算管理、法官的提名、选任和晋升；四是监督法官和其他司法官员的职业操守和绩效；五是司法体系的管理，主要是司法信息的获取和共享，这对制定和完善司法改革战略十分重要；六是司法资源的分配。如按人口或案发数量设置法院，划分管辖等。

第三，司法事务的运作与支持。主要是指司法研究、需求调查等学术支持。司法改革强调司法机构在预算管理方面的自治和法官对内对外的独立性。司法委员会的建立使法官的职业生涯依靠自己的业绩而不是和高级法官以及行政官员的关系。司法委员会在拉美各国具体职能范围有所差异，在某些国家，司法委员会可以监督和管理所有法院的预算，而在某些国家最高法院的管理不受司法委员会的控制，还有一些国家的司法委员会甚至直接或间接地监督教育计划。

司法委员会的创建是为了使司法机构摆脱行政机关或政党精英的控制，它由来自政府几乎所有部门的人员组成，但不能代表任何具体部门的利益，委员会的委员尤其不对行政和立法机构负责，也不能被它们任意罢免。

二 设立保障法官独立的法官任免程序和任期制度

一般认为，法官任免程序中起作用的机构越多，法官的独立性越强；同时，法官任职期间越长，法官的独立性也越强。胡里奥·里奥斯·菲戈罗阿（Julio Rios-Figueroa）认为法官任免程序和任期是司法独立7个要素中非常重要的两个要素。[①] 当然，不是说法官的任期长就一定要终身任职，而是说法官的任期要比选举的行政官员的任期长，就可以具有独立性了。拉美国家司法机构不独立的一个最重要最普遍的问题就是最高法院法官由行政机关直接任命，甚至只能由行政机关任命。为了实现和加强司法独立，拉美各国主要采取了改革法官任免程序和延长法官任期的方式，增强该程序的透明度的方法，打破行政机关独揽法官任免大权的情况。同时，各国改革还对法官的任职条件、评价程序以及对法官渎职等违法行为的处罚等进行了详细规定。表5-1是部分拉美国家改革法官任免程序及任期的情况。

表5-1　　部分拉美国家改革法官任免程序及任期的情况

国名	改革年份	主要内容及当前法官的地位
哥斯达黎加	1993	法官在任职一年后便不能被罢黜。
洪都拉斯	1992	修改相关法规，保障法官职业不受长期存在的政治干预。
巴拿马	1991	法官不能被罢黜。
危地马拉	1985	尚无有效保障法官独立的法律条款。
秘鲁	1992	事实上法官可以被政治当局设立的机构罢黜。
委内瑞拉		尚无法律可以有效地结束政治干预司法的政治传统。
玻利维亚		存在政治干预司法的传统。
智利	1994	自19世纪就形成了法官独立的传统。高级法院定期对法官进行考核，最高法院法官的任免办法也于1997年批准。
哥伦比亚	1991	创建法官高级委员会，拥有任命法官的权力。法官不可以被罢黜。

---

① Julio Rios-Figueroa, *The Determinants of Judicial Independence and Constitutional Adjudication: A Study of Latin America*, 1950 – 2002, November 8, 2006, http://www1.law.nyu.edu/nyulawglobal/fellowsscholars/documents/gffriosfigueroapaper.pdf, 2009年12月4日浏览。

续表

国名	改革年份	主要内容及当前法官的地位
巴拉圭	1992	新宪法建立了司法独立和法官终身任职的制度。在之前，法官每5年改选一次，很容易受到政治干预。
厄瓜多尔	1992	法官高度地独立于政治领导人。
阿根廷	1994	在任法官对新法官的任命有较高程度的参与。新宪法创建了司法委员会，但由于政治干预无法发挥其功能。存在总统干预最高法院法官免职的传统。

资料来源：Juan E. Mendez, Guillermo O'Donnell & Paulo Sergio Pinheiro, *The (Un) Rule of Law and the Underprivileged in Latin America*, University of Notre Dame Press, Notre Dame, Indiana, 1999, p. 275。

法官任期作为一种正式制度对法官的公平独立审判非常重要。因此，不少拉美国家规定法官终身任职，但即便如此，对拉美司法体系中的问题也并非"药到病除"。尽管宪法规定了法官的任期，但实际上却并不一定能得到贯彻执行。如阿根廷宪法规定联邦最高法院的法官终身任职，然而法官们并不觉得自己的职位很安全，不少法官因为政治方面的原因而不得不辞职、退休，甚至被行政机构直接罢免。有学者统计，1930—2002年，阿根廷法官的平均任职时间仅为4.6年。[1] 再以墨西哥为例，1917年宪法规定最高法院法官终身任职，但在1928年所有的法官被罢免，进而在1934年规定法官任期6年，与总统任期一致，1944年，墨西哥又恢复了法官终身任职的制度。然而，法官并不因此觉得自己的职业生涯很安全，行政与司法之间的主从关系没有任何改变。1934—1994年，PRI党的总统可以随意提名最高法院法官的人选，并可以得到执政党控制的参议院的批准和任命。在这60年里，绝大多数的总统在自己的任期内任命的法官都超过了半数，而这期间任期少于5年的法官达到了40%。说明法官的职业只是政治生涯的一部分，是政治家谋求更好的政治职位的

---

[1] Joseph L. Staats, "Achieving Improved Judicial Performance in Latin America: The Interplay Between civil Society and Political Elites in Judicial Reform", Prepared for Delivery at the 2004 Annual Meeting of American Political Science Association, http://www.allacademic.com//meta/p_mla_apa_research_citation/0/5/9/4/3/pages59431/p59431-1.php, 2009年11月22日浏览。

中间站。[1]

三 授予最高法院或宪法法院司法审查权

为了保障司法独立,制衡行政和立法两机构日益增长的权力,国家通过修改宪法授予最高法院有效而广泛的司法审查权,或设立单独的宪法法院,或在最高法院设立宪法法庭。表5-2总结了20世纪90年代拉美国家有关法官任命规则、创建机构、法官职业和加强司法审查权的主要变革。

表5-2　　　　　　　　20世纪90年代拉美司法改革

国家名称	改革年份	改革内容
阿根廷	1994	修改宪法创建司法委员会,改革法官任免程序和任期。
玻利维亚	1998	修改宪法创建司法委员会,改革法官任免程序和任期,创建宪法法院。
哥伦比亚	1991	修改宪法创建司法委员会,改革法官任免程序和任期(包括法官不能被罢免的条款),创建宪法法院。
哥斯达黎加	1993	改革法官任免程序,任职满一年后不能被罢免,创建宪法法院。
多米尼加	1994	修改宪法创建司法委员会,改革法官任免程序和任期,创建宪法法院。
萨尔瓦多	1993	修改宪法创建司法委员会,改革法官任命程序和任期,创建宪法法院。
厄瓜多尔	1992	修改宪法创建司法委员会,改革法官任命程序,创建宪法法院。
危地马拉	1985	修改宪法创建司法委员会,改革法官任免程序和任期,创建宪法法院。
洪都拉斯	1992	通过保障法官独立执业的条款,限制授予最高法院的司法审查权。

---

[1] Julio Rios-Figueroa, "Fragmentation of Power and the Emergence of an Effective Judiciary in Mexico, 1994–2002", in *Latin American Politics and Society*, Vol. 49, No. 1, Spring 2007.

续表

国家名称	改革年份	改革内容
墨西哥	1994	修改宪法创建司法委员会，改革法官任免程序和任期，授予最高法院更广泛的司法审查权。
巴拿马	1991	规定法官不能被罢免，最高法院享有司法审查权。
巴拉圭	1992	修改宪法保障司法独立，法官终身任职，授予宪法委员会司法审查权。
秘鲁	1992	创建宪法法院，规定法官不能被政治机构罢免。

注：1. 阿根廷司法委员会1994年成立，但直到1998年委员们才得到任命，机构开始工作。
2. 洪都拉斯和秘鲁保障法官独立执业的条款也没有得到执行。

资料来源：María Inclán, *Democratic Institution Building In Latin America：Effects Of Judicial Reforms On State Accountability*, 2003, http: //www. allacademic. com//meta/p_ mla_ apa_ research_ citation/0/6/4/0/2/pages64024/p64024 - 1. php, 2010年1月4日浏览。

四 增加司法机构预算，规定其预算独立

增加司法机构预算，规定其预算独立，也是保障司法独立的重要措施。为了保证司法机构有足够的资金，改善法官的待遇，拉美国家决定增加司法机构的预算，并在宪法中规定其在公共预算中的比例。这个比例很高，一般从2%—6%不等。但实际上，宪法规定的比例不一定得到实施。有时候宪法或司法机构组织法规定了一个比例，却被后来的预算法给推翻了。因此，拉美国家司法机构的实际预算普遍少于宪法或司法机构组织法中的规定（见表5-3）。

表5-3 拉美国家通过法律改革规定司法机构的预算情况

国家名称	在宪法中规定司法机构占国家预算的比例	司法机构实际预算占国家预算的比例（1994年）
哥斯达黎加	6%	5.5%
萨尔瓦多	不少于6%	3.6%
危地马拉	不少于2%	1.8%
洪都拉斯	不少于3%	1.0%

续表

国家名称	在宪法中规定司法机构占国家预算的比例	司法机构实际预算占国家预算的比例（1994年）
巴拿马	2%	0.5%
玻利维亚	3%	—
巴拉圭	不少于3%	2.4%
厄瓜多尔	2.5%	—

资料来源：María Inclán, *Democratic Institution Building In Latin America: Effects Of Judicial Reforms On State Accountability*, 2003, http://www.allacademic.com/meta/p_mla_apa_research_citation/0/6/4/0/2/pages64024/p64024-1.php, 2010年1月4日浏览。

五 设立仲裁等争端解决替代机制

为了增加人民解决争议、寻求正义的渠道，拉美国家的司法改革大多包括在司法体系中设立仲裁等争端解决替代机构等内容。艾德加多·巴斯卡哥利亚等认为民主可以定义为相关的制度机制将社会偏好转化为政治和经济行动的过程。通过政治团体和非政府组织来转化社会偏好就是这样一个过程。当有效的制度机制把社会偏好转化为政治行动的时候，民主就被加强了；当这些制度机制把人们的社会偏好转化为经济行动的时候，刺激经济增长的要素就产生了。[1] 当然，在这两个过程中，如果人们的某种权利受到侵犯时，法院和争端解决的替代机制（Alternative Dispute Resolution，ADR）就是他们维护自身合法权益的渠道。

库特认为，如果法律不适应人们在社会交往中所遵循的习惯和习俗，那么冲突将更加普遍，合作将更加困难，随之而来的争议将会在人与人之间产生敌意并耗费资源。[2] 反之，如果法律源于人们的非正式的行为规范，那么人与人之间更有可能实现合作，他们的预期更容易协调，从而能够更有效地、更具创造性地使用资源。这样的理解与在20世纪60年代和70年代第一次法律与发展运动中集中立法、照抄照搬西方国家的法律不同，法律移植的经验和教训使得拉美国家在90年代的司法改革中更加注

---

[1] ［美］艾德加多·巴斯卡哥利亚、威廉·赖特利夫：《发展中国家的法与经济学》，赵世勇、罗德明译，法律出版社2006年版，第66页。

[2] 同上书，第67页。

重因地制宜，研究传统习惯中的一些争议解决方式，通过立法或法令加以保留和承认。

拉美国家的法律框架大多是从欧洲移植过来的。欧洲的革命者都认为由议会制定法律是实现美好、繁荣社会的最好机制。这些法律条文清晰、连贯、完整，甚至普通人都能够理解并在自己生活中加以运用。法官可以选择法典的条款适用法律，而不再介绍过去的理念和做法。这种自上而下的立法方式受到法国大革命的影响，传播到美洲、非洲和亚洲的许多地方。如在19世纪早期的拉美独立运动中，法院就被迫放弃其贵族基础而服从于"人民的意志"。随着时间的推移，人们发现司法制度越来越不民主了，因为它未能在习惯、习俗和一般行为规范的基础上制定和适用法律。

拉美国家要加强和巩固民主制度和经济改革，就需要一套反映现实情况的法律规范体系。这样一套法律体系应该能够允许私人公民在不危及公共利益的情况下利用他们自己的规则解决其间的争议。在这样的背景下，调解、调停、仲裁以及社区委员会等争议解决替代机制的出现和发展，标志着法律体系在民主巩固和经济发展过程中又前进了一步。

现有司法制度的缺陷也是争议解决替代机制发展的重要原因，主要是法院效率低下，司法部门的功能被紊乱的司法行政、缺乏透明度以及腐败预期大大削弱了人们对司法部门的信任。阿根廷的一项民意测验显示，77%的公民认为法官腐败。[①] 争议解决替代机制发展的另一个重要原因是随着拉美国家民主化和经济自由化的推进，城市化的发展和市场化改革的推进都对司法服务和法治要求越来越多。这些变化增加了社会交往的复杂性，从而使得改进和发展私人和公共的争议解决机制成为迫切需要。经济和民主化改革还使得大多数的经济交易从公共行政领域转向市场领域，这就更增加了私人部门对界定权利和义务产生了巨大需求。而法院等传统的争议解决机制显然满足不了这样大的需求，使拉美国家和争议当事方转而寻求争议解决替代机制的帮助。

一个有效的司法体系，必须具备如下要素：一是可预见的、一致的争

---

① [美] 艾德加多·巴斯卡哥利亚、威廉·赖特利夫：《发展中国家的法与经济学》，赵世勇、罗德明译，法律出版社2006年版，第69页。

议解决和实施能力；二是不论收入高低，人们都有权利有能力到法院提起诉讼；三是当事人基于合理的案件处理时间、充足的补救措施以及可以接受的质量标准向法院寻求帮助，法院能够提供有效的司法服务。[①] 当司法服务具有明显缺陷，人们可能更愿意选择争议解决替代机制。可以说，争议解决替代机制生于"危机"，把不少陷入法律"泥沼"的当事人拯救上岸。

通过减少法院的自由裁量权，打破它们在争议解决中的垄断地位，争议解决替代机制增强了当事人各方对和解过程的控制。换句话说，更广泛地使用仲裁、调解、协商等争议解决替代机制，可以增加和法院的竞争，限制法院的腐败行为，增加社会边缘群体（他们不能或不愿意为司法服务支付非法代价）寻求司法服务的机会。

争议替代解决机制是对正式法院体制的重要补充，它在很多方面比正式的法院制度更有优势。一方面，争议双方可以绕开充斥着案件积压和腐败的法院、选择自己喜欢的方式解决纠纷，同时还为法官重新获得职业声誉提供了可能，因为这将大大减少法院的案件积压。另一方面，受过训练的调停员和仲裁员可以就某一类争议提供可能比法官更为专业的服务，提供更加可预见的结果。尤其是在以下情况下，争议双方更愿意选择争议解决替代机制：1. 争议双方还希望将来继续保持合作关系，而到法院通过诉讼解决更具有攻击性，可能伤害双方的关系。2. 双方争议的某些内容可能需要保密，希望在争议解决中发挥更大作用。3. 争议双方希望直接对话，减少沟通成本和交易成本。[②] 正是争议替代解决机制具有如此多的优势和特点，拉美国家在司法改革中都非常注重发挥它的作用。

第三节 拉美国家的司法改革与社会治理

长期以来，拉美国家的社会问题主要表现为贫富分化、社会治安、毒品犯罪和社会冲突等问题。尤其是20世纪80年代和90年代的新自由主

[①] ［美］艾德加多·巴斯卡哥利亚、威廉·赖特利夫：《发展中国家的法与经济学》，赵世勇、罗德明译，法律出版社2006年版，第69页。

[②] 同上书，第75页。

义改革，上述社会问题不断加剧，投资环境不断恶化。如在贫富分化方面，2002年，拉美国家的贫困人口达2.25亿，占总人口的44.0%，同时极端贫困率达到19.4%；[1] 在社会治安方面，绑架和凶杀案件频繁发生，偷盗等其他犯罪的发生率也不断提高：安第斯地区的毒品生产与走私犯罪破坏着正常的社会秩序，毒品犯罪势力甚至将哥伦比亚分裂为三个部分；巴西持续多年的"无地农民运动"和2013年大规模社会抗议运动以及2014年委内瑞拉的抗议运动说明拉美国家的社会冲突不仅没有绝迹，甚至还有所发展。有学者研究了社会治安与经济发展的关系，认为居高不下的犯罪率制约了经济的发展，如20世纪90年代，巴西的凶杀案发生率是哥斯达黎加的6倍，如果巴西将凶杀案发生率降低到和哥斯达黎加同样的水平，那么20世纪90年代后期巴西的人均收入会增加200美元，GDP增长将从3.2%上升到8.4%。[2]

在拉美国家的司法改革过程中，一开始就将改革刑事司法程序，改善社会治安环境作为司法改革的重要内容。刑事司法程序改革的主要内容是吸收普通法律的庭审规则，如言辞证据、当事人交锋对抗等，智利还完全从大陆法系的控辩式庭审方式转为普通法系的当事人交锋对抗方式。这些也是司法改革的重要内容。西方学者对世界法系的划分方法与中国学者大体一致，略有不同。有世界银行的学者认为世界可分为普通法系、法国民法法系、德国民法法系、斯堪的纳维亚民法法系和社会主义法系。按照这个分法，当代拉美主要国家都属于法国民法法系，即大陆法系，而在加勒比地区普通法系占据优势（见表5-4）。在司法传统上，拉美大陆国家的司法制度具有大陆法系控辩式的特征，而在加勒比地区的英联邦国家，其司法制度多具备普通法系对抗式特征。

---

[1] ECLAC, *Social Panorama of Latin America 2009*, Santiago de Chile, p. 9.

[2] Jense Erik Gould, "High Crime Stifles Latin Economics", *New York Times*, October 17, 2006. 转引自江时学《论拉美国家的社会问题》，载《国际问题研究》2011年第1期。

表 5-4　　　　　　　　拉丁美洲主要国家的法律渊源

法律渊源	国家	法律渊源	国家（地区）	法律渊源	国家（地区）
F	阿根廷	F	哥斯达黎加	F	墨西哥
E	巴巴多斯	F	多米尼加共和国	F	巴拿马
E	伯利兹	F	萨尔瓦多	F	巴拉圭
F	玻利维亚	F	厄瓜多尔	F	秘鲁
F	巴西	F	洪都拉斯	F	乌拉圭
F	智利	E	格林纳达	E	特立尼达和多巴哥
F	哥伦比亚	F	危地马拉	F	委内瑞拉
S	古巴				

注：F—法国民法法系，E—普通法系，S—社会主义法系。

资料来源：笔者根据世界银行资料编制，该世界银行资料转引自 Roumeen Islam, *Institutional Reform and the Judiciary: Which Way Forward?* http://www-wds.worldbank.org/servlet/WDSContentServer/WDSP/IB/2003/10/06/000160016_ 20031006120937/Rendered/PDF/WPS3134.pdf，2009 年 11 月 30 日浏览。

两大法系之间最明显的区别是法律渊源的不同。在大陆法系中，占主导地位的法律渊源是法典，即制定法，它经常是以条文的形式出现，由立法机关制定；而在普通法系国家，立法机构的作用较小，普通法来自司法审判，即案例法，法官具备"造法"的功能。拉美国家的司法制度是西班牙和葡萄牙殖民主义的遗产，其特征是崇尚权威，法官在庭审中起主导作用，加上一些宗教教条和法官司法不独立等因素，侵犯公民权利的事件时有发生。改革前拉美国家的司法审判主要以成文的程序为基础，不承认言辞证据，完全依赖于制定法，排斥习惯和判例法。在刑事诉讼中，法官承担完全的调查责任，没有公共辩护律师或有而不起任何作用；在民事诉讼中，是当事人而不是法官的想法将决定事实和法律问题，承担着推动案件向前发展的主要责任，而法官则处于次要地位。

控辩式审判把发现事实真相作为处理案件的最高目标。控辩的方法是合作的，召集国家和当事人一起解决问题。通过质询查出真相只是技术层面的，因为惩罚罪犯是最终的目标，这里没有权力体系，只要发现或惩罚一个嫌疑犯，处理案件的方法大体就是正确的或公正的。可以说控辩式的审判是一个等级结构，发现事实是法庭的最高目标，也是司法程序的最终目标。正是因为这样，庭审中就很少存在获得证据的障碍，很难阻止法官判决当事人有罪。大陆法系中的"有罪推定"在民主化和司法改革中受到激烈批评，借鉴海洋法系中的"无罪推定"成为司法改革的重要趋势。

在对抗式的司法审判中，有严格的证据规则，有可能排除一些重要的证据。此外，辩护人在两种庭审制度中的作用不同。在对抗式庭审中，法官负责检查辩护人的身份、知识，决定其是否可以参与庭审。总的来说，在整个庭审中，辩护人可以拒绝回答任何问题。而在控辩式庭审中，这种拒绝是很不常见的，因为控辩式庭审有一个前提，就是辩护人应该和法官合作，回答任何问题。

为了提高司法系统的效率，保障社会公正，也适应国际上两大法系相互借鉴的趋势，吸引外国投资，拉美国家的司法改革也包括诉讼法的改革，在拉美国家的司法改革运动中，主要是大陆法系传统的拉美国家在庭审过程中借鉴普通法系的对抗式审判方法。拉波尔塔（La Porta）等人遵循哈耶克的传统，认为普通法系比民法法系提供了更好的反对独裁政府条件，认为普通法系对私有产权的分配比民法法系更有效率。[①]

实际上，大陆法系和普通法系并无绝对优劣之分，但在拉美国家民主化和经济改革过程中普遍注意到西方国家政府、国际组织和学者们关于海洋法传统有利于保护投资人利益、吸引外资等重要观点。拉美国家因为大多是大陆法系国家，适应当时吸引外资、发展经济的需要对司法体系进行改革。

表5-5　　　　　　　部分拉美国家修改刑事诉讼法的情况

国名	修改情况
阿根廷	1991年批准相关改革。
哥斯达黎加	1973年进行了改革，新方案仍在讨论中。
萨尔瓦多	1973年和1997年进行了两次改革。
危地马拉	1973年进行了改革，新方案仍在讨论中。
尼加拉瓜	1979年进行了改革。
洪都拉斯	1984年进行了改革。

---

① Rafael La Porta, Florencio Lopez de Silanes, Andrei Shleifer & Robert Vishny, "The Quality of Government", *Journal of Law, Economics and Organization*, Vol. 15, No. 1, 1999, pp. 222-279.

续表

国名	修改情况
巴拿马	1984年进行了改革。
哥伦比亚	创建了独立的检察员制度,已经实施。
智利	通过新的刑事诉讼法案,1997年通过宪法修正案,创建公共部。

资料来源:Juan E. Mendez, Guillermo O'Donnell & Paulo Sergio Pinheiro, *The (Un) Rule of Law and the Underprivileged in Latin America*, University of Notre Dame Press, Notre Dame, Indiana, 1999, p. 273。

本章小结

司法改革的上述方面,并不能涵盖司法改革的所有内容,其他如司法援助、增设法院和派出法庭甚至改革律法等都是司法改革的重要内容。从实现司法改革的目标上来看,司法改革作为国家治理能力建设的重要组成部分,对民主的巩固起着重要作用。而创建司法委员会、改革法官任期和任免程序、设立宪法法院、增加司法机构预算等都是为了保障司法机构的独立性,争议解决替代机制的发展和设立新的法院和派出法庭增加了公民和经营单位寻求实现正义的途径,改革刑事司法程序和法律一体化既可以保障公民的合法权益、维护社会稳定,又可以促进海外的投资。总之,上述措施都是建立健全国家治理体系的过程,对国家治理体系适应新自由主义改革以后的经济形势、改善投资环境发挥了重要作用。

总之,解决国家治理能力和社会治理问题的根本途径无外乎以下三点:一是改善投资环境,实现经济发展,为解决贫困问题提供前提条件;二是巩固民主,建立健全国家的治理体系,增强治理能力;三是实现社会政治参与渠道的畅通,保障社会公平正义。而上述途径正是司法改革的三大目标,经过三十多年的司法改革和社会治理体系与能力的建设,拉美国家的民主政治得以巩固,经济得到了发展,贫困率大幅下降,社会治理体系不断完善,为拉美国家治理社会问题提供了条件。2012年,拉美国家的贫困率从44.0%下降为28.2%,贫困人口从2.25亿下降为1.64亿,极端贫困率则从19.4%下降为11.3%,极端贫困人口从0.99亿减少到

0.66亿。[1] 拉美社会正在从穷人社会向以中产阶级为主的社会转型。

当然,拉美国家社会治理的进步不仅仅是因为司法改革对实现三大目标的影响,其他如政治改革、国际环境的变化也对社会治理形成了不同的影响。尽管如此,拉美国家的司法改革对经济发展、政治改革和社会公平正义的促进作用仍然不可否认。

参考文献

Juan E. Mendez, Guillermo O'Donnell & Paulo Sergio Pinheiro, *The (Un) Rule of Law and the Underprivileged in Latin America*, University of Notre Dame Press, Notre Dame, Indiana, 1999.

Roumeen Islam, *Institutional Reform and the Judiciary: Which Way Forward?*, http://www-wds.worldbank.org/servlet/WDSContentServer/WDSP/IB/2003/10/06/000160016_20031006120937/Rendered/PDF/WPS3134.pdf.

Julio Rios-Figueroa, "Fragmentation of Power and the Emergence of an Effective Judiciary in Mexico, 1994 - 2002", in *Latin American Politics and Society*, Vol. 49, No. 1, Spring 2007.

Joseph L. Staats, "The Demand Side of Judicial Reform: Interest Groups and Judicial Reform in Argentina, Chile, and Uruguay", Prepared for delivery at the 2004 meeting of the Southern Political Science Association, New Orleans, Louisiana, January 8 - 10, 2004.

María Inclán, *Democratic Institution Building In Latin America: Effects Of Judicial Reforms On State Accountability*, 2003, http://www.allacademic.com//meta/p_mla_apa_research_citation/0/6/4/0/2/pages64024/p64024 - 1.php.

Maria González Asis, *Anticorruption reform in rule of law programs*, http://siteresources.worldbank.org/INTLAWJUSTINST/Resources/AnticorruptionReform.pdf.

Miguel Schor, "The Rule of Law and Democratic Consolidation in Latin America", Prepared for delivery at the 2003 meeting of the Latin American Studies Association, Dallas, TX, March 27 - 29, 2003, http://www.umass.edu/legal/Benavides/Fall2005/397U/Readings%20Legal%20397U/14%20Miguel%20Schor.pdf.

Mauricio García Villegas, "No Sólo de Mercado Vive la Democracia. El Fenómeno del (In) Cumplimiento al Derecho y su Relación con el Desarrollo, La Justicia y la Democracia", *Revista de Economía Institucional*, Vol. 6, No. 10, Primera Semestre, 2004.

---

[1] CEPAL, *Panorama Social de America Latina*, Santiago de Chile, 2013, pp. 12, 13, 17.

Luciano Tomassini y Marianela Armijo, *Reforma y Modernización del Estado: Experiencias y Desafío*, Instituto de Asuntos Publicos, Universidad de Chile, 2002.

Peter DeShazo y Juan Enrique Vargas, *Evaluacion de Reforma judicial en America Latina*, 2006.

第六章

墨西哥社会安全与治理

袁 艳[*]

2014年9月26日,墨西哥格雷罗州阿约特斯纳帕(Ayotzinapa)师范学院43名学生前往伊瓜拉市(Iguala)筹款,准备随后赴墨西哥城参加纪念"10·2"大屠杀游行活动。不幸的是,当晚43名学生集体神秘失踪。此后,事件的调查真相骇人听闻。在知悉学生在当地强行征用4辆公共汽车后,时任伊瓜拉市市长何塞·路易斯·阿瓦尔卡(José Lúis Abarca)命令警察前往拦截。双方爆发冲突后,警察向学生开枪,造成6人死亡,25人受伤。随后,警察将其他学生移交给当地犯罪集团。犯罪分子将所有学生转移至一座垃圾填埋场后全部杀害,随后对被害学生尸体进行焚烧,并将遗骸扔进附近河流。"伊瓜拉事件"的曝光令全世界瞠目结舌,也暴露出墨西哥严峻社会安全形势的冰山一角。

近年来,墨西哥饱受社会安全问题困扰。猖獗的犯罪和血腥的暴力已经成为墨西哥执政者和普通民众最为关心的问题。2011年对墨西哥公众的民意调查显示,"社会安全"已经取代"经济增长"成为墨西哥面临的最大挑战。社会安全形势的不断恶化,不仅对普通民众的生命财产造成威胁,同时对墨西哥社会经济发展带来负面影响,对国家政治稳定和民主治理构成严峻挑战。2006年12月,墨西哥国家行动党的卡尔德隆上台后,发起轰轰烈烈的"反毒品战争",重点打击最暴力的大型毒品走私集团。2012年12月,墨西哥革命制度党的涅托执政后,以锐意改革的姿态志在

---

[*] 袁艳,南开大学博士,西南科技大学拉美和加勒比研究中心(教育部区域和国别研究基地)讲师。

重振墨西哥。在总结前任社会安全治理经验教训基础上，涅托对社会公共安全治理策略进行了调整。"伊瓜拉事件"的发生，进一步促使涅托将社会安全治理列为国家治理的优先事项。

当前来看，墨西哥政府对社会安全的治理效果差强人意，受到多种复杂交织的因素掣肘。夹杂在犯罪和暴力之间的体制腐败、警匪勾结，使得民众对政府的信任和治理能力存在巨大的疑问。民众信任缺失导致的低报案率，加之执法部门低效和司法制度缺陷造成的低破案率和低入罪率，导致大量犯罪逃脱法律惩罚，极大地降低了犯罪的成本。低犯罪成本进一步助长了犯罪分子的气焰，抢劫、偷盗等一般性犯罪活动频频发生，民众不安全感十分强烈。而以大型毒品走私集团为代表的有组织犯罪集团渗透全国绝大部分地区，凭借巨额资金和精良的武器装备，用腐败和暴力削弱和瓦解政府的治理和打击，成为威胁各级政府政治和社会治理的一大毒瘤。加之长期困扰墨西哥的失业、贫穷、巨大的贫富差距、社会不平等、青少年失学等社会经济问题，进一步加剧了墨西哥对社会安全治理的复杂程度。

第一节 墨西哥当前社会安全形势

在拉丁美洲，大部分国家长期受到社会安全问题困扰，墨西哥也不例外。在整个拉丁美洲，墨西哥的总体社会安全程度位居中游，但各州、市极度不平衡，部分地区社会安全形势堪忧。凶杀率是衡量社会安全的一项重要指标。2012 年，墨西哥的凶杀率为每十万人 21.5，略高于整个美洲国家的平均水平（每十万人 21.4）（见图 6-1），远远低于洪都拉斯、委内瑞拉等国。但墨西哥凶杀率的增长速度令人警惕。2007 年，墨西哥凶杀率为每十万人 8.1。2011 年每十万人凶杀率迅速增至 23.7（见图 6-2）。五年内凶杀率飙升近 3 倍，这从一个侧面反映了近年来墨西哥社会安全形势急剧恶化的态势。2012 年后，墨西哥每十万人凶杀率开始下降。据墨西哥国家统计地理信息局的统计，2011 年，墨西哥发生凶杀死亡案件 27213 起，2012 年降至 25967 起，2013 年进一步下降至 23063 起，但仍远远高于 2007 年的 8867 起。

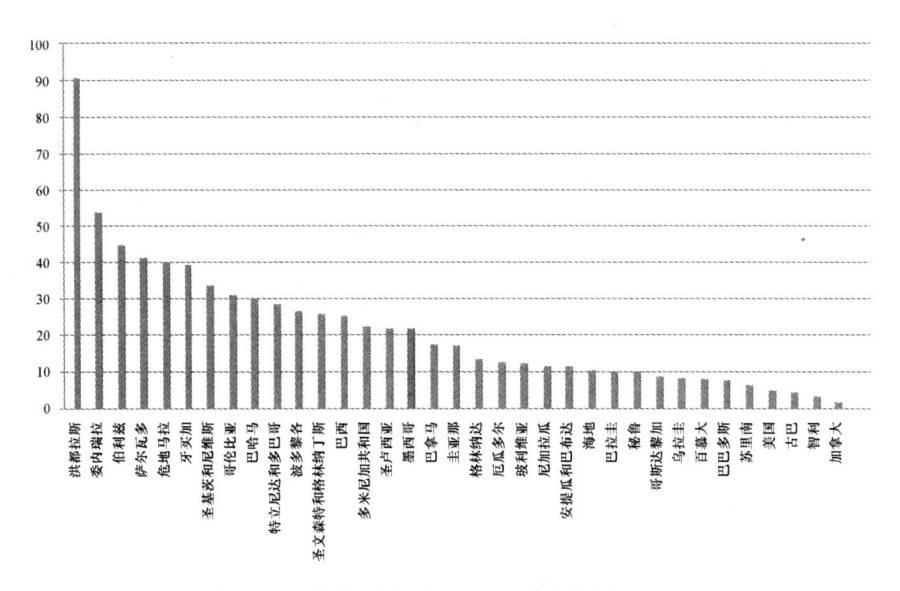

图 6-1　美洲部分国家每十万人凶杀率统计（2012）

资料来源：Global Study on Homicide, UNODC。

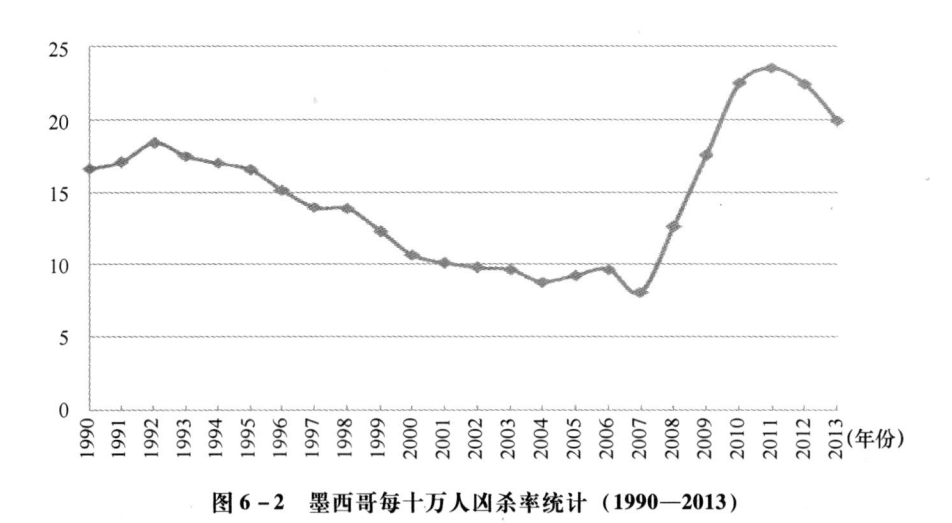

图 6-2　墨西哥每十万人凶杀率统计（1990—2013）

资料来源：Instituto Nacional de Estadística, Geografía e Informática (INEGI)。

凶杀率上升的背后，是墨西哥一般性犯罪发生率的攀升和有组织犯罪集团的猖獗和肆无忌惮。偷盗、抢劫、绑架、敲诈勒索等一般性犯罪活动频发，对墨西哥民众的日常生活和出行造成重要影响，给民众带来强烈的不安全感。如果说对普通墨西哥民众而言，一般性犯罪是日常生活的最大威胁；那么对墨西哥国家而言，以毒品走私集团为主的有组织犯罪集团则是政府治理的最严重威胁。[①] 有组织犯罪集团凭借其强大的经济实力和精良的武器装备，通过金钱贿赂等腐败形式渗透政府内部，并通过暴力震慑普通民众、对抗军警，瓦解政府的打击、削弱政府公信力，给国家的民主治理带来严峻挑战。

一 墨西哥一般性犯罪情况

根据墨西哥国家统计地理信息局"2014 年受害情况和公共安全感调查"［Encuesta Nacional de Victimización y Percepción sobre Seguridad Pública (ENVIPE), 2014］[②]，2013 年，至少 1070 万墨西哥家庭遭受过犯罪侵害，占墨西哥家庭总数的 33.9%。受犯罪侵害家庭比例较 2011 年的 30.4%、2012 年的 32.4% 进一步上升。2013 年，墨西哥 18 周岁及以上的犯罪受害人达 2250 万人，每十万人中受害者高达 28224 人，较 2012 年的 27337 人增加 3.2%。2013 年，墨西哥共发生 3310 万起犯罪事件，每十万人中有 41563 起，比 2012 年的 35139 起增加 18.3%。其中，29.6% 的犯罪事件是在大街上或公共交通工具上偷窃，其次是抢劫，占犯罪总数的 23.6%（见表 6-1）。2013 年，墨西哥发生约 131946 起绑架事件，受害者达 123470 人。

---

① Raúl Benítez Manaut, "la crisis de seguridad en México", *Nueva Sociedad* 220 (marzo-abril de 2009), p. 181.

② 墨西哥国家统计地理信息局（Instituto Nacional de Estadística, Geografía e Informática (INEGI)）每年开展"犯罪受害情况和不安全感调查"。2014 年，从全国各地抽样对 95516 户住户进行了访谈调查。其中，犯罪受害情况主要包括整车被盗、车零部件被盗、入室盗窃、在街头或公共交通工具偷窃、抢劫、扒窃、诈骗、敲诈勒索、口头威胁、身体伤害、绑架、性侵害等，不涉及毒品走私、有组织犯罪等。

表6-1　　　　　　　　2013年墨西哥各类犯罪统计

犯罪类型	占比（%）
在大街上或公共交通工具上偷窃	29.6
抢劫	23.6
偷车	12
诈骗	9.6
威胁	9.2
入室盗窃	6.5
其他形式盗窃	3.7
身心伤害	3.1
其他犯罪活动	2.9

资料来源：Encuesta Nacional de Victimización y Percepción sobre Seguridad Pública（ENVIPE），2014。

2013年，墨西哥州、下加利福尼亚州和联邦区位列墨西哥全国各州犯罪数量最多的前三位。其中，墨西哥州的每十万人犯罪数高达93003起，较2012年增加63.9%。下加利福尼亚州每十万人犯罪数为57066起，比2012年的39297起增加45.2%。联邦区每十万人犯罪数为51786起。恰帕斯州是犯罪相对少发地区，2013年每十万人犯罪数为19215起，但较2012年增加49.8%（见表6-2）。

表6-2　　　　2012—2013年墨西哥全国及各州每十万人
（18周岁及以上）犯罪数量统计

地点	2012年犯罪数	2013年犯罪数	变化（%）	地点	2012年犯罪数	2013年犯罪数	变化（%）
全国	35159	41563	18.3				
阿瓜斯卡连特斯	32368	24711	-23.7	莫雷洛斯	35750	36524	2.2
下加利福尼亚	39297	57066	45.2	纳亚里特	26006	26609	2.3
南下加利福尼亚	31049	23747	-23.5	新莱昂	37076	32552	-12.2
坎佩切	29097	30597	5.2	瓦哈卡	18009	20749	15.2

续表

地点	2012年犯罪数	2013年犯罪数	变化(%)	地点	2012年犯罪数	2013年犯罪数	变化(%)
科阿韦拉	17870	25451	42.4	普埃布拉	27318	31662	15.9
科利马	25169	26309	4.5	格雷塔罗	27197	27975	2.9
恰帕斯	12827	19215	49.8	金塔纳罗	40279	35245	-12.5
齐瓦瓦	35952	31669	-11.9	圣路易斯波多西	35124	39558	12.6
联邦区	49198	51786	5.3	锡那罗亚	33231	30287	-8.9
杜兰格	27631	22512	-18.5	索诺拉	34126	31155	-8.7
瓜纳华托	34391	34110	-0.8	塔瓦斯科	24368	32037	31.5
格雷罗	33762	35366	4.8	塔毛利帕斯	25255	19417	-23.1
伊达尔哥	21874	23468	7.3	特拉科斯卡拉	18530	26660	43.9
哈利斯科	49083	47278	-3.7	维拉克鲁斯	23411	28101	20.0
墨西哥州	56752	93003	63.9	尤卡坦	22945	23728	3.4
米却肯	24362	25126	3.1	萨卡特卡斯	20506	27290	33.1

资料来源：Encuesta Nacional de Victimización y Percepción sobre Seguridad Pública (ENVIPE), 2014。

"2014年受害情况和公共安全感调查"显示，高达73.3%的墨西哥人有不安全感，比2012年的72.3%上升1.0%。在墨西哥各州中，墨西哥州人感到最不安全。2014年调查结果显示，高达92.6%的18周岁及以上该州公民感到不安全。这与该州的犯罪数高居墨西哥各州之首相符。其次是莫雷洛斯（89.0%）、塔瓦斯科（86.1%）、塔毛利帕斯（83.9%）、米却肯（82.0%）、维拉克鲁斯（80.7%）和萨卡特卡斯（80.3%）。尤卡坦州民众对本州不安全感最低，为29.5%（见表6-3）。

表6-3　　　　　　墨西哥各州民众对本州不安全感统计

地点	2013年调查结果	2014年调查结果	地点	2013年调查结果	2014年调查结果
全国	72.3	73.3			
阿瓜斯卡连特斯	51.8	49.1	莫雷洛斯	86.5	89.0
下加利福尼亚	51.5	53.7	纳亚里特	56.6	51.1

续表

地点	2013 年调查结果	2014 年调查结果	地点	2013 年调查结果	2014 年调查结果
南下加利福尼亚	30.1	39.3	新莱昂	80.2	73.0
坎佩切	56.7	58.9	瓦哈卡	66.9	77.1
科阿韦拉	82.0	78.5	普埃布拉	63.3	63.6
科利马	71.1	56.9	格雷塔罗	41.1	38.5
恰帕斯	51.0	62.1	金塔纳罗	70.0	67.0
齐瓦瓦	78.0	75.2	圣路易斯波多西	77.8	73.1
联邦区	73.0	77.6	锡那罗亚	77.7	72.1
杜兰格	77.8	73.5	索诺拉	52.5	57.2
瓜纳华托	58.8	64.8	塔瓦斯科	83.4	86.1
格雷罗	86.9	78.9	塔毛利帕斯	84.1	83.9
伊达尔哥	56.3	65.5	特拉科斯卡拉	52.1	60.0
哈利斯科	75.9	68.0	维拉克鲁斯	75.4	80.7
墨西哥州	90.7	92.6	尤卡坦	32.2	29.5
米却肯	80.3	82.0	萨卡特卡斯	84.7	80.3

资料来源：Encuesta Nacional de Victimización y Percepción sobre Seguridad Pública（ENVIPE），2014。

根据调查结果，墨西哥民众心目中最不安全的地方依次是公共场所的自动取款机、银行、大街、公共交通工具、公路、商场、公园或休闲中心、商业中心等。其中，高达81.8%的墨西哥人认为公共场所的自动提款机不安全。68.1%的人认为银行不安全（见表6-4）。

表6-4　墨西哥公共或私人场所带来不安全感的比例统计

场所	2013 年调查结果	2014 年调查结果
公共场所的自动取款机	81.5%	81.8%
银行	67.5%	68.1%
大街	67.3%	67.7%
公共交通工具	66.0%	67.0%
公路	64.4%	61.8%

续表

场所	2013年调查结果	2014年调查结果
商场	57.6%	55.8%
公园或休闲中心	49.6%	50.8%
商业中心	43.1%	43.9%
汽车里	42.0%	42.0%
学校	28.0%	30.8%
工作中	32.5%	32.8%
家里	22.3%	23.9%

资料来源：Encuesta Nacional de Victimización y Percepción sobre Seguridad Pública（ENVIPE），2014。

58.1%的18周岁及以上受访者表示不安全和犯罪成为其最为担心的事项，其次为失业（46.1%）和物价上涨（37.7%）（见表6-5）。2013年，由于不安全和犯罪给墨西哥带来的损失高达2131亿比索，占到墨西哥国内生产总值的1.27%，墨西哥人人均损失达5560比索。

表6-5　　墨西哥民众对主要问题担心的比例

担心事项	2013年调查结果	2014年调查结果
不安全	57.8%	58.1%
失业	46.5%	46.1%
物价上涨	33.7%	37.7%
贫穷	33.7%	30.3%
腐败	27.9%	26.4%
健康	26.4%	26.2%
教育	24.6%	22.0%

续表

担心事项	2013 年调查结果	2014 年调查结果
逍遥法外	7.3%	17.2%
毒品走私	20.2%	16.0%
缺水	16.2%	13.7%

资料来源：Encuesta Nacional de Victimización y Percepción sobre Seguridad Pública (ENVIPE), 2014。

据调查，2013 年，只有 9.9% 的墨西哥受害者向警察报案。在报案案件中，只有 62.7% 进行了立案调查。在所有犯罪案件中，只有 6.2% 的案件立案侦查，高达 93.8% 的人并未报案或报案后未立案调查，共计达 3100 万人次，比 2012 年的 92.1% 增长 1.7%。其中，格雷罗州未报案或报案后未进行立案调查的犯罪高达 96.7%。其次为塔毛利帕斯（95.2%）、维拉克鲁斯（94.9%）、瓦哈卡（94.8%）、瓜纳华托（94.5%）、圣路易斯波多西（94.1%）。对于不报案的原因，31.4% 的墨西哥人认为报案是浪费时间，21.0% 的受访者表示不相信政府机关。

二 墨西哥有组织犯罪活动

与一般性犯罪活动相比，有组织犯罪对墨西哥治理而言是更为严峻的挑战。墨西哥宪法将有组织犯罪定义为：由三人或以上成员组成的实体组织，永久或反复进行犯罪活动。有学者认为，有组织犯罪还具有跨国特征，以及具备对国家构成挑战和威胁的能力。毒品走私是一种特殊形式的有组织犯罪。墨西哥的有组织犯罪集团主要包括毒品走私集团和地方性犯罪团伙。地方性犯罪团伙往往也与毒品走私集团开展合作、参与毒品交易，其成员常被后者招募用于运输毒品、提供情报信息以及从事其他非法活动。墨西哥的大型毒品走私集团拥有强大的经济实力、精良的武器装备、组织良好的网络，从事毒品走私、人口走私、洗钱、敲诈勒索、绑架、偷盗等犯罪活动，并日益介入社会经济活动中，控制港口经营、铁矿石运输开采等，同时采用金钱贿赂等手段，侵蚀和削弱政府治理。在部分市州，有组织犯罪集团的势力甚至可以同当地政府一较高低。如米却肯州有组织犯罪集团"圣殿骑士团"头目一度公开声称，"在米却肯州，我们就是政府"。

墨西哥有组织犯罪的历史可以追溯到殖民地时期的海盗，但现代有组织犯罪集团起源于20世纪二三十年代美国颁布禁酒令和发起禁毒运动后。1933年，美国解除禁酒令后，从墨西哥走私酒的活动下降。有组织犯罪集团继而重点转向走私海洛因和大麻。20世纪七八十年代，墨西哥成为毒品从哥伦比亚进入美国的重要中转点。20世纪八九十年代，哥伦比亚毒品犯罪集团在美国的强力打击下，逐渐丢失美国非法毒品市场份额。墨西哥毒品走私集团随即迅速填补哥伦比亚毒枭留下的市场空间，在毒品走私中逐渐占据主导地位。

美国是世界上最大的毒品消费国。墨西哥则是美国非法毒品的最大提供者。墨西哥毒枭势力至少在美国1000多个城市存在，是美国最大的海洛因提供者、大麻和冰毒最大的外国提供者。美国非法毒品市场90%的可卡因经由墨西哥中转运入。墨西哥毒品走私集团每年从美国毒品市场获取140亿—480亿美元不等的收入，年均获利近250亿美元。2008年的墨西哥官方数据显示，墨西哥共2456个市，其中68%存在一个主要的毒品走私集团或当地毒品犯罪团伙，49%的毒品生产市被一个主要的毒品走私集团或当地毒品犯罪团伙控制。[1]

2006年，卡尔德隆上任之初，墨西哥存在6个主要的毒品走私集团：蒂华纳集团（Tijuana cartel）、锡那罗亚集团（Sinaloa cartel）、华雷斯集团（Juárez cartel）、海湾集团（Golfo cartel）、米却肯之家（La Familia Michoacana）和千年集团（Milenio）。此后在卡尔德隆政府的打击之下，毒品走私集团内部分化演变，至2011年中期形成16个集团。其中，从海湾集团分裂出来的洛斯塞塔斯集团（Los Zetas）逐渐成为墨西哥占主导地位的大型毒品走私集团之一，与锡那罗亚集团一起成为墨西哥毒品走私集团"双雄"。2012年12月，墨西哥新任总检察署长赫苏斯·穆里约·卡拉姆（Jesus Murillo Karam）提到，墨西哥面临60—80个犯罪组织的威胁。[2]

墨西哥的有组织犯罪集团可以划分为4类：[3] 一是全国性卡特尔。主

---

[1] Melissa Dell, Trafficking networks and the Mexican drug war, p. 6, http://scholar.harvard.edu/files/dell/files/121113draft_0.pdf.

[2] June S. Beittel, Mexico's drug trafficking organizations: source and scope of the violence, p. 9, https://www.fas.org/sgp/crs/row/R41576.pdf.

[3] Eduardo Guerrero-Gutiérrez, Security, Drugs, and Violence in Mexico: A Survey, 7th North American Forum, Washington, DC, 2011, p. 28.

要包括锡那罗亚卡特尔、洛斯塞塔斯卡特尔和海湾卡特尔，其中前两者的实力明显强于第三者。全国性卡特尔控制多条毒品运输通道，经营着毒品进出墨西哥的重要国际线路。他们还有意控制墨西哥北部边境的新毒品出口通道，并不惜与控制边境的当地卡特尔暴力火并争夺。全国性毒品走私组织的势力在墨西哥广泛存在。除毒品走私外，他们还设法通过人口走私、偷取石油和能源等其他非法活动来获取额外利润。二是以收取通行费为主要收入来源的卡特尔。这类毒品走私集团主要位于美墨边境地区，即墨西哥北部。蒂华纳卡特尔和华雷斯卡特尔属于此类。其他卡特尔的毒品过境其控制的北部市镇，需要向其缴纳通行费。此类卡特尔不具备全国性卡特尔从事其他非法活动的能力。此类卡特尔如若最终失去其各自控制的边境区域，要么可能将非法活动扩展至敲诈勒索、绑架等其他非法活动，要么就消亡。因此，面对全国性卡特尔积极拼抢自己控制的地盘，蒂华纳卡特尔和华雷斯卡特尔奋力抵抗。墨西哥北部也因此成为遭受有组织犯罪集团间暴力冲突最多的地区。三是地区性卡特尔。主要包括圣殿骑士团和南太平洋卡特尔（Pacífico Sur cartels）。此类毒品走私集团控制极为有限的分散的途经自己控制地盘的毒品走私通道。跟其他收取通行费的卡特尔一样，此类地区卡特尔在毒品交易中起着次要作用，获取微薄的利润，只具备有限的能力从事人口走私、偷取石油能源等其他犯罪活动。四是地方黑手党组织。2011年，墨西哥全国共有64个地方黑手党。主要包括抵抗（La Resistencia）、哈利斯科新一代卡特尔（Cártel de Jalisco-Nueva Generación）、骑手卡特尔（Cártel del Charro）、有眼的手（La Mano con Ojos）、屡教不改（Los Incorregibles）、公司（La Empresa）、新政府（La Nueva Administración）、为了更好的生活新联邦（La Nueva Federación para Vivir Mejor）、阿卡普尔科独立卡特尔（Cártel Independiente de Acapulco）等。此类组织一般是从全国或地区性卡特尔中分裂出来的，往往以一些交界的地区为基地，方便其势力拓展至多个州。地方黑手党的生意活动主要是毒品分配和在各自控制的市镇开展毒品交易，同时已将非法活动拓展到敲诈勒索、绑架和偷车等（见表6-6）。在政府的打击之下，2012年后部分地方黑手党组织从墨西哥安全部门的统计名单上消失。卡特尔内部一般分五个层级。第一层是老板。第二层是专业人士，如律师和会计。第三层是"后勤行动者"，主要是枪手头目、行动执行头目。第四层是枪手们。最低一层主要由毒品交易员、司机和毒品走私者组成。①

表6-6　　　　　墨西哥主要毒品走私集团类别（2011年）

类　　别	组　　织
全国性卡特尔	锡那罗亚卡特尔、洛斯塞塔斯卡特尔、海湾卡特尔
"收取通行费"卡特尔	蒂华纳卡特尔、华雷斯卡特尔
地区卡特尔	圣殿骑士团、南太平洋卡特尔
地方黑手党	抵抗、哈利斯科新一代卡特尔、骑手卡特尔、有眼的手、屡教不改、公司、新政府、为了更好的生活新联邦、阿卡普尔科独立卡特尔、其他

资料来源：Eduardo Guerrero-Gutiérrez, Security, Drugs, and Violence in Mexico: A Survey, 7th North American Forum, Washington, DC, 2011。

墨西哥毒品走私集团的势力已经渗透墨西哥的绝大部分地区，甚至已将势力延伸至中美洲地区。尤其是在2006—2012年，毒品走私集团间的分裂、火并中诞生出两大强势集团：位于墨西哥西部的锡那罗亚集团和控制墨西哥东部的洛斯塞塔斯集团。2011年，洛斯塞塔斯集团的势力扩展至墨西哥21个州。其次是锡那罗亚集团，其势力渗透全国17个州。从全国来看，墨西哥州存在的有组织犯罪集团最多，达10个；其次是联邦区，为7个。根据墨西哥学者的统计，2011年，除特拉科斯卡拉州没有有组织犯罪集团存在外，其他各州至少存在一个毒品走私集团。

近年来，在大型毒品走私集团分裂重组的同时，墨西哥各地的青少年犯罪团伙一度呈蔓延之势。在"暴力之城"华雷斯，一度存在300—500个犯罪团伙，其中30个犯罪团伙拥有500—1500名成员，最大的犯罪团伙有超过2000名活跃成员。② 在新莱昂州有约1500个犯罪团伙，仅在蒙特雷都市区就有700个。据当地警察提供的信息，其中20多个犯罪团伙与大型毒品走私集团洛斯塞塔斯有联系。青少年犯罪团伙对于毒品走私集团而言具备重要的利用价值，不仅使得大型毒品走私集团的非法活动多样

---

① Eduardo Guerrero-Gutiérrez, Security, Drugs, and Violence in Mexico: A Survey, 7th North American Forum, Washington, DC, 2011, p.28.
② Ibid., p.39.

化，而且可以为毒品走私集团提供后备生力军。毒品走私集团通过雇用地方犯罪团伙从事非法活动降低自身被打击的风险。地方犯罪团伙通过为毒品走私集团服务获得收入。某种程度上，两者互相利用，愈加紧密地依靠在一起。

从2007年开始，与毒品有关的暴力事件在墨西哥急剧上升。2007年，只有53个市每月平均一例有组织犯罪暴力死亡事件，到2011年已经扩展至227个市。2010年，蒙特雷因有组织犯罪暴力死亡月平均数从7起上升至66起，阿卡布尔科从10起增加至78起。[①] 不少学者将暴力事件的上升与卡尔德隆政府加大力度打击毒品走私集团联系起来，认为由于政府严厉打击毒品走私集团头目，导致毒品走私集团内部权力斗争和火并行动越来越激烈。在卡尔德隆执政的2006—2012年，政府登记的与有组织犯罪集团有关的死亡人数超过7万人，另有2.6万人失踪。据墨西哥相关媒体报道，2012年墨西哥共发生9913起与有组织犯罪相关的凶杀案；2013年，墨西哥共有10095起凶杀案与有组织犯罪有关。超过90%的暴力事件是由于毒品走私分子间互相厮杀导致的。暴力上升主要集中在对毒品走私集团而言具备重要价值的市州。2013年，近一半的与有组织犯罪有关的凶杀案集中在5个州：齐瓦瓦（1794起）、锡那罗亚（1015起）、格雷罗（961起）、新莱昂（529起）和科阿韦拉（488起）。暴力事件少发的5个州分别是：阿瓜斯卡连特斯（18起）、特拉科斯卡拉（12起）、坎佩切（10起）、南下加利福尼亚州（3起）和尤卡坦（3起）。[②]

尽管与有组织犯罪相关的暴力活动的死亡者绝大部分是犯罪集团成员，但给公众心理带来的恐惧和不安全感却不可小觑。与一般性犯罪活动不同，有组织犯罪暴力和凶杀案具有独特的特点：使用特殊的武器、有特殊的策略如有目的的暗杀、街头枪战等；极端形式的暴力，如酷刑、肢解、斩首等；给官方或对手留下信息，如便条、标志、旗帜等；公开展示暴力以扩大恐惧，如将尸体悬挂在桥上等。因此，有组织犯罪集团在公共

---

① Eduardo Guerrero-Gutiérrez, Security, Drugs, and Violence in Mexico: A Survey, 7th North American Forum, Washington, DC, 2011, p. 11.

② Kimberly Heinle, Octavio Rodríguez Ferreira, and David A. Shirk, Drug violence in Mexico: data and analysis through 2013, p. 26, http://justiceinmexico.files.wordpress.com/2014/04/140415-dvm-2014-releasered1.pdf.

场所肆无忌惮的暴力火并行动以及挑衅性地将极端残酷的暴力公开展示，进一步加剧了墨西哥民众的不安全感。连墨西哥警察也对有组织犯罪集团忌惮三分。2011年8月，墨西哥阿森松（Ascension）市的所有警察因害怕有组织犯罪集团全部申请辞职。

在墨西哥，有组织犯罪集团公开杀害市长或市长候选人、记者、警察、军人等事件屡有发生。2006—2013年，墨西哥共有70位市长和前市长被杀害。仅2010年，就有17位市长被杀害；2012年和2013年分别有12位被害。除了市长，记者也成为有组织犯罪集团杀害的目标。其中，2011年在墨西哥有19位记者被害或失踪。根据墨西哥媒体报道，2013年7—12月，共75位警察和军人被有组织犯罪集团杀害。自2006年以来，至少527名各级警察和军人成为有组织犯罪的受害者。

过境墨西哥、计划前往美国的中美洲移民也成为墨西哥有组织犯罪集团的侵害对象。大型毒品走私集团洛斯塞塔斯强迫中美洲移民帮助运输毒品至美国，一旦移民拒绝就将其残忍杀害。有组织犯罪集团参与绑架中美洲移民的事件时有发生，绑架旨在让移民美国的亲属寄来赎金。一些女性移民更容易成为侵害目标，常被犯罪集团胁迫从事色情活动以牟利等。

在政府的打击下，一些毒品走私集团和地方犯罪团伙逐渐将非法活动从毒品走私和毒品交易扩展至绑架、勒索、偷盗汽车、人口走私、卖淫、偷窃石油和能源、洗钱、武器走私等，以扩大其经济收入来源。这一转向有可能进一步加剧墨西哥犯罪活动日益猖獗的形势，造成社会治安进一步恶化，给普通民众的生活带来更大滋扰。另外，毒品走私集团通过从美国、中美洲等走私枪支武器和装备，在墨西哥扩散枪支武器，对墨西哥社会安全而言亦是潜在的隐患。

有组织犯罪集团不仅通过暴力削弱政府的打击，还通过金钱贿赂等腐败手段，收买政府及相关执法和司法机构人员。据估计，有组织犯罪集团每年花费5亿美元进行贿赂，相当于墨西哥总检察署经费预算的两倍。[①]各级警察、检察官、州长、市长、政府官员都成为有组织犯罪集团的贿赂对象。在墨西哥，每年因腐败、警匪勾结被抓捕的各级警察、政府部门人

---

① Stephen D. Morris, "Corruption, Drug Trafficking, and Violence in Mexico", the Brown Journal of World Affairs（Spring/summer 2012, Vol. xviii, Issue ii）, p. 31.

员数不胜数。腐败一方面削弱了墨西哥对有组织犯罪的治理效果，同时也使政府、执法和司法机构的公信力下降，甚至危及地方统治。据 2010 年的一项调查显示，30% 的墨西哥人根本不相信市政府，29% 的人完全不相信联邦政府，28% 的人完全不相信州政府。完全信任联邦、州、市级政府的分别为 7%、8%、7%。

第二节　墨西哥对社会安全的治理

维护社会秩序和保障社会安全，是政府的基本职责和政府治理的重要组成部分。墨西哥历届政府都采取政策和措施治理社会安全，但近十年来墨西哥社会安全形势总体呈恶化态势。尽管墨西哥政府加大了治理力度，但形势尚未得到明显的扭转。墨西哥学者劳尔·本尼特斯·玛纳特（Raúl Benítez Manaut）认为，在 20 世纪 80 年代至 90 年代墨西哥的民主化转型中，没有将公共安全、司法、国防和情报制度纳入国家改革的整体设计中，是造成近年来墨西哥安全危机的重要原因。[①] 1989 年，墨西哥开始打击瓜德拉哈拉毒品走私集团，逮捕该集团头目米格尔·安赫尔·菲利克斯·加亚尔多（Miguel Angel Felix Gallardo）。但随后并没有将严厉打击毒品走私集团政策长期化和制度化，导致毒品走私集团不断坐大。墨西哥前总统塞迪略（1994—2000 年）和福克斯（2000—2006 年）在各自的任期内都实行了安全改革和打击犯罪计划，但在规模上都无法与 2006 年 12 月上台的卡尔德隆发起的"反毒品战争"相提并论。卡尔德隆将打击大型毒品走私集团、重建公共安全和秩序作为政府的优先事项，但其效果不甚理想。2012 年 12 月，墨西哥现任总统涅托执政后，对公共安全战略和计划进行了调整。

一　墨西哥治理社会安全的主要措施与手段

近年来，围绕削弱犯罪集团、加强执法机构建设、减少和切断非法毒品供应和消费、收复被犯罪控制的公共空间等中心目标，墨西哥实施了一系列社会安全治理政策，从立法、机构改革、制度改革等方面采取了治理

---

① Raúl Benítez Manaut, "la crisis de seguridad en México", *Nueva Sociedad* 220（marzo-abril de 2009）, p. 174.

措施。

（一）修订宪法和法律，将社会公共安全治理上升为国家共同意志，打击犯罪、重建安全被列为墨西哥联邦、州、市三级政府的重要任务

2008年，墨西哥修订宪法第21、29条。其中，第21条对司法程序、警察专业化和公共安全作出了规定，提出公共安全是联邦、联邦区、各州、各市的重要任务，公共安全事务包括依据法律开展预防犯罪、调查、指控以及对行政罪行的处罚。"伊瓜拉事件"发生后，涅托总统向国会递交了宪法改革提案，要求对宪法第21、73、104、105、115、116以及123条作出修改。

2009年，墨西哥颁布《国家公共安全体系总法》（Ley General del Sistema Nacional de Seguridad Pública），对国家公共安全体系的形成、组织和运作作出规定，指导国家公共安全工作的开展。2013年，墨西哥对该法进行了修订。2009年1月、5月，《建立国家公共安全体系协调基础总法》（Ley General que Establece las Bases de Coordinación del Sistema Nacional de Seguridad Pública）和《共和国总检察署组织法》（Ley Orgánica de la Procuraduría General de la República）分别修订完成。同年，修订并形成《联邦警察法》（Ley de la Policía Federal），对联邦警察的组织和运行进行了界定。2006年，《私人安全联邦法》（Ley Federal de Seguridad Privada）颁布实施。2011年，对该法部分条款进行了修订。2009年，墨西哥还对1996年颁布的《打击有组织犯罪联邦法》进行了修订。

在地方层面，2003年5月20日，联邦区颁布首部地方《公共安全法》。随着2011年3月29日杜兰格州最后一个颁布地方公共安全法，墨西哥全国32个州完成公共安全法律的颁布。

（二）建立健全各级公共安全机构，强调相关机构间协同合作以共同打击犯罪、恢复公共空间安全

根据墨西哥《公共安全体系总法》规定，墨西哥国家公共安全组织体系由总统直接领导，下设国家公共安全委员会。委员会由总统、内政部部长、国家安全部部长、海军部部长、总检察署长、各州州长、联邦区行政长官、国家公共安全体系执行秘书处处长组成。委员会每年召开全国司法机关会议（Conferencia Nacional de Procuración de Justicia）、全国公共安全机关会议（Conferencia Nacional de Secretarios de Seguridad Pública）、全国监狱系统会议（Conferencia Nacional del Sistema Penitenciario)、全国市级公共安全会议（Conferencia Nacional de Seguridad Pública Municipal）和地方协作会议（Consejos Locales e Instancias Regionales de Coordinación）。

在卡尔德隆时期，直接参与公共安全事务的联邦一级机构主要包括：国家安全部（Secretaría de la Defensa Nacional）；海军部（Secretaría de Marina），负责打击海上毒品运输；公共安全部（Secretaría de Seguridad Pública）；健康部（Secretaría de Salud），负责治理毒品消费和上瘾；财政和公共信贷部（Secretaría de Hacienday Crédito Público），负责反洗钱；内政部（Secretaría de Gobernación）；外交部（Secretaría de Relaciones Exteriores），负责"梅里达计划"的实施。具体执法和司法机构则包括联邦警察、联邦总检察署、联邦监狱等。

墨西哥公共安全部由前总统福克斯设立，负责管辖联邦警察。在卡尔德隆时期，公共安全部人员增加、权力膨胀，成为打击毒品走私集团的领导角色，但与其他执法机构矛盾重重。涅托在上任后的第一个月，撤销了公共安全部。2013年4月2日，国家安全委员会（Comisión Nacional de Seguridad）设立，接管公共安全部的工作。国家安全委员会由内政部管辖，下辖联邦警察、预防和社会再适应管理组织（Órgano Administrativo Desconcentrado Prevención y Readaptación Social）和联邦保护服务（El Servicio de Protección Federal）。墨西哥联邦监狱系统也归内政部管辖。州级公共安全管理机构主要由州公共安全局、州检察署、州级警察和州监狱系统组成。在市一级，则主要依靠市级警察维护当地社会秩序。

除撤销公共安全部、将内政部作为公共安全治理的具体领导部门外，涅托上任后，还将执法和司法机构改革列为公共安全改革的重要步骤，以强化墨西哥执法机关职能，增强打击犯罪、公共安全治理的实效。后文将详述墨西哥警察改革、司法机构改革和监狱系统改革。

（三）加大对公共安全管理机构的人力财力投入，从人才和经费上保障公共安全治理顺利推进

在联邦层面，负责公共安全事务政府机构主要是全国公共安全体系执行秘书处和公共安全部（2013年后为国家安全委员会）。公共安全部人员从2001年的16810人，增加至2014年的52035人。公共安全部撤销后，国家安全委员会2014年工作人员达57478人（见表6-7）。

表6-7　　　　公共安全部工作人员统计（2001—2014年）

年份	合计	国家安全委员会	国家公共安全体系执行秘书处
2001	16810	16305	505
2002	17785	17248	537
2003	19717	19174	543
2004	22900	22336	564
2005	20330	19768	562
2006	21492	20919	573
2007	29351	28825	526
2008	39830	39302	528
2009	39840	39353	487
2010	47470	46949	521
2011	51082	50573	509
2012	52035	51518	517
2013	52941	52428	513
2014*	57478	57016	462

注：*2014年统计为2014年7月15日前数据。
资料来源：Segundo Informe de Gobierno 2013-2014. Anexo Estadístico. p. 44。

根据墨西哥"全国州级政府、公共安全和监狱系统统计（2014）"［Censo Nacional de Gobierno, Seguridad Pública y Sistema Penitenciario Estatales (2014)］，墨西哥各州和联邦区共投入907881人次参与公共安全事务。其中，368896人次（约40%）负责处理触犯地方法的案件（presuntos delitos del fuero común），约18556人次（2%）负责处理触犯联邦法的案件（presuntos delitos del fuero federal），另外520429人次（约57.3%）负责处理违反多级法律的案件（presuntas infracciones a disposiciones administrativas de diversa índole）。[1] 各州参与公共安全事务人员数量极不平衡，其中，仅联邦区就有592135名，占到全国总数的近2/3。但在萨卡特卡斯和锡那罗亚，分别仅有175名、701名人员负责公共安全事务。在全国各州政府部门直接负责公共安全事务处理的人员达214266人。其中联邦

---

[1] INEGI, Censo Nacional de Gobierno, Seguridad Públicay Sistema Penitenciario Estatales (2014), p. 9.

区 88629 人，占全国总人数 1/3 还多。[①]

墨西哥用于司法、国家安全、公共秩序维护和国内安全项目的预算支出逐年增加。其中，用于公共安全项目的预算支出 2014 年达到 101.505 亿比索，创历史新高（见图 6-3）。预算经费主要用于"公民参与的暴力和犯罪社会预防""信任控制评价能力建设""公共安全机构专业化""打击绑架策略实施""战略行动中心装备""弹道足迹与武器计算机跟踪""针对女性的司法救助""新刑事诉讼制度""国家监狱系统人力和技术建设""国家电信网络""国家信息系统""066 紧急呼叫服务和 089 匿名投诉""车辆公共登记""经济和资产情报搜集""不同项目或行动评估""法医遗传学""公共安全、检察署、司法提供机构建设"等项目。

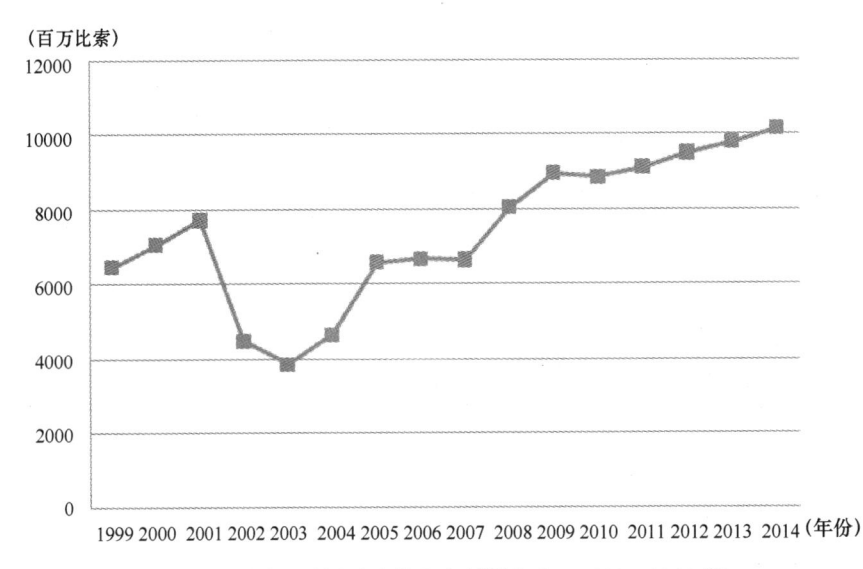

（百万比索）

图 6-3 墨西哥用于公共安全预算支出（1999—2014 年）

资料来源：Segundo Informe de Gobierno 2013-2014. Anexo Estadístico, p.41。

[①] INEGI, Censo Nacional de Gobierno, Seguridad Pública y Sistema Penitenciario Estatales (2014), p.75.

(四) 社会安全军事化，利用军人打击犯罪集团、维护社会秩序

因警察腐败、民众对其信任度极低，墨西哥一直有利用军队维护社会治安的传统。自从1996年墨西哥将海军部和军队纳入国家公共安全委员会后，军队在公共安全方面日益发挥重要作用。严重依赖军队、大规模利用军人打击有组织犯罪集团，是卡尔德隆任期内社会安全治理的重要特征。2006年，卡尔德隆上任后第二周就派出6500名联邦军人到米却肯州打击毒品走私集团"米却肯之家"。在他任期内，2011年最高峰时期曾投入96000名军人，打击犯罪、维护公共安全。涅托试图改变直接调动军队打击犯罪的情形。在其任内，他还建立了一支由10000人组成的宪兵队。宪兵从墨西哥国防部和海军部的军人中招募而来。但宪兵队的设立被部分学者视为进一步将社会公共安全军事化。

(五) 改革警察制度，促进警察专业化，治理警察腐败问题

墨西哥警察分为三级：联邦警察、州级警察和市级警察。2014年，墨西哥警察人数约为544000人[1]。三级警察都有预防犯罪和处理犯罪的职责，如在街上巡逻、对民众报警和犯罪进行处理以及保持公共秩序。但在联邦和州一级还有分别归联邦总检察署和各州检察署办公室管辖的调查办案警察，负责调查犯罪和执行司法拘捕。触犯联邦法的罪行，如毒品和武器走私，由联邦调查警察负责。凶杀案属于州级犯罪，由州级调查警察负责处理。从三级警察的构成看，联邦警察人数较少，州级警察和市级警察占绝大多数。2009年，墨西哥三级警察构成如下：联邦警察32264人，约占8.5%；州级警察186862人，约占49%；市级警察159734人，约占42.5%。[2] 近年来，墨西哥警察队伍不断壮大。2011年，州级警察和市级警察人数增加至490020人。涅托上台后提出要将联邦警察增加至50000人。

墨西哥警察队伍长期存在腐败、学历较低、缺乏专业性等问题，由此导致民众对警察的信任度极低。根据2014年墨西哥统计信息地理局的调

---

[1] Maureen Meyer, Mexico's Police: Many Reforms, Little Progress, p.5, http://www.wola.org/sites/default/files/Mexicos%20Police.pdf.

[2] Comparecencia del Secretario de Seguridad Pública Federal, Genaro García Luna, en la Comisión Permanente de la LXI Legislatura del Congreso de la Unión, enero 2010. 转引自 Edith Olivares Ferreto, Condiciones sociolaborales de los cuerpos policiales y seguridad pública, Análisis Político, diciembre, 2010, p.7.

查，墨西哥民众对联邦警察的信任度最高，为 57.7%，其次为州级警察为 44.1%，对市级警察的信任度为 37.5%。从警察的学历来看，2011 年调查显示，联邦警察受过大学及以上教育的占 50%。而 2008 年对市级警察学历的调查显示，仅 5% 接受过大学教育，55% 只受过初等中学教育，6% 仅有小学文化，1% 为文盲。同时，各级、各州警察间待遇差别极大。联邦警察的待遇几乎是市级警察的两倍。2011 年，尤卡坦州下辖市警察最低月平均工资仅有 4600 比索左右，在蒂华纳和下加利福尼亚州的警察最高月收入约 15000 比索。① 因此，低薪资的负责地方安全事务的市级警察是最为腐败的。

墨西哥政府一直积极推动警察改革，以解决墨西哥警察队伍存在的问题。如增加警察收入，严格警察招募和考核程序，设立警察学校提高警察学历与能力，对警察开展信任测试，加强对警察的培训和教育遏制腐败等。由于市级警察被看作最腐败而最不受信任，卡尔德隆政府提出取消市级警察，建立统一的州级警察指挥体系（Mando Único Policial Estatal），以统一调配警察更好地集中警力解决问题，但未能获得议会多数通过。"伊瓜拉事件"发生后，涅托政府进一步推动统一的州级警察指挥体系建设工作。由于涅托所在的革命制度党在议会占大多数，该议案有望获得通过。

（六）开展司法制度改革，力图弥补在犯罪审判程序和司法制度上的漏洞，使犯罪分子得到应有的惩罚

墨西哥联邦政府于 2008 年通过司法改革方案，规定联邦和各州在 2016 年前废除旧的审判程序，采用新的审判制度。墨西哥传统司法制度长期受到诟病，被认为缺乏应有的程序，是不透明的、低效的和腐败的。其司法过程中的两个关键人物：警察和检察官分别被 66% 和 43% 的墨西哥人认为是卷入腐败中的。② 在墨西哥传统司法制度下，在案件侦查阶段，检察官在搜集证据方面拥有很大的自由度，但是他们提交给法官的书面卷宗很少受到质疑。卷宗常常是被告的供述和未经核实的目击者证词，

---

① Secretariado Ejecutivo del Sistema Nacional de Seguridad Pública, Sueldo de los elementos de las corporaciones policiales municipals, http://www.secretariadoejecutivo.gob.mx/work/models/SecretariadoEjecutivo/Resource/347/1/images/Salarios_de_Policias_2010_y_2011_210911.pdf.

② Clare Ribando Seelke, Supporting Criminal Justice System Reform in Mexico: The U.S. Role, p.2, https://www.fas.org/sgp/crs/row/R43001.pdf.

逼供现象频频发生。法官根据检察官提供的书面卷宗闭门作出审判决定。尽管85%—90%的受审罪犯最后被定罪,但由于报案率极低,并且只有少数案件进入立案调查和起诉阶段,事实上让很多犯罪分子逃脱法网。2007年12月至2011年1月发生的35000起与有组织犯罪有关的凶杀案件中,联邦检察官进行了997—1687起调查,正式被审判的有343名犯罪嫌疑人,最终被判有罪的仅22人。在齐瓦瓦州,2009—2010年发生5000多起与有组织犯罪相关的凶杀案件,其中只有212人被判有罪。

涅托政府视司法机构改革为改进执法的关键,已将推进司法改革列为政府的优先事项。墨西哥司法改革将改变向法官递交书面辩词的旧有程序,转变为法庭上公开口头抗辩的新程序,从无罪证明有罪。墨西哥司法改革注重几大要素:1.调查。在检察官指导下赋予警察更大的调查权力;2.限制审前羁押在暴力犯罪中的运用;3.为刑事诉讼的每个阶段更换不同法官;4.处理案件的多种手段;5.公开听证和审判;6.公开审判和宣布审判结果;7.尊重受害人权利;8.尊重被告人权利。[①]

据2013—2014年墨西哥总统报告,奇瓦瓦、莫雷洛斯、墨西哥州和尤卡坦4个州已经完全实施新的审判程序;瓦哈卡、萨卡特卡斯、杜兰格、下加利福尼亚州、瓜纳华托、新莱昂、恰帕斯、塔瓦斯科、普埃布拉、维拉克鲁斯、科阿韦拉、塔毛利帕斯、克雷塔罗、金塔纳罗部分实施新制度。哈利斯科、圣路易斯波多西、格雷罗、锡纳罗亚、纳亚里特、伊达尔哥、科利马、特拉斯卡拉从2014年开始实施;2015年,联邦区、米却肯、坎佩切和南下加利福尼亚开始实施;索诺拉将从2016年起采用新程序。[②] 从实施效果看,实施新审判程序的州处理案件更快、审前羁押减少、进入审判的案件审判结果更严厉。

(七)与美国在安全问题上开展合作,通过"梅里达计划"获得美国援助以共同打击犯罪

早在20世纪70年代,墨西哥就开始接受美国援助,用于铲除大麻和罂粟种植。后来一度出于捍卫主权考虑,限制接受美国用于打击毒品的援助。1998年,美墨签订《两国毒品控制战略》(*Binational Drug Control Strategy*)

---

① Clare Ribando Seelke, Supporting Criminal Justice System Reform in Mexico: The U. S. Role, p. 2, https://www.fas.org/sgp/crs/row/R43001, pp. 5 - 6.

② Segundo Informe de Gobierno 2013 - 2014, p. 84, http://www.presidencia.gob.mx/segundoinforme/.

后，美国对墨西哥的援助增加。2000—2006 财年，墨西哥得到美国 39700 万美元援助，用于帮助打击毒品种植和运输、加强执法和反洗钱等项目。2008 年，应卡尔德隆的请求，美国在墨西哥和中美洲实施"梅里达计划"。最初该计划旨在：打击犯罪集团势力；加强边境、空域和海域的控制；增强地区司法制度的能力；遏制犯罪团伙活动和消除地方毒品需求。① 2010 年后，"梅里达计划"将资助重点转向解决导致墨西哥毒品贸易泛滥的政府体制和社会问题领域，从提供打击毒品犯罪集团的硬件设施，如飞机、扫描设备和其他装置等技术装备支持，转向警察和司法改革，包括对地方和州一级警察和司法队伍的培训等体制建设领域。2013 年，奥巴马和涅托达成共识，双方将重点转向"司法部门改革、反洗钱行动、联邦和州级警察专业化、南北边境安全，以及导致暴力的根本性途径"。2008—2014 财年，美国国会给予墨西哥 24 亿美元资助。2015 财年预算中，奥巴马政府为"梅里达计划"申请 11500 万美元资助。

在美国分享情报后，墨西哥在逮捕和击毙毒品走私集团头目上取得显著成效。2013 年 7 月，在美国情报部门帮助下，墨西哥海军逮捕了洛斯塞塔斯犯罪集团的头目米格尔·安赫尔·特雷维诺·莫拉雷斯（Miguel Angel Treviño Morales）。2014 年 2 月，墨西哥海军逮捕世界大毒枭乔奎因·古斯曼（Joaquín "El Chapo" Guzmán），也得到美国情报、执法人员的帮助。美墨两国政府达成协议，允许美国司法部工作人员，尤其是联邦调查局（FBI）和美国禁毒署（DEA）成员在墨西哥领土内展开打击犯罪的行动，并支持协助情报搜集工作。为将大毒枭绳之以法，墨西哥将部分毒枭移交给美国受审。引渡到美国的毒枭从 2000 年的 15 人升至 2006 年的 63 人，2008 年的 95 人，2009 年的 100 人。

（八）加强监狱系统改革，改善监狱设施，确保执法惩戒效力

卡尔德隆政府加大打击毒品犯罪，随之而来的后果之一即是与毒品有关的犯罪分子增加。2006—2012 年，墨西哥每年抓捕与毒品相关的罪犯 30000 多人，大大超过福克斯总统时期的每年 14000 人。

墨西哥约有 420 个监狱，其中 10 个属于联邦管辖，10 个在联邦区，其余的分布在各州。墨西哥监狱系统存在很多问题，成为公共安全改革的

---

① Clare Ribando Seelke and Kristin Finklea, U. S.-Mexican Security Cooperation：The Mérida Initiative and Beyond, p. 6, https：//fas. org/sgp/crs/row/R41349. pdf.

一部分。首要问题是监狱设施不足。据2013年《墨西哥评价》(*México Evalúa*),当年墨西哥关押有242754囚犯,但所有监狱设计的最大容纳率为195278人,超负荷24.3%。其中,最严重的纳亚里特的监狱超负荷88.6%、墨西哥城达84.7%、哈利斯科为76.1%、墨西哥州70.5%,部分州囚犯超过承载力4倍。墨西哥监狱的腐败问题也十分严重。锡纳罗亚集团头目乔奎因·古斯曼2001年从哈利斯科的安保措施最好的监狱里逃脱。2010年,300多名狱中人员从墨西哥监狱中逃脱,很多是贿赂了狱警,从监狱大门自由地离开。犯罪分子在监狱内还可以继续保持与犯罪集团的联系,更是司空见惯。2007年,墨西哥甚至发生囚犯到监狱外杀死17名人员的事件。此外,监狱系统还存在频频侵犯人权、工作人员缺乏执法专业性等问题。

近年来,墨西哥加强了监狱系统的改革,推动根除监狱系统腐败和卷入犯罪,通过有效的监视来实施对犯罪者的控制和惩罚。墨西哥监狱改革强调:1.减少监狱用作惩罚轻微犯罪和非暴力犯罪;2.发展法律上和组织上可行的替代监狱的方案;3.谨慎使用审前拘留;4.推进社会再适应项目和技术,使其成为体制结构的组成部分;5.加强全国监狱系统的基础设施;6.监狱管理人员、技术人员和看管人员的专业化。[①]

(九)适时调整打击犯罪的重点和策略,提高社会安全治理成效

卡尔德隆政府的公共安全策略侧重打击最为暴力的有组织犯罪集团,如米却肯之家和洛斯塞塔斯集团,同时主要致力于逮捕或击毙毒品走私集团的头目。但重点打击某个地区犯罪集团的策略导致犯罪集团流窜到其他地方,形成所谓的气球效应,并未从根本上削弱犯罪集团力量。同时,对毒品犯罪集团头目的抓捕和击毙,只是导致犯罪集团内部权力转移或是分裂成更多的小型犯罪集团。因此,卡尔德隆的公共安全策略饱受争议。

涅托上台后,强调在公共安全问题上不只是打击毒品走私集团,同时要保障普通公民安全。他上台之初,许诺将暴力减少50%,减少军队在街头的使用,创建国家宪兵队,促进各安全机构的协调合作,提出改善普通居民的安全处境比逮捕有组织犯罪的头目更重要。在继续打击毒品走私同时,他将改善居民安全放在重要位置,注重减少凶杀案、绑架、敲诈勒

---

① Leslie Solís, Néstor de Buen and Sandra Ley, "Prison in Mexico: what for?", *México Evalúa* (2013), p. 9, www.mexicoevalua.org.

索等。

与卡尔德隆注重抓捕犯罪集团头目不同，涅托转向打击有组织犯罪集团的中间层。负责具体运作的中间层被摧毁，将重创犯罪集团，使其难以在短时间内正常运转。但是这一策略的难点在于很难搞清楚这些中间层人员。现有的墨西哥情报系统难以获得这些组织的各个层级情况。墨西哥为此新建了智囊研究机构和情报收集分析机构。

涅托政府还依据不同犯罪类型和犯罪集团的势力，将全国划分为5个不同区域：西北区、东北区、西部区、中部区和东南区，以便有针对性地进行打击。同时强调各区域内州之间建立协同合作制度，共同打击犯罪（见表6-8）。

表6-8　　　　涅托政府打击有组织犯罪集团的分区

地区	州
西北区	下加利福尼亚州、南下加利福尼亚州、齐瓦瓦、锡那罗亚、索罗拉
东北区	科阿韦拉、杜兰格、新莱昂、圣路易斯波多西、塔毛利帕斯
西部区	阿瓜斯卡连特斯、科利马、瓜纳华托、哈利斯科、米却肯、纳亚里特、克雷塔罗、萨卡特卡斯
中部区	联邦区、墨西哥州、格雷罗、伊达尔哥、莫雷洛斯、普埃布拉、特拉科斯卡拉
东南区	坎佩切、恰帕斯、瓦哈卡、金塔纳罗、塔瓦斯科、维拉克鲁斯、尤卡坦

资料来源：El gobierno federal delimita las regiones de la estrategia de seguridad, http: // mexico. cnn. com/nacional/2013/01/10/el-gobierno-federal-delimita-las-regiones-de-la-estrategia-de-seguridad。

（十）加强信息平台建设，提升公共安全治理的技术设施，力图通过改善技术手段增强打击犯罪的实效

从公共安全治理的预算支出安排看，近年来墨西哥政府加大投入力度，致力于全国信息平台建设和公共安全技术平台搭建。从2007年起，墨西哥加大力度建设"墨西哥平台"（Plataforma México）、"全国电讯网络"（Red Nacional de Telecomunicaciones）和"全国公共安全登记"（Registros Nacionales de Seguridad Pública）。"墨西哥平台"包括"犯罪信息统一系统"（Sistema Único de Información Criminal）、"地理信息系统"

(Sistemas de Información Geográfica)、"全国报案中心"(Centro Nacional de la Denuncia)等。"全国电讯网络"则包含"全国无线电技术交流网络"(Red Nacional de Radiocomunicación)、"全国交通网络"(Red Nacional de Transporte)、"全国音频网络"(Red Nacional de Voz)、"全国紧急呼叫服务066"(Sistema Nacional de Llamadas de Emergencia 066)、"全国匿名报案系统089"(Sistema Nacional de Denuncia Anónima 089)等。"全国公共安全登记"则要求进行公共安全个人信息登记、武器信息登记、车辆登记、被盗和重新找回车辆登记等。"伊瓜拉事件"爆发后，涅托还提出在全国设立统一的"911"报警系统。墨西哥力图通过上述技术手段和信息平台，搜集包括音频、数据和图像在内的信息、报道、档案等数据，建立起全国有关公共安全机构互相联络、通信、控制和命令的交互式技术平台。

(十一) 强调预防犯罪和公民参与

在反思政府公共安全治理策略和成效过程中，墨西哥政府意识到预防犯罪和让公民参与预防和打击犯罪的重要性。在预防犯罪方面，墨西哥政府将注意力放在青少年学生上。卡尔德隆执政时期，墨西哥公共安全部与社会发展部、教育部、健康部、全国体育委员会等开展合作，力图确保学校安全，倡导远离毒品、保证学生健康，恢复学校公共空间的安全和自由。

涅托上任后，力图采用精心设计的社会经济路径来打击犯罪，同时加强市民和国家的联系。涅托提出系统的社会经济改革，采取措施促进就业增加，并投资基建、教育、卫生等领域，开展促进社会发展的项目等，力图从根源上斩断犯罪，从而预防犯罪。同时涅托政府强调要加强对人权的保护，以赢得市民的支持。另外，还投入资金建设由市民参与的对各级警察等执法和司法部门的评价和监督体系。

二 墨西哥社会安全治理的成效与问题

经过卡尔德隆政府连续六年对毒品走私集团的打击以及涅托执政两年间对社会安全的治理，墨西哥在打击有组织犯罪、公共安全部门改革、治理执法和司法人员腐败等方面取得了一定进展和成效。但由于社会安全治理是一项复杂的系统工程，很多体制机制性的痼疾在短期内难以彻底解决。在社会安全治理过程中，也引发一些新现象和新问题。

(一) 在打击有组织犯罪方面，收缴大量毒品、毒资，成功逮捕或击毙多名大毒枭；大型毒品走私集团小型化，给社会安全形势带来一些新变化

由于有组织犯罪被视为墨西哥联邦政府和地方政府治理的威胁，打击大型毒品走私集团成为卡尔德隆政府社会安全治理的重中之重。在派出军队"以暴制暴"、打击毒品集团过程中，墨西哥暴力上升，凶杀率增加，一度引致人们对卡尔德隆政府社会安全治理能力与策略的怀疑。2009年，墨西哥是"失败国家"的言论甚嚣尘上。卡尔德隆政府发布报告进行反击，公布了打击有组织犯罪取得的成果，主要包括：（1）抓捕59979名卷入有组织犯罪活动的个人；（2）搜缴33454件武器、450多万发弹药和2454枚手榴弹；（3）没收15246辆汽车、261艘船、344架飞机；（4）查获77吨可卡因、145吨大麻和584公斤海洛因；（5）查缴超过2.30亿美元毒资。① 从上述数字可见，墨西哥确实取得了一定的缉毒成效，尤其以卡尔德隆政府为代表。

表6-9 墨西哥5位总统任期内年平均收缴毒品统计（1989—2013年）

收缴毒品	萨利纳斯（1989—1994）	塞迪略（1995—2000）	福克斯（2001—2006）	卡尔德隆（2006—2012）	涅托（2013—）
鸦片（公斤）	0.16	333.33	314.83	615.67	235.50
海洛因（公斤）	0.16	221.17	326.00	284.67	240.50
可卡因（吨）	40.67	25.85	23.83	17.57	3.70
大麻（吨）	417.15	1162.17	1837.83	1613.67	598.20
冰毒（公斤）	0.00	286.00	715.50	10356.17	7300.00

资料来源：Kimberly Heinle, Octavio Rodríguez Ferreira, and David A. Shirk, Drug violence in Mexico: data and analysis through, 2013, p.37。

墨西哥在抓捕毒品走私集团头目方面也取得较大进展，多名大毒枭被

---

① Mexico and the fight against drug trafficking and organized crime: setting the record straight, march, 2009, http://www.google.com.mx/url? sa = t&rct = j&q = &esrc = s&frm = 1&source = web&cd = 1&ved = 0CBwQFjAA&url = http%3A%2F%2Fwikileaks.org%2Fgifiles%2Fattach%2F124%2F124775_Setting_the_Record_straight-Final.pdf&ei = 12jEVI2kCZHToATQkILgDg&usg = AFQjC-NEXRUC34p_x6_C7a_WDoNFB7rLsCA&bvm = bv.84349003, d.cGU.

抓捕或被击毙。涅托上台后，政府最希望抓捕的 122 名大毒枭中的一大半已经被逮捕或击毙。根据 2013—2014 年墨西哥总统报告，122 名大毒枭中至少 84 人已落网，其中 71 人被捕，13 人被击毙，剩余的 38 人正在追捕中。①

近年来，墨西哥政府不再公布与有组织犯罪相关的凶杀率。但涅托提到，2013 年与有组织犯罪相关的暴力下降了 30%。墨西哥政府公布的凶杀率在 2011 年达到顶峰后，2012 年、2013 年开始逐年下降。

总体而言，在墨西哥政府的打击之下，该国大型毒品走私集团的势力被不同程度削弱，其对政府治理形成的威胁在一定程度上有所降低。但重在打击犯罪集团头目的策略受到质疑。墨西哥前公共安全部部长承认，在多数情况下，打击犯罪集团头目只是将集团权力转移给新的头目，有时候是更为暴力的头目。同时，对大型毒品走私集团的打击，导致毒品集团内部分裂，使得小型犯罪集团数目增多。小型犯罪集团没有能力从事毒品运输等活动，就将非法活动拓展至更容易的抢劫、绑架、勒索等，给社会治安带来压力。这也是在凶杀率下降、毒品走私集团一定程度上被削弱后，普通民众的不安全感在 2011 年后并未下降，反而继续上升的原因之一。

（二）公共安全相关部门机构改革和制度改革全面进行，但部分改革遭遇不同程度阻力，进展较慢

近年来，墨西哥对公共安全相关部门进行系统的机构改革，以促进各机构间协同合作，更好地治理社会安全问题。如涅托政府撤销公共安全部，将联邦警察和联邦监狱都交由内政部领导，以利于统一指挥有关执法和司法的重要机构。除公共安全管理部门改革外，警察改革、司法改革、监狱系统改革也在推进过程中。上述与社会安全息息相关的执法、司法部门的卓有成效的改革，将为未来墨西哥社会治安的改善和治理奠定良好的基础。

尽管墨西哥政府投入了大量人力、物力、财力推动改革，但仍阻力重重、进展缓慢。以警察改革为例，大量警察不能通过信任测试和能力测试，是解雇还是继续任用？如果解雇，如何安置这些未通过测试的警察是摆在政府面前的实际问题。司法改革的阻力则主要来自司法部门内部。早

---

① Segundo Informe de Gobierno 2013 - 2014，p. 69，http：//www.presidencia.gob.mx/segundoinforme/.

在 2008 年墨西哥通过司法改革，原定 2016 年联邦和各州完全采取新的审判程序，但时至今日进展缓慢。据 2013—2014 年墨西哥总统报告，完全实施新的审判程序的仅有奇瓦瓦、莫雷洛斯、墨西哥州和尤卡坦 4 个州。瓦哈卡等 14 各州部分实施新程序。哈利斯科等 7 个州从 2014 年开始实施。2015 年，联邦区、米却肯、坎佩切和南下加利福尼亚计划实施。索诺拉 2016 年才实施。司法改革的阻力和实施的难度可见一斑。

墨西哥公共安全管理各机构负责人走马灯似的换人也被认为不利于社会安全政策实施的连续性以及各机构间的合作。卡尔德隆政府时期，墨西哥 5 个机构在 57 个月内多次更换领导人。内政部 3 次更换领导，总检察署 3 次，国家公共安全体系 4 次更换负责人，联邦警察则达 5 次。[①]

（三）墨西哥政府认识到腐败对社会安全治理效果的负面影响，相关执法机构多次开展内部检举、扫除行动，但腐败痼疾难除

杜绝腐败是墨西哥治理社会安全的关键环节。腐败、警匪勾结，不仅严重削弱政府对犯罪集团的打击，同时便利犯罪集团从事非法活动，另外使犯罪分子逃避应有的惩罚。腐败恶化了社会风气，使民众丧失对政府的信任。墨西哥政府早就意识到腐败问题，采取"扫除行动"等打击腐败，逮捕大量政府官员、解雇不少各级警察，但腐败的痼疾难以根除。

早在 1997 年，墨西哥逮捕了与华雷斯集团有来往的国家禁毒局（Instituto Nacional para el Combate a las Drogas）局长何塞·古铁雷斯·勒沃约（José Gutiérrez Rebollo）。在 2008 年 11 月的"扫除行动"（Operacion Limpieza）中，"有组织犯罪特别调查组"6 名成员、负责调查和起诉有组织犯罪的总检察官、"国际刑警组织"墨西哥办公室负责人、多名联邦警察官员以及与公共安全部人士，因与锡纳罗亚集团联系紧密而被捕。据报道，"有组织犯罪特别调查组"前组长诺阿·拉米雷斯（Noé Ramírez）通过为毒品走私集团头目提供服务，每月收入达 45 万美元。2009 年 5 月，联邦政府在米却肯州逮捕了 38 名官员，包括公共安全部门前负责人、前州总检察官以及多位市长，因其支持米却肯之家犯罪集团的非法活动。但因证据不足，最终无罪释放。2009 年，墨西哥海关更换了 700 余名工作人员，以便打击走私。2010 年 8 月，联邦警察解雇 3200 名未通过信任

---

① Eduardo Guerrero-Gutiérrez, Security, Drugs, and Violence in Mexico: A Survey, 7th North American Forum, Washington, DC, 2011, p. 15.

测试的警察。据墨西哥《改革》，2009年共357名执法官员因帮助毒品走私集团而被逮捕，90%是地方警察。全国公共安全部会议估计，93.6%的市级警察依靠腐败收入来弥补其低收入。成千的官员和警察因腐败被解除公职，有的整个机构被解散。[①] 2011年8月，墨西哥21个州的21名联邦检察官在内部清理前主动辞职。2012年5月，4名高级军官（包括3名上将）因参与毒品走私和腐败而被逮捕。2013年1月，杜兰格州级警察、州检察署、联邦警察、墨西哥军队逮捕了该州两市的158名市级警察，他们被怀疑与毒品走私组织有关。但不久其中91名因证据不足释放。

尽管因腐败被抓捕的各级政府官员、执法机构人员不计其数，但很难根除政府、警察、军队与毒品走私集团千丝万缕的联系。事实上，墨西哥很多毒品集团头目是前政府职员。墨西哥第一诈骗犯艾斯塔班·坎图（Esteban Cantú）曾是一名职业军人。瓜德拉哈拉毒品集团创立者米格尔·安赫尔·菲利克斯·加亚尔多（Miguel Ángel Félix Gallardo）曾经是一名州级司法警察。海湾集团的奥赛尔·卡尔德纳斯·格伦（Osiel Cárdenas Guillén）是一名前联邦司法警察。华雷斯集团创建者拉法尔·阿格拉·瓜哈尔多（Rafael Aguilar Guajardo）是一名前联邦警察指挥官。华雷斯集团的另一头目阿玛多·加利约（Amado Carrillo）也是一名前警察。洛斯塞塔斯集团头目阿尔杜罗·古斯曼·德森纳（Arturo Guzmán Decena）是墨西哥特种部队空中机动部队的前中尉。事实上，最暴力的洛斯塞塔斯集团的很多成员是在特种部队和墨西哥军队接受的训练。据估计，2002—2009年，有10万名军人加入毒品走私集团。有研究表明，多达1/3的毒品走私人员曾经有过在军队服役的经历。[②]

从前述案例可见，墨西哥的腐败已深入骨髓，渗透政府、执法部门、司法部门、军队、海关、港口等各个角落。腐败积习的背后是部分地方财政困难、相关机构公职人员待遇极低等问题。对墨西哥而言，根治腐败任重而道远。

[①] Stephen D. Morris, "corruption, drug trafficking, and violence in Mexico", *the Brown Journal of World Affairs* (Spring/summer 2012, Vol. xviii, Issue ii), p. 31.

[②] John Bailey and Matthew M. Taylor, "evade, corrupt, or confront? Organized crime and the state in Brazil and Mexico", *Journal of Politics in Latin America* (2009), p. 19.

(四)部分民众对政府治理失望，面对猖獗的犯罪集团，私人安保公司应运而生，地方性自卫武装力量不断涌现

由于墨西哥政府不能给民众提供足够的安全保障，近年来，大量私人安保公司应运而生。2013年，墨西哥有3834家在联邦政府各机构登记的私人安保公司。其中，联邦区750家，新莱昂州401家，齐瓦瓦201家。

在格雷罗州，由于缺乏地方警察，出现了自称"社区警察"的市民安保组织。市民安保组织曾抓捕了53名绑架、勒索和犯罪组织成员，但格雷罗州长强调其无执法权。同样的自卫武装力量也出现在齐瓦瓦、瓦哈卡、塔瓦斯科、科利马、维拉克鲁斯、哈利斯科等州，其中最著名的武装自卫组织出现在米却肯州。米却肯州曾是卡尔德隆打击有组织犯罪的重点区域。上任伊始就派出军队前往该州打击犯罪集团。经过六年的打击，有组织犯罪集团势力依旧，只是原来的"米却肯之家"犯罪集团被"圣殿骑士团"取代。自2013年2月以来，米却肯州民间武装自卫组织陆续涌现，向横行该州的有组织犯罪集团宣战，声称"要凭借自身力量还米却肯州以安全、正义和秩序"。自卫组织获得当地部分种植鳄梨、柠檬、大麻和从事畜牧业的富裕市镇民众的经济支持。自卫组织成员包括农场主、商人、农牧场工人等，也有前有组织犯罪集团成员，他们每月可领取数千比索工资。最初，自卫组织运用猎枪、农具等与犯罪集团作战，随着战争推进，其武器越来越精良，包括M4、AK47、MP5、G3、M60等武器。分散在该州各个市镇的自卫组织在关键路口架设路障，蒙面侦查、巡逻甚至逮捕犯罪分子，履行着类似警察的职责，以防止犯罪集团侵犯，同时帮助当地民众夺回曾被贩毒集团非法侵占的土地、农场等财产。各地自卫组织选举有自己的协调人代表，成立有总的协调委员会，定期开会商议事项。他们互通信息、互相支援，并选举有自卫组织的总发言人。武装自卫组织的涌现，暴露出民众对政府治理的极度失望，进而寄希望于依靠民众自发团结的力量，恢复当地安全、正义和秩序。

第三节 对墨西哥社会安全治理的评析

近年来，面对社会安全形势的恶化趋势，墨西哥各届政府都加强了对社会安全治理的力度。尤其以卡尔德隆政府重点打击大型毒品走私集团的"反毒品战争"为显著代表。但卡尔德隆政府派出军队打击最暴力的毒品

走私集团的"以暴制暴"的做法,被认为导致暴力进一步上升,并使大型毒品走私集团分裂为更多中小型犯罪集团,促使犯罪集团向其他地区转移,形成所谓的此消彼长的气球效应,并未从根本上严重削弱犯罪集团势力。在卡尔德隆政府重兵出击的米却肯州,尽管警察和军队对当地犯罪集团进行连续六年的打击,但当地民众对政府的治理效果并不满意,武装自卫组织的涌现就是对前期政府治理效果的一种"讽刺"。卡尔德隆政府对洛斯塞塔斯集团的打击,促使该集团势力向新莱昂州、中美洲等地转移扩张。有鉴于此,墨西哥国内乃至国际上一度怀疑墨西哥政府的治理能力,认为墨西哥政府难以赢得"反毒品战争"的胜利,甚至将墨西哥冠以"毒品墨西哥"(Narcomex)的称号。

尽管"以暴制暴"的做法显得粗暴而简单,在一定阶段内甚至引起暴力进一步上升,但面对毒品走私集团的迅速扩张和势力坐大,墨西哥政府的重拳出击是必要的也是必需的。同时,不可否认,在卡尔德隆执政时期,墨西哥政府推进了多项有关公共安全的改革。经过多年加大公共安全预算支出、增加公共安全部门人员、提升公共安全部门技术水平和装备,墨西哥社会安全的治理能力有所提升。与此同时,执法部门和司法部门的改革正在逐步推进中。通过全方位改革来综合治理社会安全的总体思路逐渐形成。由于社会安全治理是一项长期系统性工程,短时间内难以收到立竿见影的成效,甚至在治理阶段内还可能引起毒品集团反扑,进而让民众质疑政府的治理能力。但卡尔德隆政府至少在墨西哥社会安全治理方面进行了有益的探索和尝试,为涅托政府更为精准地找到解决社会安全治理的策略奠定了基础。

涅托上台后,对社会安全治理策略进行了调整。"伊瓜拉事件"的发生,促使涅托政府意识到加大社会安全治理力度的紧迫性。在总结前任社会安全治理的成败得失之后,涅托总统认识到"头痛医头、脚痛医脚"的做法不能彻底解决问题,因而更加注重解决隐藏在犯罪背后的更深层次的社会经济问题。一方面,涅托改变卡尔德隆政府的重点打击有组织犯罪集团的做法,强调要将改善普通居民的安全处境放在重要位置;另一方面,在致力于减少犯罪和暴力的同时,涅托试图进行更长远地改善墨西哥社会经济状况的努力。

墨西哥社会安全问题重要智囊机构、国家安全委员会下设的"安全调查与研究中心"对墨西哥犯罪的社会基础的研究发现,墨西哥暴力和犯罪的主要影响因素包括：(1) 各市之间经济发展水平差距拉大；(2) 经济发展处于中上水平的各州对犯罪集团更有吸引力；(3) 6—14 岁的青少年失学；(4) 部分市靠近北部边境、太平洋海岸和墨西哥湾的地理位置；(5) 各市离婚人数的增加。其他次要影响因素包括：可卡因价格的上升、失业率的上升、低工资水平和 15 岁以上青少年失学。[1] 其中，美国可卡因价格每升高 10%，墨西哥月凶杀率平均升高 9.54%；欠发达市的贫穷增加 10%，导致预期暴力增加 16.76%；季度失业率上升 10%，预期凶杀案上升 9.62%；最低工资下降 10%，预期死刑上升 1.28%。与欠发达的州相比较，经济发展处于中上水平的州对有组织犯罪集团更有吸引力，因为能够提供更多的机会洗钱。6—14 岁青少年失学每增加 10%，预期每月死亡人数上升 30.65%；15 岁以上青少年失学率每增加 10%，暴力水平上升 3.28%。该项研究显示，引致墨西哥犯罪率上升的深层次原因既有可变因素又有不可变因素，既有内部因素也受到外部因素影响。不可变因素包括地理位置，如处于毒品运输通道的边境、海岸地区暴力更多。可变因素则包括经济发展不平衡、青少年失学、离婚率攀升、失业等。外部因素则是美国对毒品的需求。不可变因素和外部因素对墨西哥政府而言，可掌控、可改变的空间基本没有或极为有限。如墨西哥作为美国邻国、两国边界线长达几千公里的客观事实难以改变。只要美国对非法毒品需求不减，邻国墨西哥的毒枭就会铤而走险。因而，墨西哥政府解决犯罪问题的努力方向应是内部的可变因素，如减少经济发展不平衡、失业、青少年失学、离婚率等。

涅托上台后，已经开始在教育、电信、能源等几大领域开展全方位、多层次的通盘改革，致力于通过提振和发展墨西哥经济，从根本上消除犯罪的社会基础和根源。他的这一治理思路也体现在对米却肯州问题的处理上。在米却肯州武装自卫组织涌现后，涅托派出身边干将阿尔弗雷多·卡斯蒂约·塞万提斯（Alfredo Castillo Cervantes），试图通过新成立的"安全专署"和"米却肯综合发展署"两个机构来扭转该州形势。2014 年 2 月 4 日，涅托表示将向米却肯州投资 455 亿比索，用于加强当地基础设施建

---

[1] Javier Osorio, "Las Causas Estructurales de la Violencia", en José Antonio Aguilar, Coord. Las bases Sociales del Crimen Organizado y la Violencia en Mexico (la Ciudad de México: Centro de Investigación y Estudios sobre Seguridad, 2012), p. 99.

设，投入教育、卫生等其他民生项目，发展当地经济，以最终彻底解决米却肯州的问题。

从当前来看，涅托政府在治理墨西哥社会安全问题上具备一定的有利因素。一方面，墨西哥全国2/3的州长是涅托所在的执政党——革命制度党（PRI）成员，这将有助于涅托调动各州力量，协同合作开展工作。革命制度党党员在议会也占据多数，有利于涅托政府提出的相关议案获得通过。2012年12月，涅托上台后，墨西哥主要政党签署"墨西哥契约"（Pacto por Mexico），他提出的34点安全计划也获得通过。各主要政党就实现墨西哥的安全和正义达成共识，这将有助于杜绝在社会安全治理问题上的党派之争。

但是，墨西哥的社会安全治理是一项牵涉面极广的复杂的系统性变革，需要各项配套改革多管齐下、齐头并进，必然耗时长、收效慢，需要总统个人巨大的政治勇气、魄力和执行力来推进。当前墨西哥政府面临的挑战也是显而易见的。如前文所述，墨西哥在推进各项改革过程中遭遇种种阻力，进展缓慢。不过，最困难的应该是民众的信任重建，即取得广大墨西哥民众对国家社会安全治理的信任、支持和配合。民众对政府、相关执法和司法机构的不信任，导致民众受到犯罪侵害后不报案；加之即便民众报案，但执法和司法机构的腐败、极低的破案率和入罪率，让民众心灰意冷的同时，使得绝大部分犯罪分子逍遥法外。犯罪分子犯罪成本低，进一步导致更多人铤而走险犯罪。因此，只有动员民众力量参与到举报犯罪、打击犯罪的行动中来，墨西哥的社会安全治理才能有根本性的改变。然而，民众对政府、执法和司法机构信任的重建又有赖于切实有效的公共安全部门改革、社会安全的逐步改善和民众安全感的提升。因此，这是一个互为因果的悖论。根据2010年的一项调查，只有5%的墨西哥人非常信任警察，高达40%的人根本不信任警察。墨西哥国家统计地理信息局2014年3月开展的关于城市公共安全的调查显示，70.2%的受访者认为警察并未阻止犯罪或是与犯罪做斗争。从统计数据可见，重建民众的信任任重而道远。

墨西哥社会安全治理不仅取决于内部卓有成效的改革，还有赖于外部因素，尤其是美国因素的影响。美国对毒品的巨大市场需求，是墨西哥毒品走私集团铤而走险从事毒品贸易的重要因素。由于毒品走私的巨大利润，墨西哥毒品走私集团不会轻易放弃每年数百亿美元的巨大市场。墨西哥的地理位置也决定了即使墨西哥毒枭不参与毒品走私，其市场空缺也会被其他国家毒枭填补。此外，墨西哥毒品走私集团70%的武器来源于美国。资金和武器这两大支撑毒品走私集团的要素都与美国紧密相关。因此，墨西哥社会安全治理离不开美国的协助与支持。

与此同时，美国毒品政策的走向也会对墨西哥社会安全治理产生重要影响。继美国科罗拉多州和华盛顿特区准许"娱乐用大麻"合法化后，俄勒冈州也通过了娱乐用大麻合法化的议案，进一步加快了美国大麻合法化进程。美国部分州的大麻合法化，意味着大麻的价格下降，会直接导致跨国贩毒集团的利润下降。美国大麻主要由墨西哥毒枭提供，在非法的情况下大麻价格畸高，使贩毒集团获取暴利。但是，一旦大麻价格降下来，非法交易便会减少，走私大麻的犯罪组织也就无利可图。因此，墨西哥毒品集团很可能会从事别的犯罪活动，以便攫取利润。同时，也有可能加剧墨西哥毒品走私集团在国内销售毒品。近年来，墨西哥国内毒品消费和上瘾较前些年增加。美国毒品合法化对墨西哥有组织犯罪集团来说不是结束，而意味着新的开始。①

总之，经过近年来的探索和实践，在总结卡尔德隆政府治理社会安全的经验教训基础上，涅托政府的社会安全治理总体思路逐渐显现。从理论上说，涅托的治理思路切中了墨西哥社会治安恶化的根源。涅托推动的相关改革如若取得实效，将有助于墨西哥社会安全的巨大改善。但各项改革能否顺利实施和执行，则有待进一步观察。考虑到墨西哥腐败问题积重难返、相关改革的复杂性与所遭遇的阻力，墨西哥社会安全治理必然前路漫漫、任重而道远。

本章小结

伴随毒品走私集团的猖獗兴起，加之长期累积的经济社会问题，墨西哥社会安全问题近年来有所加剧，主要体现为一般性犯罪率攀升和有组织犯罪活动猖獗。社会安全问题已经成为墨西哥执政者和普通民众最为关心的问题。社会安全形势恶化不仅已经严重影响到墨西哥民众的日常生活，

---

① Kimberly Heinle, Octavio Rodríguez Ferreira, and David A. Shirk, Drug violence in Mexico: data and analysis through 2013, p. 46, https://justiceinmexico.files.wordpress.com/2014/04/140415-dvm-2014-releasered1.pdf.

而且对墨西哥经济发展带来负面影响，对于墨西哥社会稳定形成一定威胁。墨西哥政府出台一系列改革和治理措施，试图解决社会安全问题，扭转社会安全恶化态势。总体而言，墨西哥的社会安全治理在某些领域内取得一定进展和成效，如执法、司法领域相关改革正在实施当中，打击大型毒品走私集团取得一定成果。但当前来看，墨西哥社会安全治理成效极为有限。墨西哥社会安全形势的明显扭转，尚需墨西哥政府和民众的共同努力。

参考文献

袁东振：《拉美国家的可治理性问题研究》，当代世界出版社 2010 年版。

Aguilar, José Antonio, 2012, Las bases sociales del crimen organizadoy la violencia en mexico. la Ciudad de México: Centro de Investigaciόny Estudios sobre Seguridad.

Bailey, John, and Matthew M. Taylor, 2009, "Evade, Corrupt, or Confront? Organized crime and the state in Brazil and Mexico", Journal of Politics in Latin America.

Beittel, June S., 2013, Mexico's drug trafficking organizations: source and scope of the violence. Accessed January 25, 2015, http://www.fas.org/sgp/crs/row/R41576.pdf.

Dell, Melissa, 2014, Trafficking networks and the Mexican drug war. Accessed January 25, 2015, http://scholar.harvard.edu/files/dell/files/121113draft_0.pdf.

Felbab-Brown, Vanda, 2013, Peña Nieto's Piñata: The Promise and Pitfalls of Mexico's New Security Policy Against Organized Crime. Accessed January 25, 2015, http://www.brookings.edu/research/papers/2013/02/mexico-new-security-policy-felbabbrown.

Guerrero-Gutiérrez, Eduardo, 2011, Security, Drugs, and Violence in Mexico: A Survey. Accessed January 25, 2015, http://iis-db.stanford.edu/evnts/6716/NAF_2011_EG_(Final).pdf.

Heinle, Kimberly, Octavio Rodríguez Ferreira, and David A. Shirk, 2014, Drug violence in Mexico: data and analysis through 2013. Accessed January 25, 2015, https://justiceinmexico.files.wordpress.com/2014/04/140415-dvm-2014-releasered1.pdf.

Manaut, Raúl Benítez, 2009, "La crisis de seguridad en México", Nueva Sociedad 220.

Meyer, Maureen, 2014, Mexico's Police: Many Reforms, Little Progress. Accessed January 25, 2015, http://www.wola.org/sites/default/files/Mexicos%20Police.pdf.

Morris, Stephen D., 2012, "Corruption, Drug Trafficking, and Violence in Mexico", the Brown Journal of World Affairs.

Seelke, Clare Ribando, 2013, Supporting Criminal Justice System Reform in Mexico: The

U. S. Role. Accessed January 25, 2015, https://www.fas.org/sgp/crs/row/R43001.pdf.

Seelke, Clare Ribando, and Kristin Finklea, 2014, U. S.-Mexican Security Cooperation: The Mérida Initiative and Beyond. Accessed January 25, 2015, https://fas.org/sgp/crs/row/R41349.pdf.

Solís, Leslie, Néstor de Buen and Sandra Ley, 2013, "Prison in Mexico: what for?", México Evalúa. Accessed January 25, 2015, www.mexicoevalua.org.

第七章

中美洲社会安全与治理

王 鹏[*]

国家治理体系是一国规范社会权力运行和维护公共秩序的一整套体制机制与法律法规安排。在中美洲，基于历史传统、社会结构和国际环境而形成的国家治理体系存在诸多缺陷，难以有效控制整个国家的政治、经济和社会变迁。民主化为中美洲国家治理体系输入形式合法性，却还没有使其获得实质合法性。这样一种状况损害了中美洲国家的国家治理能力，使它们难以有效管控政治、经济和社会发展进程，从而为犯罪行为，尤其是暴力犯罪滋生留下了巨大的活动空间。因此，要想有效应对以凶杀犯罪高发为主要特征的恶劣社会安全状况，中美洲国家就必须大力改善国家治理体系和提升国家治理能力，从而消除犯罪行为的滋生土壤和犯罪组织的活动空间。

第一节 中美洲国家治理体系的国别属性

一 基于历史传统而形成的中美洲国家治理体系

中美洲在16世纪初至19世纪初受到西班牙长达300年的殖民统治。在此期间，当地的政治体制、经济体制和社会体制完全服务于宗主国的利益，没有形成适应本土需求、具有内生性质的政治体制和经济发展模式。

中美洲在19世纪初赢得独立。不同于墨西哥和南美洲，该地区没有爆发反抗西班牙统治的大规模独立战争。旧秩序的崩溃主要是由外源性因

---

[*] 王鹏，法学博士，中国社会科学院拉丁美洲研究所副研究员。

素造成。在西属美洲独立大潮涌动、西班牙军事力量受到沉重打击的情况下，中美洲乘机在1821年宣告独立。

在独立之初，该地区各派政治势力围绕如何设计新国家的政体进行激烈角力，先是出现君主制与共和制之争，后又出现联邦制与分省独立之争。1821年，伊图尔维德（Agustín Iturbide）发布"伊瓜拉计划"，向中美洲派出军队，要求它加入墨西哥帝国。由于保守派的推动，中美洲在1822年加入帝国。随着墨西哥形势陷入混乱，它在1823年宣告独立，成立中美洲联邦，君主制由此被彻底否定。

中美洲并不具备维持地区统一的社会基础。在殖民地时期，各个省之间缺少横向的经济社会联系。它们的政治独立不是通过长期斗争实现的，因此，各省缺乏团结意识，其民众没有形成基于整个地区的政治认同。联合内部存在诸多尖锐矛盾，例如中央集权和地方自治之间的矛盾、自由派和保守派之间的矛盾、大省（危地马拉省）与其他省份之间的矛盾、教会与政府之间的矛盾等。随着内战的加剧和地方割据势力的壮大，联邦最终在1838年解体，分裂为5个独立的民族国家（危地马拉、萨尔瓦多、洪都拉斯、尼加拉瓜和哥斯达黎加）。

新独立的中美洲5国面对着当年中美洲联邦所面对的问题。换言之，这些国家缺少一套建立新国家、开辟新秩序所需的政治方案。政治体制的设计表现出对欧洲和美国经验的效仿，包括制定宪法、分立三权和举行选举。但是，这些设计与国家的实际状况相脱节，难以发挥效用。许多政治领袖建立"共和式独裁"[1]，依靠个人威权统治国家。执政权力的更替往往依靠非制度化的甚至是暴力的方式实现，军事政变或内战因而频频爆发。

对于国家发展前途的不同看法使中美洲国家的政治精英分化为两大政治派别：自由派和保守派。自由派主张实行联邦制，限制教会权力，实行土地改革，通过降低关税、扩大对外贸易促进经济发展。保守派主张建立一个强有力的中央集权政府，维持现行土地占有状况，延续教会和军人特权。

自由派和保守派之间的尖锐意识形态冲突导致中美洲国家不断通过国

---

[1] ［美］托马斯·斯基德莫尔：《现代拉丁美洲》（第7版），张森根、岳云霞译，当代中国出版社2014年版，第97页。

家间战争和内战重塑政治秩序。在中美洲联邦时期，以莫拉桑（Francisco Morazán）将军为首的自由派曾与保守派进行多次地区范围的内战。在联邦解体之后，各国自由派与保守派之间的矛盾屡屡触发内战。在1854年爆发的尼加拉瓜内战尤为引人注目。自由派以莱昂（León）为据点对抗以格拉纳达（Granada）为据点的保守派。受自由党之邀，美国冒险家威廉·沃克（William Walker）率部介入尼加拉瓜内战。沃克率部击败保守党军队，控制尼加拉瓜全境，并试图在中美洲进行扩张。1857年12月，洪都拉斯、萨尔瓦多和危地马拉联军彻底击溃沃克的军队，并把他的势力逐出该地区。

历史经验表明，中美洲国家治理体系始于较低的起点，缺乏内生性，其完善和发展需要一个长期而艰难的过程。

二 基于社会结构而形成的国家治理体系

在殖民地时期，中美洲的种族群体包括半岛人（Peninsulares）、克里奥尔人（Criollos）、梅斯蒂索人（Mestizos）、印第安人、穆拉托人（Mulattoes）、松博人（Zambos）和黑人。

西班牙在中美洲推行一套与殖民统治相适应的社会等级制度，等级的高低与种族属性有着直接联系。半岛人来自西班牙本土，是中美洲社会的最高阶层。唯有他们能够担任殖民地的最重要职务（尤其是教会、军队和政府的最高层级职务）。克里奥尔人是中美洲的土生白人，拥有土地和财富，属于精英阶层。梅斯蒂索人（白人和美洲印第安人的混血后代）处于社会的中间阶层。穆拉托人（白人与黑人的混血后代）、松博人（印第安人与黑人的混血后代）、印第安人和黑人只能在社会下层挣扎。简而言之，这是一个由白人贵族集团统治贫困且肤色黝黑百姓的等级制社会。[1]

在殖民时期的社会等级制度的作用下，中美洲国家在独立之后形成高度固化的社会结构：上层是少数精英（往往是白人），然后是少数中间群体，最后是占人口80%—90%的下层群体。[2] 克里奥尔人是中美洲独立进

---

[1] ［美］布拉德福德·伯恩斯、［美］朱莉·查利普：《简明拉丁美洲史》（第8版），王宁坤译，世界图书出版公司2009年版，第69页。

[2] ［美］托马斯·斯基德莫尔：《现代拉丁美洲》（第7版），张森根、岳云霞译，当代中国出版社2014年版，第45页。

程的领导者，希望打破半岛人对权力的垄断，以便使自身的权益最大化。独立运动的成功实际上就是克里奥尔人对半岛人的胜利。他们是既有社会经济结构的受益者，因而无意对其进行改变。印第安人仍然是社会下层的主要群体，反对政府的欧化策略，希望维持固有的生产、生活方式。他们实际上被排除在发展进程之外。

上层群体和下层群体之间具有极为悬殊的政治地位和经济收入差距。上层群体控制着最重要的生产资料——土地，政治制度和法律规则服从于他们的意志和利益。由于中美洲经济长期以农业为重点，大多数劳动者恶劣的工作条件和微薄的报酬使他们难以改善经济状况、实现向高社会阶层的流动。

总体而言，中美洲的独立运动只是一场民族民主运动，而非一场社会革命。新生的中美洲国家继承了一个具有高度种族异质性的社会。要想实现种族的充分融合和阶层的流动，它们将需要付出巨大的努力。

三 基于国际环境压力而形成的国家治理体系

中美洲连接南北美洲大陆、沟通东西大洋，是至关重要的全球战略通道，几百年来一直是欧美列强的争夺之地。中美洲的独立在很大程度上是欧洲政局变动的产物。这意味着该地区的发展进程从一开始就与国际环境保持紧密的联系。从墨西哥到英国，再到美国，都对中美洲的发展进程产生了强烈的影响。19世纪以来，美国给中美洲留下的烙印尤为深刻。

随着美国的崛起，中美洲作为战略通道的重要性开始凸显。美国在墨美战争中兼并的领土为它在中美洲的扩张注入动力。在大陆铁路开通之前，从纽约前往加利福尼亚的最快和最安全路线就是乘船前往中美洲，然后从那里前往加利福尼亚。这就意味着，对西部的开发使中美洲成为美国国内交通线的重要组成部分。

到20世纪初，美国已经摆脱英国的牵制，成为在中美洲具有战略主导权的外部大国。美国独力开通具有重大战略意义的巴拿马运河，并将其置于自己的绝对控制之下。中美洲对美国的经济依附不断加剧。到1913年，美国已经主导中美洲的贸易。1913—1929年，尼加拉瓜对美国的出口增长100%，危地马拉的这一增长率达到150%，洪都拉斯的这一增长率达到600%。① 中美洲农业出口产品的生产在很大程度上被纳入美国的轨道，以美国市场为主要出口目的地。对于洪都拉斯、哥斯达黎加和巴拿马这样的"香蕉共和国"，美国水果公司牢牢控制着它们的香蕉的生产和销售，占有最大的利润份额。

在政治上，美国对中美洲国家进行频繁的直接或间接干预，扶植亲美势力。1909年，美国支持尼加拉瓜的反政府叛乱，把敌视美国的塞拉亚（José Santos Zelaya López）总统赶下台。1912—1933年，美国多次向尼加拉瓜派遣海军陆战队，进行军事干预。遭受美国武装干涉的中美洲国家还包括洪都拉斯（1903年、1907年、1912年、1919年和1924年）、巴拿马（1912年、1918年、1925）、危地马拉（1920年）和萨尔瓦多（1932年）。时至1989年，美国再度进行军事干涉，推翻巴拿马的诺列加政府。

在美国的巨大压力下，许多中美洲国家政府沦为美国利益的代言人。地区各国的独裁者只要迎合美国的需求、打压任何挑战美国利益的政治行动，就可以获得它的政治支持和资金支持，巩固其执政地位。索摩查家族之所以能够在尼加拉瓜维持独裁统治40年（1937—1979年）之久，美国的支持无疑是最重要因素之一。联合果品公司（UFCO）这样的美国企业掌握巨大的资源，不受当地政府的管辖，实际上成为许多中美洲国家的"国中之国"。

美国以各种方式打压中美洲的社会改良运动和革命运动，加剧了地区各国不同社会集团之间的对立情绪和矛盾冲突。在危地马拉，它策动反对派以武力推翻危地马拉的阿本斯政府（1951—1954年），使该国的土地改革遭到逆转。在尼加拉瓜，美国支持反政府游击队对抗执政的桑地诺民族解放阵线（FSLN）。这一做法导致这场内战被人为延长，该国为此付出巨大的人力和物力代价。在这种状况下，中美洲国家无法独立地制定国家发展政策或实施重大的社会改革。

第二节 中美洲国家治理体系的合法性

国家治理体系包括以下三个方面的合法性：一是具有形式合法性的国

---

① ［美］林恩·福斯特：《中美洲史》，张森根、陈会丽译，中国大百科全书出版社2011年版，第218页。

家治理体系；二是具有实质合法性的国家治理体系；三是具有认同合法性的国家治理体系。具有形式合法性的国家治理体系往往是与政权产生的程序有关的；具有实质合法性的国家治理体系则是与国家治理的有效性、国家治理目标的长远性等因素联系在一起；而具有认同合法性的国家治理体系则是与公民或国民对政权系统的意愿联系在一起。[①]

国际反法西斯战争在第二次世界大战中取得胜利、第三世界的崛起和拉美地区的多场革命（例如墨西哥革命）鼓舞了中美洲各国的民族民主运动，该地区的政治经济和社会进程也随之发生极大转变。争取民主、反抗寡头的斗争在多个国家兴起。在危地马拉，反寡头运动结束了乌维科（Jorge Ubicoy Castañeda）的独裁统治（1931—1944年）。1944年，胡安·何塞·阿雷瓦洛（Juan José Arévalo）在该国历史上第一次公正选举中当选为总统（1945—1951年）。他和他的继任者阿本斯（Jacobo Árbenz Guzmán）实施土地改革，打击大地产制，力图提高经济发展水平。这次改革对整个中美洲地区传统社会秩序提出了深刻挑战。

中美洲在20世纪80年代迎来民主化浪潮的高潮。地区各国普遍通过举行有反对党参加的竞争性选举产生政府领导人；合法政党可以公开寻求并获得大众的支持；在选举中失败的政府必须交出执政权力；民选政府必须对选民（而非君主、军队、寡头或官僚体制）负责。[②]

在由威权体制向民主体制转型的过程中，中美洲国家大致遵循两种路径。第一种是执政精英与社会各利益集团进行利益妥协，以较为和平的方式推进政权转型（例如哥斯达黎加、巴拿马和洪都拉斯）；第二种是体制之外的精英进行暴力斗争，推动国家走向民主化（例如尼加拉瓜、危地马拉和萨尔瓦多）。

哥斯达黎加是最早确立民主体制的中美洲国家。独立之后，该国逐步建立民主体制。在1948年内战结束之后，民主体制得到巩固，此后未再发生军事政变或内战。

军人和寡头集团把持的独裁政权是许多中美洲国家民主化进程的主要

[①] 刘建军：《和而不同：现代国家治理体系的三重属性》，《复旦学报》（社会科学版）2014年第3期。

[②] Einar Berntzen, "Democrtic Consolidation in Central America: A Qualitative Comparative Approach", *Third World Quarterly* 3 (1993), p.590.

障碍。为破除这一障碍，尼加拉瓜、危地马拉和萨尔瓦多在20世纪下半叶爆发血腥的内战。在尼加拉瓜，桑地诺民族解放阵线长期领导游击战，终于在1979年推翻索摩查家族的独裁统治。在桑解阵执政之后，该国爆发新一轮内战。在萨尔瓦多，各支游击队和反政府组织组成法拉本多·马蒂民族解放阵线（FMLN），在1980年掀起武装斗争。在危地马拉，反政府游击战在20世纪60年代兴起。1982年，反政府武装力量实现了联合，成立危地马拉全国革命联盟（URNG），使内战变得更加激烈。这些内战导致极为惨重的伤亡。危地马拉内战（1960—1996年）使20万人死亡；萨尔瓦多内战（1980—1992年）使7.5万人死亡；尼加拉瓜内战（1972—1990年）使6万人死亡。[①] 这些惨烈内战一度把整个中美洲拖向战争边缘。

中美洲和平进程的解决方案以民主化作为核心内容。尼加拉瓜、萨尔瓦多和危地马拉分别在1990年、1992年和1996年结束内战。它们的内战解决方案都是以政治民主化为核心内容的，以便使政治矛盾能够通过体制内途径得到解决。根据这些国家的和平协议，反政府游击队同意放下武器，政府同意进行政治改革、举行受到国际监督的选举。尼加拉瓜在1990年举行大选，桑解阵在同年向获胜的反对党领导人移交执政权。这意味着该国第一次在不同政党之间实现政权的平稳交接。危地马拉在1985年举行大选，基督教民主党人塞雷索（Mario Vinicio Cerezo Arévalo）当选总统。他在次年年初就任总统，建立民选政府。在萨尔瓦多，民族主义共和联盟（ARENA）在1989—2009年连续执政。

在巴拿马和洪都拉斯，军方主动交权开启民主化进程。巴拿马在1978年举行大选，阿里斯蒂德斯·罗约（Aristides Royo Sánchez）当选总统；洪都拉斯在1981年举行大选，产生以苏亚索（Roberto Suazo Córdova）总统为首的自由党政府，结束军人统治。

民主化进程使中美洲国家建立具有形式合法性的国家治理体系。中美洲各国的民选政府普遍主张民族和解和民族团结，维护政治多元化，允许各种不同意识形态的政党和社会团体合法存在，推动它们进行政治参与。自20世纪90年代以来，所有中美洲国家都能够定期举行受到有效监督的

[①] United Nations Office on Drugs and Crime, "Crime and Development in Central America", Vienna, 2007. Accessed January 23, 2015, http://www.unodc.org/documents/data-and-analysis/Central-america-study-en.pdf.

竞争性选举，从而产生民选政府治理国家。执政权力能够在执政党和在野党之间顺利更替。军人趋向职业化，对政治的介入程度日趋降低。这是中美洲政治发展进程的重大成就。但是，选举只是自由化的推动因素，却不是民主化的充分条件。真正的民主需要社会中不同群体之间权力平衡的改变，需要一个对大多数人负责人的体制。① 许多中美洲国家在定期选举的基础上建立起来的民主体制属于所谓的"低强度民主"（low intensity democracy）。② 在这些国家中，传统精英仍然控制经济社会权力，贫困、不平等和不公正尚未得到有效应对，严重的暴力和犯罪行为不断侵蚀民主体制的基础。即便在哥斯达黎加这个具有该地区最高经济社会发展水平的国家，民众对民主体制的支持率也低于拉美的平均水平（见表7-1）。可以认为，大多数中美洲国家尚未形成具有实质合法性的国家治理体系。

表7-1　　　　中美洲国家民众对民主体制的看法（2013年）

国家	调查问题		
	民主体制优于其他形式的政府	民主体制可能存在各种问题，却是最好的政府制度	你对某某总统领导的政府是满意，还是不满意？
	支持率	支持率	支持率
哥斯达黎加	53%	77%	22%
尼加拉瓜	50%	81%	60%
萨尔瓦多	49%	65%	66%
巴拿马	49%	77%	43%
洪都拉斯	44%	73%	32%
危地马拉	41%	75%	47%
拉美平均值	56%	79%	49%

资料来源：Marta Lagos, "Democracy in Latin America: Trends in the latest Latinobarometro Survey." 2014. Accessed March 1, 2015, http://www.norlarnet.uio.no/pdf/events/2014/presentation-lagos.pdf。

---

① ［美］布拉德福德·伯恩斯、［美］朱莉·查利普：《简明拉丁美洲史》（第8版），王宁坤译，世界图书出版公司2009年版，第323页。

② Barry Cannon, Mo Hume, "Central America, civil society and the 'pink tide': democratization or de-democratization?" 2012. Accessed March 5, 2015, https://www.maynoothuniversity.ie/sites/default/files/assets/document/Cannon%20Hume%20Democratization%20Feb%202012.pdf.

洪都拉斯就是国家治理体系缺乏实质合法性的典型案例。研究显示，该国公民怀有强烈的"三重不满"（triple dissatisfied），也就是对现行民主体制的不满、对现行民主体制价值观的不满和对现行民主体制经济表现的不满。"拉美民意项目"（LAPOP）在2012年对拉美26国进行调查。结果显示，洪都拉斯人的"三重不满"情绪最为强烈。那些"三重不满"情绪最浓厚的民众往往对自己所在社区的团伙犯罪抱有强烈担忧，对司法体制信心较少。[①] 相较于中美洲邻国，洪都拉斯人对政治合法性的认同程度非常低。该国在2009年6月28日爆发自民主化以来的第一场军事政变，塞拉亚（José Manuel Zelaya）总统被强行解除职务、驱逐至国外。政治不满情绪和民意的两极分化是这场政变发生的重要背景因素，也意味着该国仍然有很大可能再一次爆发军事政变。

毛里西奥·富内斯（Mauricio Funes）政府成为对萨尔瓦多国家治理体系的一次"测试"。2009年，富内斯作为左派政党法拉本多·马蒂解放阵线的候选人当选总统，结束右翼政党民族主义共和联盟的连续20年执政。为避免政治动荡、保障治理体系的有效性，富内斯政府大力构建一个全国团结政府，吸收传统精英集团的成员作为其政府成员，设法把传统精英集团之中的"进步"成分纳入一个多元的、追求现代化的政府之中，而非与传统精英及其国际支持者决裂。

第三节　中美洲国家治理能力的状况

中美洲国家的国家治理体系具有一系列显著的缺陷。就历史传统而言，中美洲国家治理体系始于较低的起点，缺乏内生性，服务本土需求的能力较低。就社会结构而言，中美洲国家治理体系包含高度封闭的金字塔形社会等级结构。就国际环境而言，中美洲国家治理体系一直承受霸权国（美国）的巨大压力，其自主性受到严重的限制。民主化为中美洲国家的治理体系输入更多的合法性，该地区的许多国家尚未形成具有实质合法性的国家治理体系。

[①] Orlando J. Pérez, Mitchell A. Seligson and John A. Booth, "Wither Honduras? Volatile Elite Politics and Citizen Dissatisfaction", *Americas Barometer Insights* 2013, Accessed December 21, 2014, www. AmericasBarometer. org.

国家治理体系的缺陷损害了中美洲国家的国家治理能力。国家治理能力是一国政府运用国家制度管理各方面事务的综合能力，管理范围包括政治稳定、经济增长、社会发展等各个方面。总体而言，由于国家治理体系的制约，大多数中美洲国家治理能力的提升速度长期滞后于社会发展的要求（见表7-2）。唯一的例外是哥斯达黎加。该国在独立之后，依托同质性较高的人口结构（欧洲移民占据人口主体）和较为均衡的土地所有权结构（小土地所有者较多）而实现政治的稳定和民主化，逐步构建了一个较为有效的国家治理体系，从而形成远远高于其他中美洲国家的国家治理能力。

表7-2　　　　　　　　　世界治理指数（WGI）

	国家	世界治理指数（WGI）（2013年，估计值*）			
		政治稳定与无暴力程度	政府效能	法治	腐败控制
1	哥斯达黎加	0.67	0.47	0.50	0.59
2	萨尔瓦多	-0.04	-0.13	-0.68	-0.35
3	危地马拉	-0.69	-0.71	-1.11	-0.58
4	洪都拉斯	-0.47	-0.74	-1.23	-0.95
5	尼加拉瓜	-0.25	-0.82	-0.65	-0.73
6	巴拿马	-0.13	0.32	-0.24	-0.36
7	美国	0.61	1.50	1.54	1.28
8	拉美国家最高值	1.29（巴巴多斯）	1.35（巴巴多斯）	1.34（智利）	1.61（巴巴多斯）
9	拉美国家最低值	-1.27（哥伦比亚）	-1.53（海地）	-1.79（海地）	-1.28（委内瑞拉）

注：*表中数值均为估计值。数值区间为-2.5（代表最差治理表现）到2.5（代表最好治理表现）。

资料来源：The World Bank Groups, "The Worldwide Governance Indicators", Washington, 2014. Accessed February 16, 2015, http://info.worldbank.org/governance/wgi/index.aspx#home。

在政治领域，大多数中美洲国家治理能力的欠缺主要表现为：缺少一个强大的中央政府来实施重大的变革，从而打破陈旧的经济社会结构和改变寡头集团长期把持权力的局面。广大的中下层民众长期被排斥在政治权力和经济收益分配进程之外。由于不能适时拓宽政治参与的渠道和吸纳新兴政治力量，许多中美洲国家长期陷入政治不稳定状态。

在经济领域，大多数中美洲国家治理能力的欠缺主要表现为：政府未能通过积极有效的政策引导经济的发展。地区各国长期奉行初级产品出口导向型经济发展模式，未主动把握启动工业化和经济多元化的诸多机遇，迟迟不能使经济发展的质量得到提升。历史上长期存在的繁荣—破产式经济周期不断重复出现。

中美洲国家未能有效破解土地的兼并和高度集中。在危地马拉，2%的农场主控制着全国80%的可耕地；在洪都拉斯，5%的农场主控制全国60%的可耕地；在萨尔瓦多，2%的农场主控制全国60%的可耕地，几乎2/3的农民没有土地或几乎没有土地；在哥斯达黎加，3%的农场主控制全国54%的可耕地。[1] 财富的分配不公导致地区各国长期存在大量的贫困人口，很大一部分人口每日平均生活费不足2美元。在危地马拉，这部分贫困人口占总人口的比重为37%；在洪都拉斯，这一比重为44%；在萨尔瓦多，这一比重为58%；在尼加拉瓜，这一比重为80%。[2]

在社会领域，许多中美洲国家政府忽视农村建设，未能控制城市化的节奏。农业出口的繁荣摧毁地主和农民之间的相互依赖，催生新的精英利益集团，加剧小农的经济不安全。国家通过强制手段，甚至是武力干预保持农村的稳定。在第二次世界大战之后，地区各国迎来爆炸性的城市化进程，人口急速向城市集聚，政府无力对这一进程进行有效的管理。高度的城市化、高失业率、过度拥挤和缺少管控的城市生活往往与高犯罪率相联系。青年人无法通过正当的经济参与实现经济自立，往往选择加入犯罪团伙或各类违法犯罪活动。

司法部门是中美洲国家治理能力最为薄弱的功能领域之一。中美洲国家普遍实行三权分立，但行政部门长期占据主导地位，司法部门欠缺独立性。洪都拉斯在2013年爆发司法争端。洛沃（Porfirio Lobo Sosa）总统鼓动国会罢免4名最高法院法官的职务，因为他们作出一系列有损其执政地位的决定。执政的国民党（PNH）控制国会的多数席位。于是，在没有启动弹劾程序的情况下，国会竟然强行罢免了这些法官的职务。

警力短缺和司法控诉能力不足导致许多案件难以审结定罪。例如，洪

---

[1] Michael Renner, "Environmental and Social Stress Factors, Governance, and Small Arms A-vailability: The Potential for Conflict in Urban Areas", Washington, 2013. Accessed January 2, 2015, http://www.wilsoncenter.org/sites/default/files/urban_rpt.pdf.

[2] United Nations Office on Drugs and Crime, "Crime and Development in Central America", Vienna, 2007. Accessed January 23, 2015, http://www.unodc.org/documents/data-and-analysis/Central-america-study-en.pdf.

都拉斯在2006年共有63537件案件记录在案。其中的49198件付诸侦查，最终仅有1015件案件审理完毕。① 这种状况意味着许多犯罪分子可以逍遥法外。司法部门的软弱无力实际上成为助长犯罪行为的一个因素。

大多数中美洲国家存在较为严重的腐败状况（见表7-3），使它们的治理能力受到损害。腐败阻碍国家提供公共服务，破坏纳税基础，扭曲公共支出，最终导致经济社会发展受挫。地区各国的许多高级官员卷入腐败案件，严重地损害了民主体制的声誉。政治腐败也损害了司法部门的效用。中美洲国家的民众普遍缺少对警察的信任。几乎一半的萨尔瓦多人和洪都拉斯人认为，当地警察卷入犯罪活动；每3个危地马拉人之中有2人认为，当地警察卷入犯罪活动。②

表7-3　　　　　　　　中美洲国家的清廉指数（CPI）

	国家	排名	得分
1	哥斯达黎加	47	54
2	萨尔瓦多	80	39
3	巴拿马	94	37
4	危地马拉	115	32
5	洪都拉斯	126	29
6	尼加拉瓜	133	28

资料来源：Transparency International, "Corruption Perceptions Index 2014", Berlin, 2015. Accessed January 21, 2015, http://www.transparency.org。

很多中美洲国家的治理能力实际上出现局部的"失灵"。在中美洲的许多城市，政府权力未能有效覆盖被排斥社会群体聚居的区域。有组织犯罪团伙作为一种次国家行为体（a sub-state actor）控制了这些区域，将其转化为自己的地盘，负责建立和维持基本秩序。这些区域的居民通常难以

---

① World Bank, "Crime and Violence in Central America: A Development Challenge", Washington, 2011. Accessed December 12, 2014, http://siteresources.worldbank.org/INTLAC/Resources/FINAL_VOLUME_I_ENGLISH_CrimeAndViolence.pdf.

② World Bank, "Crime and Violence in Central America Volume II", Washington, 2010. Accessed December 22, 2014, http://www.agora-parl.org/sites/default/files/crime_and_violence_in_central_america_-_a_development_challengevolume_2_world_bank_report_2010.pdf.

获得工作岗位、贷款或一般居民可以享受的社会福利，也难以获得国家提供的安全保障。因此，他们只能接受有组织犯罪团伙提供的基本秩序。犯罪团伙可以在其地盘上进行各种有利可图的犯罪行动，甚至可以通过影响该区域选举投票结果而发挥相当的政治影响力。为获得政治庇护，它们通过行贿拉拢政界高层与其进行合作。

第四节 中美洲的恶劣社会安全状况

国家治理体系，内在缺陷和国家治理能力的欠缺使中美洲社会安全状况长期处于高危状态。该地区不仅广泛存在贩卖人口、贩毒、绑架等犯罪行为，更是当今世界暴力犯罪最为高发的地区。萨尔瓦多、洪都拉斯和危地马拉的凶杀率处于世界最高之列（见表7-4）。例如，洪都拉斯的凶杀率（2011年）高达十万分之九十二。[①] 对于当今世界的非战争地区，洪都拉斯可能是最危险的地方。该国每7位成年人中就会有1人死于暴力。[②]

表7-4　　　　　　中美洲凶杀率（2012年）

	国家	凶杀率（1/100000）	凶杀死亡人数
1	洪都拉斯	90.4	7172
2	萨尔瓦多	41.2	2594
3	危地马拉	39.9	6025
4	巴拿马	17.2	654
5	尼加拉瓜	11.3	675
6	哥斯达黎加	8.5	407

资料来源：United Nations Office on Drugs and Crime, "UNODC Homicide Statistics 2013", Vienna, 2013. Accessed January 21, 2015, http://www.unodc.org/gsh/en/data.html。

[①] United Nations Office on Drugs and Crime, "Transnational Organized Crime in Central America and the Caribbean: A Threat Assessment", Vienna, 2012. Accessed February 6, 2015, http://www.unodc.org/documents/data-and-analysis/Studies/TOC_Central_America_and_the_Caribbean_english.pdf.

[②] Jim Garamone, "Southcom Chief Urges Campaign Plan for Central America", *DoD News*, October 8, 2014, Accessed January 2 2015. http://www.defense.gov/news/newsarticle.aspx?id=123361.

大量的有组织犯罪团伙（mara）是暴力犯罪的主要实施者。据估计，中美洲有 900 多个有组织犯罪团伙，其成员约为 7 万人。大多数犯罪组织成员的年龄在 15—34 岁。① 近年来，有组织犯罪团伙依靠贩毒攫取来的暴利变得更为强大。但是，它们并不依靠特定非法行为生存。即便不贩毒，它们也可以在自己控制的地盘上进行其他犯罪行为（例如收取保护费和绑架勒索），牟取非法利益。

枪支的易于获取是中美洲暴力犯罪猖獗的重要诱因。在该地区，65%的凶杀行为与枪支有关。② 多个中美洲国家在 20 世纪 60 年代至 90 年代经历内战，遗留大量的武器弹药。此外，大量的枪支通过走私进入该地区。据估计，中美洲有大约 450 万件小型枪支（2007 年）。③

贩毒是助长暴力犯罪的推手。中美洲是连接世界最大可卡因消费市场（美国）和最大可卡因产地（南美洲）的陆地走廊。据估计，流入美国毒品的 90% 都取道中美洲进行走私。墨西哥卡尔德龙政府（2006—2013 年）严厉打击贩毒，而中美洲国家缺乏展开相应打击行动的资源和能力。这就导致贩毒行为和跨国贩毒集团从墨西哥向中美洲转移。跨国贩毒集团和当地有组织犯罪团伙的冲突直接加剧中美洲的暴力犯罪势头。

在中美洲，暴力犯罪已经成为比失业更令公众担忧的问题。中美洲的人口规模大致与西班牙相当。2006 年，西班牙记录在案的凶杀案件为 336 件（平均每天不到 1 件），中美洲的这一数量为 14257 件（几乎每天 40 件）。④ 地区各国民众普遍存在不安全感，不得不向私人安保机

---

① World Bank, "Crime and Violence: A Staggering Toll on Central American Development", Washington, 2011. Accessed December 26, 2014, http://web.worldbank.org/WBSITE/EXTERNAL/NEWS/0, contentMDK: 22881633 ~ pagePK: 64257043 ~ piPK: 437376 ~ theSitePK: 4607, 00.html.

② United Nations Office on Drugs and Crime, "2011 Global Study on Homicide: Trends, Contexts, Data", Vienna, 2011. Accessed December 29, 2014, http://www.unodc.org/documents/data-and-analysis/statistics/Homicide/Globa_study_on_homicide_2011_web.pdf.

③ World Bank, "Crime and Violence: A Staggering Toll on Central American Development", Washington, 2011. Accessed February 3, 2015, http://web.worldbank.org/WBSITE/EXTERNAL/NEWS/0, contentMDK: 22881633 ~ pagePK: 64257043 ~ piPK: 437376 ~ theSitePK: 4607, 00.html.

④ World Bank, "Crime and Violence in Central America: A Development Challenge", Washington, 2011. Accessed March 2, 2015, http://siteresources.worldbank.org/INTLAC/Resources/FINAL_VOLUME_I_ENGLISH_CrimeAndViolence.pdf.

构求助。洪都拉斯仅有1.4万名警察,却有约7万名私人保安。据估计,在危地马拉和平协议于1996年签订之后的12年间,该国注册成立了110家私人保安公司。而在1996年之前的30年间,该国仅有不到40家私人保安公司。① 暴力犯罪导致一些中美洲国家的内政失序。2012年,危地马拉内政部宣布58个城市是"不可治理的"。② 美国南方司令部司令约翰·凯利（John F. Kelly）将军在2014年指出,中美洲需要一场打击跨国犯罪组织、恢复法治和对所有领土主权控制的行动,以改善其安全形势。③

暴力犯罪所导致的恶劣社会安全状况对中美洲的经济发展产生直接而剧烈的冲击。第一,打击暴力犯罪需要高昂的费用。政府被迫把原本可以用于推动经济增长的资金转用于维护公共治安。据估计,中美洲用于社会治安和司法的资金接近40亿美元,相当于该地区GDP的2.66%（2010年）。④ 第二,暴力犯罪对下层民众的打击尤为严重。它可能夺走一户家庭唯一劳动力的生命,或使主要依靠体力劳动谋生的人伤残。在萨尔瓦多,暴力导致的社会成本相当于国内生产总值的11.5%。⑤ 第三,暴力犯罪猖獗导致的恶劣治安状况加剧社会分裂、资本外流和人才外流,吓跑投资者和游客。暴力犯罪迫使人们缩小活动范围,以便保障自身安全。这就抑制了人员的流动和贸易的开展。犯罪活动降低人们的生活水准,迫使很多人选择移民海外。因此,中美洲国家面临熟练劳动力大量流失的不利

---

① Inter-American Commission on Human Rights, "Annual Report 2013." Washington 2013. Accessed January 20, 2015, http://www.oas.org/en/iachr/docs/annual/2013/docs-en/AnnualReport-Chap4 – Honduras.pdf.

② United Nations Office on Drugs and Crime, "Transnational Organized Crime in Central America and the Caribbean: A Threat Assessment", Vienna, 2012. Accessed February 6, 2015, http://www.unodc.org/documents/data-and-analysis/Studies/TOC_Central_America_and_the_Caribbean_english.pdf.

③ Jim Garamone, "Southcom Chief Urges Campaign Plan for Central America", *DoD News*, October 8 2014. Accessed January 2 2015. http://www.defense.gov/news/newsarticle.aspx?id=123361.

④ United Nations Office on Drugs and Crime, "Transnational Organized Crime in Central America and the Caribbean: A Threat Assessment", Vienna, 2012. Accessed February 6, 2015, http://www.unodc.org/documents/data-and-analysis/Studies/TOC_Central_America_and_the_Caribbean_english.pdf.

⑤ United Nations Office on Drugs and Crime, "Crime and Development in Central America", Vienna, 2007. Accessed January 23, 2015, http://www.unodc.org/documents/data-and-analysis/Central-america-study-en.pdf.

形势。

本章小结

以凶杀犯罪高发为主要特征的恶劣社会安全状况表明,哥斯达黎加之外的中美洲国家的国家治理能力存在重大的欠缺,而这种欠缺正在损害这些国家治理体系的合法性。猖獗的暴力犯罪严重损害公民与政府之间的关系。国家的基本职责是保障公民的人身安全。如果国家无法履行这一职责,公民就不会认真看待民主体制。在中美洲国家,只有尼加拉瓜的多数民众赞同政府解决犯罪问题的政策,危地马拉的情况则完全相反。[①] 绝望之中的民众往往会寻求极端的解决办法。"拉美晴雨计"的调查结果显示,中美洲的许多民众认为,如果政府腐败或无力应对犯罪,一场军事政变就是可以接受的。[②] 这就意味着,恶劣的社会安全状况导致威权统治卷土重来的可能性大增,已经对地区各国的民主体制构成直接的威胁。因此,改善社会安全状况不仅仅是一个具体功能领域的问题,更是一个牵涉中美洲国家发展全局的重大战略问题。

有鉴于此,中美洲国家的长期目标应该是通过完善国家治理体系和提高其实质合法性,进而增强国家治理能力,最终消除犯罪组织的生存空间和犯罪行为的滋生土壤。具体而言,地区各国治理体系应当把工作重点放在缩小贫富分化、推动社会公正的实现。在中美洲,最富有的国家(哥斯达黎加)和最贫穷的国家(尼加拉瓜)都是最安全的国家。尼加拉瓜的凶杀率远远低于比它富裕许多的巴拿马(见表7-4),它的警察和监狱体系被一些专家视为中美洲最好的。[③] 事实表明,最贫困的国家并不必然是凶杀犯罪率最高的国家。与凶杀犯罪率高发更相关的因素可能是一个国家贫富分化的程度(而非绝对贫困的程度)。

[①] United Nations Office on Drugs and Crime, "Transnational Organized Crime in Central America and the Caribbean: A Threat Assessment", Vienna, 2012. Accessed February 6, 2015, http://www.unodc.org/documents/data-and-analysis/Studies/TOC_Central_America_and_the_Caribbean_english.pdf.

[②] United Nations Office on Drugs and Crime, "Crime and Development in Central America", Vienna, 2007. Accessed January 23, 2015, http://www.unodc.org/documents/data-and-analysis/Central-america-study-en.pdf.

[③] Ibid. .

附表1　　　　　　中美洲国家的人口、领土和经济概况

	国家	人口（2014年）	国内生产总值（2012年）	人均国内生产总值（2012年）	基尼系数
1	哥斯达黎加	492.0万	274.67亿美元	5 725.3美元	0.504（2012年）
2	萨尔瓦多	636.5万	191.10亿美元	3 038.9美元	0.437（2012年）
3	危地马拉	1579.0万	349.42亿美元	2 321.6美元	0.585（2006年）
4	洪都拉斯	822.8万	125.62亿美元	1 585.7美元	0.567（2010年）
5	尼加拉瓜	615.2万	80.87亿美元	1 352.5美元	0.478（2009年）
6	巴拿马	392.7万	284.01亿美元	7 471.4美元	0.531（2011年）
7	拉美	6.23亿	35387.51亿美元	5 888.9美元	0.496（2012年）

资料出处：ECLAC,"Statistical Yearbook for Latin America and the Caribbean 2013", San Diago, 2014. Accessed December 23, 2014, http：//www.cepal.org/default.asp?idioma=IN. 领土面积来自中国外交部网站http：//www.fmprc.gov.cn/mfa_chn/gjhdq_603914/gj_603916/bmz_607664/。

附表2　　　　　中美洲国家的人类发展指数（1980—2013年）

	1980年	1990年	2000年	2011年	2012年	2013年	世界排名	年均增长率（%）（2000—2013年）
巴拿马	0.627	0.651	0.709	0.757	0.761	0.765	65	0.59
哥斯达黎加	0.605	0.652	0.705	0.758	0.761	0.763	68	0.60
萨尔瓦多	0.517	0.529	0.607	0.657	0.660	0.662	115	0.67
危地马拉	0.445	0.483	0.551	0.620	0.626	0.628	125	1.01
洪都拉斯	0.461	0.507	0.558	0.615	0.616	0.617	129	0.78
尼加拉瓜	0.483	0.491	0.554	0.608	0.611	0.614	132	0.79

资料出处：UNDP,"Human Development Report 2014", New York, 2014. Accessed January 30, 2015, http：//hdr.undp.org/sites/default/files/hdr14-report-en-1.pdf。

参考文献

陈尧：《新权威主义政权的民主转型》，上海人民出版社 2006 年版。

董经胜、高岱：《拉丁美洲的殖民化与全球化》，江西人民出版社 2010 年版。

韩琦：《世界现代化历程（拉美卷）》，江苏人民出版社 2010 年版。

刘明珍：《公民社会与治理转型——发展中国家的视角》，中央编译出版社 2008 年版。

刘文龙、朱鸿博：《西半球的裂变——近代拉美与美国发展模式的比较研究》，上海辞书出版社 2005 年版。

［委］博埃斯内尔：《拉丁美洲国际关系简史》，殷恒民译，商务印书馆 1990 年版。

［美］布拉德福德·伯恩斯、［美］朱莉·查利普：《简明拉丁美洲史》（第 8 版），王宁坤译，世界图书出版公司 2009 年版。

［美］孔华润主编：《剑桥美国对外关系史》（上），周桂银、杨光海译，新华出版社 2004 年版。

［美］林恩·福斯特：《中美洲史》，张森根、陈会丽译，中国大百科全书出版社 2011 年版。

［美］塞缪尔·亨廷顿：《第三波：20 世纪后期民主化浪潮》，刘军宁译，上海三联书店 1998 年版。

［美］塞缪尔·亨廷顿：《变化社会中的政治秩序》，王冠华、刘为等译，上海世纪出版集团 2008 年版。

［美］乔尔·米格代尔：《强社会与弱国家：第三世界的国家社会关系及国家能力》，张长东等译，江苏人民出版社 2009 年版。

［美］亚当·普沃斯基：《民主与市场——东欧与拉丁美洲的政治经济改革》，包雅均、刘忠瑞、胡元梓译，北京大学出版社 2005 年版。

［美］托马斯·斯基德莫尔：《现代拉丁美洲》（第 7 版），张森根、岳云霞译，当代中国出版社 2014 年版。

［美］特伦斯·汉弗莱：《美洲史》，王笑东译，民主与建设出版社 2004 年版。

［美］霍华德·威亚尔达：《非西方发展理论——地区模式与全球趋势》，董正华、昝涛、郑振清译，北京大学出版社 2006 年版。

United Nations Office on Drugs and Crime, 2007, "Crime and Development in Central America." Accessed January 23, 2015.

United Nations Office on Drugs and Crime, 2012, "Transnational Organized Crime in Central America and the Caribbean: A Threat Assessment." Accessed February 6, 2015, http://www.unodc.org/documents/data-and-analysis/Studies/TOC_Central_America_and_the_Caribbean_english.pdf.

World Bank, 2011, "Crime and Violence: A Staggering Toll on Central American Development." Accessed February 3, 2015, http://web.worldbank.org/WBSITE/EXTERNAL/NEWS/0, contentMDK: 22881633 ~ pagePK: 64257043 ~ piPK: 437376 ~ theSitePK: 4607, 00. html.

第八章

委内瑞拉社会结构变迁与治理

郭存海[*]

进入21世纪以来的大部分时期,委内瑞拉都保持着相对较高的经济增长,由此带动社会阶层结构的变化,其中最显著的是新的社会阶层——新兴中产阶级[①]的崛起。社会结构的变化意味着社会总需求也在发生相应变化。这就要求政府与时俱进,顺势调整过度的亲贫政策,建立包容新兴中产阶级的新分配模式。但在查韦斯执政的相当一个时期,特别是在其后期及其继任者马杜罗时期,都没有作出任何显著的政策改变,以致经济和社会政策高度政治化,社会两极分裂日趋严重,国家治理能力日趋削弱。

第一节 社会结构变迁和国家治理能力

社会结构变迁是社会变迁的一个重要方面,它反映了两个层面的变化。[②] 一是社会功能性结构的变化,是人们基于生存和发展需求推动的各种经济、政治、组织、制度等结构要素的分化和组合;二是社会成员地位结构的变化,即社会成员因其经济地位、职业、教育水平、权力、社会声望等方面的变化造成的社会阶级和阶层关系的变化。从结构功能主义的视角看,社会结构变迁意味着社会失范和社会失序风险的增加,因为阶层结

---

[*] 郭存海,法学博士,中国社会科学院拉丁美洲研究所社会文化室副主任,助理研究员。

[①] 本文使用了中产阶级、中产阶层、中间阶层的概念,其含义均为"middle class",是可以互相替换的。新兴中产阶级在文中主要是指中产阶级的中下层。

[②] 侯佩旭、范士陈:《海南岛社会变迁扫描——以新中国成立为研究起点》,载《人民论坛》2011年第17期。

构尚未定型,仍处于流动和变动中。这种结构性格变动如果不能作出有效的回应,就很容易引发社会震荡,甚至危机。基于此,美国社会学家罗斯(Edward A. Ross)认为必须进行"社会控制"。斯梅尔塞(Neil Joseph Smelser)的加值理论(value-added theory)也认为,[①] 所有集体行为、社会运动和革命产生的六大因素是次第形成的,也就是说社会控制力下降,是触动社会集体行动的最后一根稻草。社会控制的实质是维持社会秩序,其实现方式主要是通过共享的价值观、有效的制度和组织、统一的行为规范,以及外在的强制和内在的认同。就此而言,社会控制的过程本质上就是对社会各个部分和社会成员进行协调和规范的过程。

对国家治理能力的概念有不同的界定,但总体而言,有广义和狭义之分。广义上的概念主要从治理主体出发,强调治理主体的多元性、治理手段的多样性,认为国家治理的主体不仅仅是政府,也包括公民社会,特别是两者之间的有效互动。[②] 狭义上的理解,主要是将"国家治理能力"等同于"政府的治理能力"。从职能视角看,主要是指政府为了维护自己的统治,管理社会公共事务,提供公共服务以满足大众需要,平衡并化解社会矛盾,促进社会稳定发展的潜在的和现有的力量和能量的总和。[③] 本文主要指其狭义的概念,即政府治理能力。

第二节　21世纪以来的社会结构变迁

过去20年间,特别是21世纪以来,委内瑞拉经历了深刻的社会变化,贫困人口大幅度减少,基尼系数稳定下降,受教育年限渐次上升,但其中一个最显著的变化是社会结构出现了新的社会阶层——新兴中产阶级。

一　社会结构变迁的动力

总体来看,过去十多年间商品繁荣带来的经济增长和有利于穷人的再分配政策,为委内瑞拉社会结构变迁提供了动力和基础。

[①] 这六大因素是:结构性诱因、结构性怨恨、一般化信念、触发性事件、有效的动员、社会控制能力的下降。参见赵鼎新《社会与政治运动讲义》,社会科学文献出版社2006年版,第64页。

[②] 姚亮:《国家治理能力研究新动向》,载《党政干部参考》2014年第16期。

[③] 施雪华:《政府综合治理能力论》,载《浙江社会科学》1995年第5期。

（一）石油繁荣推动经济增长

委内瑞拉是一个石油资源极其丰富的国家，石油探明储量高达 2970 万桶，占全球石油储量的 20%（2012 年），也是世界上石油储量最多的国家。① 与此同时，委内瑞拉还是 OPEC 的创始成员，全球第五大石油输出国。石油长期是委内瑞拉国民经济的支柱，查韦斯时期更是充分利用了这一比较优势，出口收入的 95% 以上、财政收入的一半以上来自石油行业。②

过去十多年间，国际原油价格一路攀升，从 2000 年的每桶 37 美元迅速增至 2011 年的每桶 107 美元。③ 作为重要的石油生产国和出口国，委内瑞拉经济在过去 15 年间除偶有衰退外，大部分时期保持稳定和高增长，2000—2014 年平均经济增长率达到 3.3%，2004—2008 年更是高达 10.5%，④ 创造了盛极一时的石油繁荣。经济繁荣带动了人均 GDP 和实际收入的积极变化。人均收入增长同样显著，人均 GDP 从 2000 年的 6200 美元（PPP）暴涨至 2008 年的 13500 美元，2011 年虽稍有回落，但仍保持在 12700 美元。⑤ 经济增长带来的一大好处是，城市失业率稳定下降。自 2007 年以来城市失业率保持相对稳定，平均在 8% 左右，直到 2013 年。不过，15—24 岁的城市青年失业率超过城市总体失业率 10 多个百分点，接近 20%。⑥

（二）"增长中再分配"政策

进入 20 世纪以来，委内瑞拉经济增长的一个显著特点是，政府有意识地在经济政策中嵌入社会政策的目标，以实现"增长中再分配"。这个时期，以委内瑞拉为首的拉美左翼国家，打出了反对新自由主义模式的旗帜，更加强调政府对市场的干预和社会权利的保护，更加注重解决贫困和收入分配问题，主要手段就是通过社会支出政策对充足的财政收入进行再

---

① BP Statistical Review of World Energy June 2014，www.bp.com/statisticalreview.
② Matt Ferchen, "Opportunity for Beijing and Washington in Venezuela's Oil Crisis", *The Diplomat*, http://thediplomat.com/2014/12/opportunity-for-beijing-and-washington-in-venezuelas-oil-crisis/.
③ EIA, "Short-term Energy Outlook, Real Prices Viewer", http://www.eia.gov/forecasts/steo/realprices.
④ 作者根据联合国拉美经委会数据库（CEPALSTAT）历年数据计算得出。
⑤ IndexMundi, Historical Data Graphs per Year, Venezuela, http://www.indexmundi.com.
⑥ *Panorama Laboral* 2013：*América Latina y el Caribe*, Cuadro 1 y Cuadro 3. ILO, http://www.ilo.org/.

分配。

查韦斯时期,委内瑞拉财政收入的相当部分被用于社会支出。1999—2000年度和2007—2008年度,公共支出占GDP的比重逐年攀升,从13.9%上升到20.6%,这两个数字均超过同期拉美平均水平。2009—2010年度和2011—2012年度,公共支出占GDP的比重虽有所下滑,但仍比其刚上台时(1999—2000年度)高出2—3个百分点。在公共支出中,教育支出的增长趋势显著。教育支出占GDP的比重连续两个年度(1999—2000年度和2000—2001年度)都比拉美平均数高出1倍,分别达到8.9%和11.1%;2007—2008年度,一度高达14.8%,而同期地区平均数分别只有4.3%、4.7%和5.4%。按照2005年美元价格计算,委内瑞拉人均公共支出从1999—2000年度的897.2美元上升到2007—2008年的1821.3美元,增长了103%,增速是地区平均水平(56%)的近两倍。人均教育支出也保持相似的增长速度,同期从562.8美元增至943.0美元,分别是同期拉美平均数的2.9倍和3.62倍。[①]

二 社会结构变迁的特点

在石油繁荣和再分配政策的共同作用下,委内瑞拉社会结构发生了深刻的变化,这里分析其中三个重要的结构变化,即收入结构、职业结构和教育结构。

(一) 收入结构

经济增长和再分配政策的双重作用导致委内瑞拉贫困率和贫困人口显著下降。1999年委内瑞拉有近一半(49.4%)的人口生活在贫困线以下,随后十多年间总体上呈稳定下降态势,到2012年贫困人口比重已降至25.4%,14年间降幅接近100%。赤贫率也保持大致相同的下降趋势,但降幅更大,赤贫人口比例同期从21.7%降至7.1%。[②]

收入分配也发生了积极的变化。1997—2012年,反映贫富差距的基尼系数总体上呈下降趋势,其间虽偶有反弹,但持续并不太久。这一时期,委内瑞拉的基尼系数从远高于国际警戒线的0.507降至0.405,降幅

[①] *Anuario Estadístico de América Latina y el Caribe*, CEPAL, Santiago de Chile, 2014, Cuadro 32, Cuadro 33, Cuadro 35 和 Cuadro 39, http://interwp.cepal.org/anuario_estadistico/anuario_2014/es/index.asp, 部分数据是作者基于原数据计算得出。

[②] 联合国拉美经委会数据库 CEPALSTAT。

超过25%。这一表现远超地区整体水平,同期拉美地区的基尼系数从0.533降至0.496,降幅不足7%。泰尔指数(Theil index)反映出更明显的变化,从1997年的0.508高位降至2012年的0.290,降幅高达43%,是同期拉美平均数的2.5倍。①

从收入分层来看,过去十多年间委内瑞拉社会表现出一个明显的特征:收入阶层与其占社会总收入的比重的增幅呈一种逆向变动关系,即随着收入阶层的提高,其占社会总收入的比重的增幅反而呈下降态势。也就是说,越低的收入阶层,其占社会总收入的比重的增幅越大,而收入最高的两个阶层,其占社会总收入的比重不升反降。表8-1显示,下层和中间偏下阶层(D1—D6)占社会总收入的比重缓慢而稳步地提高,中间偏上阶层(D7—D8)占社会总收入的比重基本不变,而两个最高收入阶层(D9—D10)占社会总收入的比重则出现一个逐渐下降的过程,其中最富有的10%的人口,其收入占比降幅最大,从1997年的32.8%降至2012年的23.7%,降幅超过38%。②

表8-1　　　　委内瑞拉各阶层占社会总收入的比重变化:
按收入十分位数(1997—2012年)

年份	D1	D2	D3	D4	D5	D6	D7	D8	D9	D10
1997	1.8	3.2	4.2	5.5	6.4	8.0	9.6	11.8	16.8	32.8
1999	1.2	3.2	4.6	5.6	6.8	8.4	9.9	12.6	16.4	31.4
2000	1.4	3.5	4.7	6.2	7.2	8.7	10.1	12.9	17.2	28.1
2001	1.4	3.4	4.6	5.8	6.9	8.1	9.9	12.5	17.1	30.2
2002	1.2	3.1	4.3	5.7	6.8	8.2	9.9	12.5	17.0	31.3
2004	1.4	3.6	4.8	6.2	7.4	8.8	10.3	12.4	16.5	28.5
2005	1.0	3.2	4.6	6.0	7.2	8.7	10.2	12.4	15.9	30.8
2006	1.8	3.9	5.3	6.4	7.7	9.0	10.3	12.6	15.7	27.3
2007	2.1	4.2	5.5	6.6	7.9	9.2	10.4	12.6	15.9	25.7
2008	2.2	4.4	5.7	6.9	8.1	9.5	10.3	12.6	15.4	24.9

---

① Anuario Estadístico de América Latina y el Caribe, CEPAL, Santiago de Chile, 2014, Cuadro 14, http://interwp.cepal.org/anuario_estadistico/anuario_2014/es/index.asp,部分数据是基于原数据的作者计算。

② 同上。

续表

年份	D1	D2	D3	D4	D5	D6	D7	D8	D9	D10
2009	2.1	4.4	5.6	6.8	8.1	9.3	10.5	12.7	15.6	24.9
2010	2.3	4.7	6.0	7.3	8.5	9.8	10.7	13.2	15.4	22.1
2011	2.4	4.6	5.9	7.2	8.5	9.4	10.8	12.8	15.5	22.9
2012	2.3	4.6	5.8	7.2	8.3	9.4	10.8	12.7	15.3	23.7

注：D1 (Decile 1) 指第一个收入十分位数，下同。

资料来源：*Anuario Estadístico de América Latina y el Caribe*，CEPAL，Santiago de Chile，2014，Cuadro 14。

（二）职业结构

经济繁荣带来更多的就业机会，也推动着委内瑞拉的职业结构发生变化。"从世界各国的经验看，中间阶层主要是由四个职业群体构成的，即管理人员、专业技术人员、办事员和商业服务业人员。"[①]

1998—2010 年，委内瑞拉的职业结构出现了一个显著的变化（见表 8-2），即传统中产阶级职业的上层（职业和专业人士）和中层（行政和管理人员）[②] 的比重保持稳定上升、中产阶级的中下层（办事员）明显萎缩。1998 年委内瑞拉传统中产阶级职业的比重高达 32.1%，这在同期拉美国家中是比较高的。但进入 21 世纪，这一比重反而下降了，降幅高达 56%，降至 2003 年的 20.5%，到 2010 年虽稍有恢复，但也仅增至 24.9%。这和巴西、哥斯达黎加和智利等许多其他拉美国家截然不同。在这些国家，传统中产阶级的各个职业阶层的比重都是稳定增加的。

委内瑞拉传统中产阶级职业比重的下降，主要是由于传统中产阶级职业的中下层（办事员）的严重萎缩，其中很大一部分向下流动进入了中产阶级的下层，即商业服务业人员（5 和 6）。总体来看，自 1998 年以来，中产阶级下层的这个职业群体比重增加明显，它是两个方向作用的结果，即来自上一职业阶层的向下流动和更低的职业阶层的向上流动，

[①] 李强：《"丁字型"社会结构与"结构紧张"》，载《社会学研究》2005 年第 2 期。

[②] 这里的传统中产阶级职业阶层主要包括表 8-2 职业分类表中的 0—3，即 0—1（职业和专业人士），+2（行政和管理人员），+3（办事员）。而新近商业服务业人员被纳入中产阶级范畴，但处于一个相对较下的位置，且其流动性仍然相对较大。

由此形成了一个脆弱的、不稳定的新兴中产阶级阶层。这个新兴的社会阶层尚未结构化，仍处于一个相对容易变化的位置，潜藏着不稳定的风险。

表 8 – 2　　　　　　　　委内瑞拉职业结构的变化[a]

年份	职业类别[b]							
	0—1	2	3	4	5	6	7—8—9	X
1998	7.5	3.8	20.8	14.9	10.9	0.4	41.1	0.6
2003	10.7	2.4	7.4	20.7	19.7	10.3	28.6	0.2
2007	12.5	3.8	7.2	18.1	19.3	8.6	30.2	0.3
2010	13.9	3.7	7.3	17.7	19.0	8.5	29.8	0.2

注：a. 这里的年份统计数据是指最接近该年份的数据；表中数据是占全部城市就业人口（15岁以上）的百分比。b. 职业分类按照国际劳工组织（ILO）国际统一职业分类表，即0—1：职业和专业人士；2：行政和管理人员；3：办事员；4：售货员；5：服务员；6：农林牧渔猎等劳动者；7—8—9：生产和有关工作者、运输设备操作者和劳动者；X：不能按职业分类的劳动者。

资料来源：Statistical yearbook for Latin America and the Caribbean，1999，2004，2008 and 2011。

（三）教育结构

委内瑞拉教育领域的进步也非常明显，特别是高等教育。联合国拉美经委会的数据显示，1999—2012 年，委内瑞拉初等教育发展稳定，毛入学率从 84.9% 上升到 92.3%。同期中等教育的毛入学率从 47.8% 增加到 74.3%，增加了 55%。高等教育发展更快，从 2000 年的 28.3% 提高到 2009 年的 78.1%。[①]

教育的稳定发展，特别是高等教育的疾速发展为改善劳动力结构、提高劳动力素质提供了良好的基础。数据显示（见表 10 – 3），1997—2011 年，15 岁以上经济活动人口的受教育年限获得稳定提升，最显著的是受过中高等教育的劳动者的增幅。这一时期，受教育年限为 0—5 年和 6—9

---

① CEPALSTAT, http：//interwp.cepal.org/cepalstat/WEB_cepalstat/estadisticasIndicadores.asp.

年的经济活动人口的比重均出现了明显的下降,其中前者从17.1%降至11.0%,后者从44.3%降至32.9%。与之相反,受过中高等教育的经济活动人口比重则出现了稳定上升,其中受过13年及以上教育的经济活动人口比重增加最快,从1997年的16.7%迅速升至2011年的28.6%,增幅达到71.2%。

表8-3 委内瑞拉15岁以上城市经济活动人口的受教育年限

年份	受教育年限			
	0—5年	6—9年	10—12年	13年及以上
1997	17.1	44.3	21.9	16.7
1998	17.4	45.5	21.0	16.0
1999	17.3	44.6	21.5	16.6
2000	17.8	44.1	21.6	16.5
2002	17.1	42.9	22.0	18.0
2003	17.1	42.2	22.3	18.4
2005	15.6	40.2	24.2	19.9
2006	14.6	38.6	25.1	21.7
2007	13.9	37.7	25.5	22.8
2008	13.0	36.9	26.1	24.0
2010	11.8	34.4	26.4	27.4
2011	11.0	32.9	27.4	28.6

资料来源:CEPALSTAT, http://interwp.cepal.org/cepalstat/WEB_cepalstat/estadisticasIndicadores.asp。

第三节 社会结构变迁带来的治理挑战

过去十多年间,委内瑞拉社会经历了一个急剧变迁的过程。"结构紧张是这种社会变迁的结果之一,同时又是'冲突与混乱'的根源。"[1] "结构紧张"(structural strain)也可以称作"社会结构紧张",是指社会结构的不协调导致社会群体之间的关系处于对立、矛盾或冲突状态,即社会关系处于一种很强的张力中。这种状态容易激化社会矛盾,甚至引发社会危机。[2]

从委内瑞拉社会变迁的具体现实来看,"结构紧张"越来越表现为两种因素交互作用的复杂结果:一是快速的经济和社会转型过程产生的内生性的结构矛盾;二是查韦斯政府主观的两极分化战略所致。而尚未定型的、流动中的社会阶层结构更容易造成结构紧张,由此给国家治理能力带来重大挑战。

一 新兴中产阶级的崛起

在委内瑞拉,最深刻的社会结构变化是新的社会阶层——中产阶级的扩大。2012年世界银行发布了《经济流动和拉丁美洲中产阶级的兴起》的报告,[3] 结果发现,过去十年间,拉美中产阶级人数增加了54%,其中相当一部分是新兴中产阶级。该报告的发布引起了广泛的社会和学术影响,但遗憾的是缺乏委内瑞拉的国别数据。

克拉莱斯(Javier Corrales)和弗兰德(Chris Friend)沿用该报告的界定标准和研究思路,同时结合拉美经委会收入分配十分位数的数据,计算得出委内瑞拉收入十分位数中每个收入群体的人均日收入水平,结果如图8-1所示。为便于分析,克拉莱斯又对人均日收入在10—50美元界定为中产阶级的标准进行了亚分类,即下中产阶级:人均日收入在10—15美元;中中产阶级:人均日收入在15—30美元;而人均日收入在30—50美元则为上中产阶级。

---

[1] 李汉林、魏钦恭、张彦:《社会变迁过程中的结构紧张》,载《中国社会科学》2010年第2期。

[2] 李强:《"丁字型"社会结构与"结构紧张"》,载《社会学研究》2005年第2期。

[3] Francisco H. G. Ferreira, etc., *Economic Mobility and the Rise of the Latin American Middle Class*, World Bank Publications, November 2012.

	1	2	3	4	5	6	7	8	9	10
1990	$ 3.63	$ 7.27	$ 9.86	$ 12.97	$ 15.57	$ 19.72	$ 24.39	$ 31.14	$ 42.56	$ 92.38
1992	$ 3.99	$ 7.98	$ 10.84	$ 14.26	$ 17.11	$ 21.67	$ 26.23	$ 33.65	$ 47.33	$ 101.51
1994	$ 4.26	$ 7.46	$ 10.12	$ 12.78	$ 15.98	$ 19.18	$ 23.97	$ 30.36	$ 42.61	$ 100.67
1997	$ 3.87	$ 7.18	$ 9.39	$ 12.15	$ 15.46	$ 19.33	$ 24.30	$ 31.47	$ 45.83	$ 107.68
1999	$ 2.54	$ 6.61	$ 9.15	$ 11.69	$ 14.74	$ 18.30	$ 22.87	$ 29.48	$ 42.18	$ 96.05
2000	$ 3.11	$ 7.25	$ 9.84	$ 12.95	$ 16.05	$ 20.20	$ 24.86	$ 32.11	$ 44.02	$ 89.07
2001	$ 3.14	$ 6.80	$ 9.94	$ 12.56	$ 15.70	$ 19.36	$ 24.07	$ 31.39	$ 43.95	$ 95.75
2002	$ 2.31	$ 5.53	$ 7.84	$ 10.61	$ 13.37	$ 16.60	$ 21.21	$ 27.67	$ 39.20	$ 86.23
2004	$ 2.89	$ 6.74	$ 9.15	$ 12.04	$ 14.93	$ 18.31	$ 23.12	$ 29.39	$ 40.47	$ 83.82
2005	$ 2.66	$ 6.92	$ 9.59	$ 12.78	$ 16.51	$ 20.24	$ 25.03	$ 31.96	$ 43.67	$ 97.46
2006	$ 4.66	$ 8.74	$ 12.23	$ 15.14	$ 18.64	$ 23.29	$ 28.54	$ 35.52	$ 47.75	$ 96.67
2007	$ 5.74	$ 10.20	$ 14.03	$ 17.22	$ 21.04	$ 25.51	$ 31.25	$ 39.54	$ 52.29	$ 100.76
2008	$ 5.86	$ 11.07	$ 14.98	$ 18.23	$ 22.79	$ 27.35	$ 32.56	$ 40.38	$ 53.40	$ 98.99
2009	$ 4.89	$ 10.38	$ 14.05	$ 17.10	$ 21.38	$ 25.66	$ 30.54	$ 37.87	$ 50.09	$ 94.07
2010	$ 5.28	$ 10.56	$ 14.08	$ 17.60	$ 21.12	$ 25.22	$ 29.91	$ 36.95	$ 48.10	$ 83.88
2011	$ 5.36	$ 10.72	$ 14.29	$ 17.27	$ 21.44	$ 25.61	$ 30.37	$ 37.52	$ 48.83	$ 86.35
2012	$ 5.55	$ 10.48	$ 14.18	$ 17.88	$ 21.58	$ 25.90	$ 31.45	$ 38.85	$ 50.56	$ 91.26

图 8-1　按收入十分位数划分的委内瑞拉人均日收入（PPP，2005 年美元不变价格）

资料来源：Appendix：Estimating the Size of the Venezuelan Middle Class by Javier Corrales and Chris Friend in "Venezuela's Middle Ground" by Javier Corrales, *Foreign Policy*, April 22, 2014, http://foreignpolicy.com/2014/04/22/venezuelas-middle-ground/。

通过图 8-1 可以发现三个明显的特点。第一，20 多年间，委内瑞拉的社会阶层分布发生了显著的变化，即从以中下阶层为主体的社会结构实现了向以新兴中产阶级（下中产和中中产）占主体的结构性转变。第二，新兴中产阶级的扩张主要发生在 2004—2006 年。2006 年以前，仍有大约 40% 的委内瑞拉人属于比较脆弱的社会阶层（多数是穷人），甚至 2001—2002 年，即在反查韦斯游行最严重的时期，包括穷人在内的中下阶层仍然占社会总人口的 40%—50%。但 2007—2012 年，最脆弱阶层的比例大大下降了，只有一个十分位数。收入较低的两个群体（D2 和 D3）向上流动进入了下中产阶级。[①] 第三，尽管中产阶级成为社会的新主体，但其收入在 2007—2012 年几乎没有增加，甚至在一定年份还有些下降。考虑到这一时期委内瑞拉平均 27% 的年通货膨胀率，其压力可想而知。中产阶

[①] Javier Corrales, "Venezuela's Middle Ground", *Foreign Policy*, April 22, 2014, http://foreignpolicy.com/2014/04/22/venezuelas-middle-ground/.

级的相当部分,特别是其下层和中下层因此变得比较脆弱。

从这个方面来看,新兴中产阶级在社会结构中的地位尚未定型,是一种不稳定的或者脆弱的中产阶级,格雷厄姆(Carol Graham)将该群体称为"失望的成就者"(frustrated achievers)。① 这个群体的通常特征是:收入中等、年龄中等、受教育程度位居平均水平之上;他们既不再像穷人那样继续依赖财政转移支付等社会计划,也无法像富人那样有能力放弃低质量的教育、医疗等公共服务;尽管实现了一定的社会流动,但仍心存不满,对继续向上流动的前景感到悲观。

二 无序政治参与的扩大

经济增长推动了中间阶层的扩大,由此也激发了这个阶层的政治参与活力。但过去十多年间,特别是最近两三年,在商品繁荣中成长起来的中产阶级,其价值观念发生的一些变化,显示出独特的价值诉求。彭福尔德(Michael Penfold)等发现,② 和中东、东欧等其他发展中地区相比,拉美的中产阶级虽然没有特殊的价值观和偏好,在意识形态上总体上也是温和的,但有两个与其他发展中地区截然不同的特征。

第一,包括委内瑞拉在内的拉美中产阶级具有更强的后物质主义(post-materialism)价值观倾向。这意味着拉美的中间阶层不仅仅关注经济和安全需求,而且更关注社会化需求,如自由、生活质量和决策话语权等。这一价值观的转变在英格尔哈特(Ronald Inglehart)看来是一场静悄悄的政治革命,即利益诉求的变化。③ 人们不再仅仅满足于要求政府能够维护社会秩序,保证其基本物质需求,而且要求获得更多的自由表达观念的机会和更多的话语权。

第二,拉美的中间阶层更具理想主义情怀,渴望成功的期望值较高。与中间阶层的扩大及其不断上升的期望值相匹配的应当是社会制度

---

① Carol Graham and Len Goff, "Frustrated Achievers, Protests, and Unhappiness in 3 Charts", June 17, 2014, http://www.brookings.edu/blogs/up-front/posts/2014/06/17 - achievers-protests-unhappiness-graham-goff.

② Michael Penfold y Guillermo Rodríguez Guzmán, "La creciente pero vulnerable clase media de América Latina: Patrones de expansión", Valores y preferencias, Serie Políticas Públicas y Transformación Productiva, N°17/2014, CAF.

③ 罗纳德·英格尔哈特:《现代化与后现代化——43个国家的文化、经济与政治变迁》,祁玲玲译,社会科学文献出版社2013年版。

及其结构提供的获得成功的手段和空间。这种期望值如果达不到,就可能面临失序的危险。这正是美国社会学家默顿的"结构紧张"理论的起源。[1]

这两大特性意味着,委内瑞拉乃至整个拉美的中产阶级,具有更积极的政治参与意识,他们不仅谋求个人的机会,同时也更关注整个社会和国家的发展。只不过,在政党和公共机构日益不被信任的情况下,新兴社会阶层的参与充满着无序。委内瑞拉的情况更加极端,其经济和社会生活,乃至政治生活都被意识形态化了。在此背景下,政治生活的日益对立导致政府限制过度或者负面的参与,但这往往适得其反,因为权利意识觉醒的新中产阶级更容易选择抵抗,造成社会不稳定。这种局面的形成,在亨廷顿看来,"主要是由于疾速的社会变化和新的社会阶层被迅速动员起来卷入政治而与此同时政治制度的发展却又过于缓慢造成的"[2]。就整个拉美而言,当前社会不同程度的不稳定,根源于不断扩大的中产阶级及其不断增长的公共服务需求同落后的政府服务能力之间的矛盾。委内瑞拉除了具有这种共性之外,还有其独特性,即新兴社会阶层的政治参与被压制以及对政策倾向性、政策不透明和政治生活无序的不满。

三 政治和社会两极分化

政治和社会两极分化是查韦斯及其继任者马杜罗时期的典型特征。但这种分化很大程度上并不是由经济和社会领域不可调和的阶级冲突造成的,而被视为查韦斯的一种策略设计和安排,[3] 目的是获得穷人占多数的选民。这种分化策略的兴起是一种自上而下,而非自下而上的过程,从而在委内瑞拉制造了前所未有的阶级政治。[4] 查韦斯正是通过其倡导的"参与式民众主义"(participatory populism)和"使命"(Las Misiones)等社

---

[1] Robert K. Merton, *Social Theory and Social Structure*, New York: Free Press, 1968.

[2] 郭存海:《巴西中产阶级"革命"的逻辑》,载《东方早报》2013 年 7 月 23 日,http://www.dfdaily.com/html/8762/2013/7/23/1038560.shtml。

[3] Javier Corrales, "Why Polarize? Advantages and Disadvantages of a Rational-Choice Analysis of Government-Opposition Relations under Hugo Chávez", in Jonathan Eastwood and Thomas Ponniah, eds., *Revolution in Venezuela*, Harvard University Press, July, 2011.

[4] Oliver Heath, "Explaining the Rise of Class Politics in Venezuela", *Bulletin of Latin American Research*, Vol. 28, No. 2, pp. 185–203, 2009.

会计划，实现了以阶级为基础的社会动员。[1]

这种两极分化策略在 2001—2004 年获得选举收益，穷人可以保证执政联盟获得足够多的基础选票，但中产阶级群体因为利益受损或者没有获得切实的利益，对此表示抗拒。但 2007—2009 年，这种效果不再：分化策略已经无法为执政联盟提供较高的选举回报。其中一个重要原因是，选民的意识形态分布和收入分布发生了深刻变化，回归到一种更加相称、均衡的状态。这种新状态背后的动因是意识形态上持中间立场的中产阶级的群体性兴起，特别中产阶级的中层和下层成为委内瑞拉社会的主体。

到查韦斯执政后期，两极分化策略不仅进一步失灵，而且已经从主观意志使然变成了客观存在，造成了一种事实上的结构化的阶级分野。针对 2012 年大选预先进行的投票意向调查[2]表明，中上阶层（AB）永远不会投票支持查韦斯的比例高达 57.9%，中间阶层（C）也达到 41.8%，而永远不会支持反对派候选人卡普里莱斯的中下阶层（D 和 E）的比例则分别高达 57.5% 和 64.5%。此外，认为过去一年中查韦斯表现非常好的比例，在 D 和 E 阶层中最高，分别达到 63.5% 和 71.1%；而认为其表现非常差，或者比较差的比例，中上阶层（AB）为 53.9%，中间阶层（C）也有 36.4%（见图 8-2）。不过，中产阶级对查韦斯的不满并没有转化为对反对派的支持。在评价反对党过去一年的表现时，虽然总体上是社会阶层越高对反对派的满意度越高，但中上阶层（AB）对反对派的不满和满意度基本持平（39.5%），而中间阶层（C）的不满意度比满意度高 12 个百分点（见图 8-3）。最终在这次大选中查韦斯获得了 55.07% 的选票，比反对党候选人卡普里莱斯高出 9 个百分点。[3]

---

[1] Samuel Handlin, Reinventing Class Mobilization: Class Cleavages and Participatory Populism in Hugo Chávez's Venezuela, http://www.researchgate.net/profile/Samuel_Handlin/publication/228472388_Reinventing_Class_Mobilization_Class_Cleavages_and_Participatory_Populism_in_Hugo_Chvez's_Venezuela/links/00b7d53513cd6a4472000000.pdf.

[2] Barómetro nacional de Coyuntura Política Situación socio-política Nacional: Junio 2012, GISXXI, www.gisxxi.org.

[3] Consejo Nacional Electoral de Venezuela, www.cne.gob.ve.

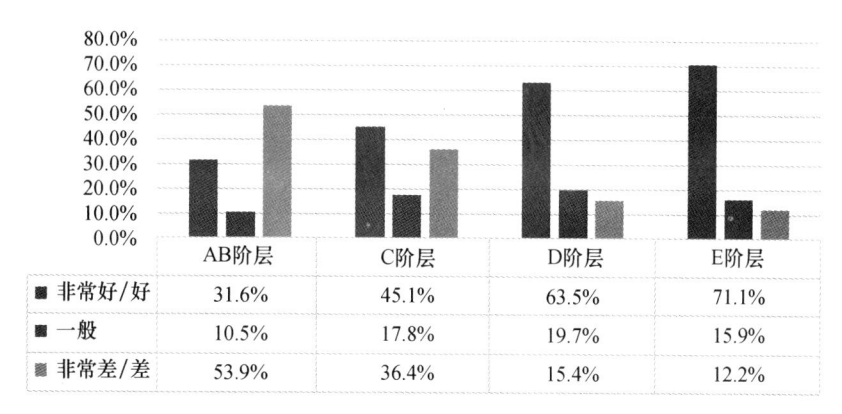

第八章　委内瑞拉社会结构变迁与治理　213

	AB阶层	C阶层	D阶层	E阶层
非常好/好	31.6%	45.1%	63.5%	71.1%
一般	10.5%	17.8%	19.7%	15.9%
非常差/差	53.9%	36.4%	15.4%	12.2%

图 8-2　对查韦斯过去一年（2011 年）的表现评价：按社会阶层

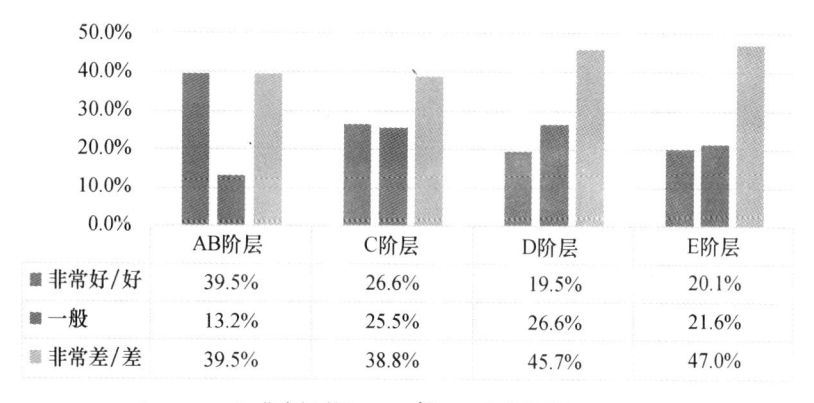

	AB阶层	C阶层	D阶层	E阶层
非常好/好	39.5%	26.6%	19.5%	20.1%
一般	13.2%	25.5%	26.6%	21.6%
非常差/差	39.5%	38.8%	45.7%	47.0%

图 8-3　对反对派过去一年（2011 年）的表现评价：按社会阶层

资料来源：*Barómetro nacional de Coyuntura Política Situación socio-política Nacional*：Junio 2012，GISXXI，http：//www.gisxxi.org/。

马杜罗时期，委内瑞拉的社会分裂更加明显，但其间隐现着一个新的动向，即不仅中产阶级反对政府，甚至之前的政府支持者也开始逐渐撤销其支持。2000—2013 年的 4 次大选中，执政党和反对派之间的得票差距都在逐步缩小，从 2000 年和 2006 年的 22—26 个百分点，逐步缩小到 2012 年的不足 10 个百分点，到 2013 年马杜罗竞选时，差距已经缩小到不足2个百分点。① 对执政党来说，这种趋势是一个非常值得警惕的信号。而未来一个时期，执政党的国家治理能力可能更难以维持。这主要有两个层面的原因。

第一，执政党的社会动员能力在减弱，穷人追随政府的意愿在下降。调查表明，2013年学生和反对派掀起抗议活动时，当问及受访者是否会响应马杜罗的呼吁上街捍卫政府，只有21.3%的受访者表示会，而高达76.4%的人则表示不会响应号召。而认为马杜罗呼吁上街反游行以保卫政府的举动是正确的比例还不足30%，更有67.3%的受访者认为这种号召本身就是错误的。② 这说明，中下阶层基于对政府公共支出的经济依附而产生的无力感③（powerless）虽然还在，但正逐渐消退或削弱。而在2002年和2007年的抗议期间，当政府需要政治帮助时，就成功地动员中下收入群体组织了反示威活动。

第二，政治宽容度④出现明显提高。"美洲晴雨表"的最新调查发现，委内瑞拉的政治宽容指数高达61.8，是拉美所有国家中得分最高的。这说明当前委内瑞拉社会各阶层对包括批评政府在内的诸项政治权利的支持力度最高，也最具政治包容精神，同时也从反面说明公众越来越不支持政府压制批评的做法。自2012年以来，委内瑞拉人的政治宽容度稳定提高，反映该指数的各个指标的得分，均接近或超过60，其中支持和平抗议的比例从2012年的59.3上升到67.1，言论自由从51.1上升到59.1，投票权和竞选公职两个指标也从56.2和50.8分别提高至63.1和58.0。随着2014年委内瑞拉政治因为普遍的抗议和暴力而陷入危机，委内瑞拉人将

---

① Consejo Nacional Electoral de Venezuela, www.cne.gob.ve.
② Venebarometro, Estudio especial de marzo, 2014.
③ ［日］加藤嘉一：《委内瑞拉，难以摆脱的无力感》，《纽约时报》中文网，2015年2月3日，http://cn.nytimes.com/world/20150203/cc03kato/。
④ 政治宽容指数（political tolerance index）反映的是对批评体制、抗议、投票、言论自由和竞选公职的支持度和容忍度。政治宽容指数，介于0（最不宽容）和100（最宽容）。它是基于四个问题得出的，分别是Q1：有些人只说政府不好，不仅是现政府，而且政府制度。你在多大程度上支持或不支持其投票权？Q2：你在多大程度上支持或不支持这类人和平游行以表达自己观点？Q3：你在多大程度上支持或不支持允许这类人竞选公职？Q4：你在多大程度上支持或不支持这类人出现在电视让发表演讲？克隆巴赫系数（Cronbach's alpha）为0.90。参见Mariana Rodríguez with Elizabeth J. Zechmeister, "Amid Low Evaluations of Maduro's Performance, Tolerance of Regime Critics Grows in Venezuela", *AmericasBarometer*：*Topical Brief*, March 2, 2015。本节数据均来自该项调查结果。

更加支持持不同政见者和平抗议的权利，更加支持他们发出自己的声音和竞选公职等。这意味着委内瑞拉政府压制反对声音的举动将会面临更大的舆论压力，这无疑会限制和削弱国家治理能力和手段。

第四节　国家治理的失灵

在查韦斯执政的14年间，统治合法性几乎完全系于其个人魅力和石油美元。凭借这两大支撑，查韦斯获得了以中下阶层为主体的选民的支持，任内一直拥有比较高的支持率。然而，个人魅力和石油繁荣是最靠不住的：人去魅力消，油价有涨亦有跌。因此，建立在这种基础上的合法性和统治权威都是不可持续的，因其缺乏相对稳定的制度支撑。

一　经济不安全及其风险

虽然历史上委内瑞拉的经济体系并不健全，但到查韦斯时期，经济的单一性更加显著，即对石油的过分依赖。世界银行曾警告称，委内瑞拉经济极易受到油价波动的影响。到2012年，委内瑞拉出口收入的96%和一半以上的财政收入都依靠石油；而在查韦斯上台的前一年（1998年），石油出口还只占委内瑞拉出口额的77%。[①] 石油业的人发展是以牺牲其他行业为代价的。1998年委内瑞拉制造业产值占GDP的比重尚且达到17.4%，而到2012年上半年已降至14.2%。这一数字相当于委内瑞拉1965年的水平，也就是说到2012年委内瑞拉的工业生产能力退回到了近半个世纪以前。[②] 客观而言，委内瑞拉的"去工业化"虽然并非始于查韦斯，但从1999年他第一次执政以来，这种趋势一直是非常明显的。工业能力退化导致委内瑞拉只能依靠进口满足国内需求。这很容易形成一个恶性链条：油价波动影响外汇收入，外汇不足被迫削减进口，进口缺乏导致高通货膨胀。结果，到2014年委内瑞拉石油量价齐跌后，众症并发的局面初露端倪。

早在2003年，政府为遏制资本逃离，就对大约400种基本食品实施

[①] "Venezuela Overview", World Bank, http://www.worldbank.org/en/country/venezuela/overview.

[②] "Venezuela's industry slumps to levels recorded fifty years ago", El universal, http://m.eluniversal.com/economia/121119/venezuelas-industry-slumps-to-levels-recorded-fifty-years-ago.

价格控制，以遏制通胀保护穷人。2009年又对实施价格控制的12种基本食品实施最低生产配额制度。结果这些政策推高了通货膨胀，导致物资短缺。短缺现象在查韦斯时期早已存在，只是到马杜罗时期更加严重，甚至牛奶、面包、大米及卫生纸等生活必需品都出现短缺。委内瑞拉中央银行的数据显示，2005年短缺刚开始出现时，短缺指数只有5%，但到2007年已经高达24.7%，2014年2月，更是达到创历史纪录的28%。[1] 之后委内瑞拉政府径直停止更新物价短缺数据。

与此同时，通货膨胀加剧。国际货币基金组织的数据显示，[2] 查韦斯执政的第一年曾成功地将年通货膨胀率从1998年的35.8%降至1999的年23.5%，之后数年年均通胀率都保持相对稳定的下降（除了2003年升至31.1%），2006年一度创造新低（13.7%）。尽管委内瑞拉有效控制了物价上涨，但之后一个时期通货膨胀率一路攀升，从2007年的18.7%骤增至2014年的55.5%，七年间增幅达到了197%。

外汇市场也剧烈变动。本国工业生产能力不足，物价短缺和通货膨胀都同美元储备密切相关。但外汇市场变动很大，为阻止资本抽逃，维持玻利瓦尔的稳定性，2003年开始，查韦斯实施了严格的货币管制，导致投资者很难用强势玻利瓦尔兑换美元。由此带来的问题是货币黑市，因为委内瑞拉企业依赖进口原材料。随着货币超发，强势玻利瓦尔（VEF）持续贬值。2013年，官方汇率是1美元兑换6.3个强势玻利瓦尔，而黑市价格则高出10倍以上。黑市高价导致企业既没有足够资金组织国内生产，也没有进口产品可输往市场。

二 公共安全风险急剧增加

公共安全是公民的基本需求，通常而言，经济社会阶层越高，其对安全的需求越大，对安全的要求也越高。在查韦斯时期，委内瑞拉的公共安全形势明显恶化；马杜罗时期，公共安全形势更加恶劣，几乎处于失控的边缘。

历史上，委内瑞拉曾是暴力犯罪较少的国家，但到2010年却沦为全

---

[1] Sendai Zea, "Venezuelan Central Bank Admits Sky-High Inflation", *PanAm Post*, http://panampost.com/sendai-zea/2014/09/15/venezuelan-central-bank-admits-sky-high-inflation/.

[2] 国际货币基金组织数据库，www.imf.org。

球凶杀率最高的国家之一。委内瑞拉的暴力犯罪可以分为三个阶段，① 第一个阶段是 1985—1993 年，标志性事件是 1989 年的"加拉加斯大骚乱"（el caracazo）和 1992 年军事政变。这个时期的凶杀率是十万分之八到十万分之二十。第二个阶段是 1994—1998 年，凶杀率仍然维持在十万分之二十左右。第三个阶段是 1999 年至今，凶杀率增至十万分之五十七（2010 年）和十万分之八十二（2014 年）。凶杀案的受害者中，95% 是男性，其中又有 69% 是年龄在 15—34 岁的青年，针对青年的凶杀率高达十万分之二百二十五，是平均数的近 3 倍。②

绑架是委内瑞拉近年来暴力犯罪的一个明显趋势，2000 年以来，这种趋势更加显著，绑架案件急剧攀升。在查韦斯担任总统以来的 1999—2011 年，委内瑞拉绑架案件的发生量上升了 1716%，从每年 44 件增加到 1150 件。③ 而在之前的佩雷斯政府和罗德里格斯政府时期，无论是绑架案件发生的绝对数量还是其增幅，都保持在一个相对较低的水平上。但是，绑架案的发生数可能比这更高，因为公民不信任警察，许多绑架案的受害者并没有选择报警。

暴力犯罪的成因很多，比如传统上的犯罪遭调查和起诉的比例过低，政府没有将安全警察列为优先任务等。这些可以说在拉美其他国家均普遍存在，但在委内瑞拉还有一个独特的原因，即政府制造的阶级对立的强化效应。比如政府习惯于在口头和电视上给中间阶层的反对派贴上"恐怖分子""叛徒"或者"国家公敌"的标签。在一定程度上，这种言辞刺激了针对这些群体的暴力犯罪，无形中赋予凶杀案犯一种精神上和心理上的

---

① Roberto Briceño-León, Tres fases de la violencia homicida en Venezuela, *Ciência & Saúde Coletiva*, Vol. 17, Núm. 12, diciembre, 2012, pp. 3233 – 3242, http: //www.redalyc.org/pdf/630/63024424008.pdf.

② Gareth A. Jones, Dennis Rodgers eds., *Youth violence in Latin America: gangs and juvenile justice in perspective*, 1st ed., Basingstoke: Palgrave Macmillan, 2008, pp. 84 – 85.

③ 这里不包括"特快绑架"案件，"特快绑架"案件是指绑匪在街上随意绑架受害人，将其劫持几个小时甚至几天，作案期间使用出租车或者受害人的汽车，前往自动提款机逼迫受害人提取信用卡或者借记卡上的资金。这类案件不需要精心策划且风险较小，容易得手。数据来源：Cuerpo de Investigaciones Científicas, Penales y Criminalísticas（CICPC），转引自 Daniel Pontón C., Pamela Villacrés, Pahola Guevara, *La Seguridad Pública y Privada en Venezuela y Bolivia*, OAS 和 Maria Isoliett Iglesias, "Según el Cicpc el 2011 cerró con 1.150 secuestros en todo el país", *El Universal*, http: //www.eluniversal.com/sucesos/120104/segun-el-cicpc-el – 2011 – cerro-con – 1150 – secuestros-en-todo-el-pais。

犯罪正当性。①

暴力犯罪和其他犯罪活动使社会各阶层都难以避免遭受不法侵害,但显然有一定经济地位又缺乏足够自我保护能力的中间阶层是公共安全恶化最主要的牺牲品。委内瑞拉国家统计局(INE)的调查显示,② 收入最高的20%(Estrato Ⅰ)的人口和收入最低的20%(Estrato Ⅴ)的人口遭受各种类型犯罪侵害的比例最低,而犯罪侵害的主要对象是社会中间阶层,特别是中下层。比如抢劫案的受害者50.3%是第四社会阶层(Estrato Ⅳ),22.8%是第三社会阶层(Estrato Ⅲ);绑架案的受害者97.87%是中间阶层,其中第2和第四社会阶层受侵害比例最高,分别是27.9%和50.1%,这主要是富人自我保护能力较强,而穷人没有绑架的意义,经济和社会地位处于中间位置的中间阶层,特别是其下层成为最主要的侵害对象。

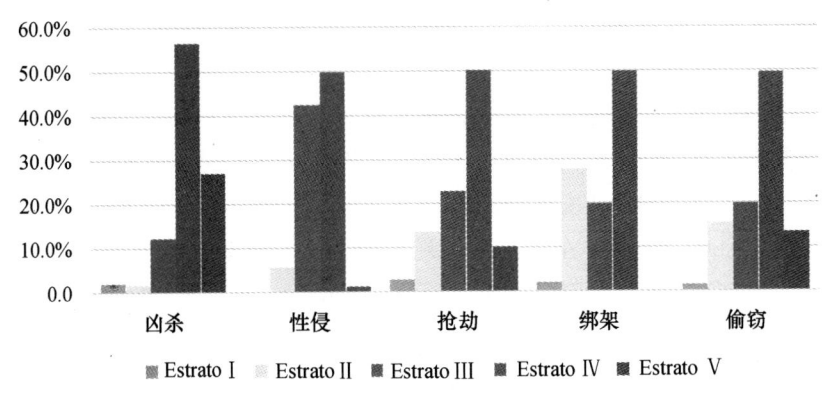

图8-4 委内瑞拉各类犯罪的侵害对象:按社会阶层

资料来源:*Encuesta nacional de victimización y percepción de seguridad ciudadana* 2009 (ENVPSC-2009), página 70, INE, Caracas, Mayo de 2010, http://www.derechos.org.ve。

普遍蔓延的犯罪活动严重冲击了委内瑞拉的社会秩序,导致公众安全

---

① Manuel Rueda, "How Did Venezuela Become So Violent?", January 8, 2014, http://fusion.net/story/4593/how-did-venezuela-become-so-violent/.

② *Encuesta nacional de victimización y percepción de seguridad ciudadana* 2009 (ENVPSC-2009), pagina 70, INE, Caracas, Mayo de 2010, http://www.derechos.org.ve/pw/wp-content/uploads/Encuesta-de-Victimizacion-INE-MIJ-2010.pdf.

感普遍降低。2013年的调查表明，拉美是盖洛普法律和秩序指数（Law and Order Index）得分最低的地区，而委内瑞拉得分只有41，不仅是拉美地区最低的，也是全世界最低的。与2009年相比，委内瑞拉的法律和秩序指数下降了4分，同萨尔瓦多、洪都拉斯一起成为这一时期拉美地区仅有的3个指数下降的国家。"拉美晴雨表"的调查也表明，2013年有47%的委内瑞拉人将公共安全列为本国最严重的问题，这一数字高出拉美平均数24个百分点。[1]

三 社会冲突烈度显著增加

社会结构变迁意味着利益的分化，而利益诉求的多样性和利益主体的多元性都对国家治理能力提出了更高的要求。在委内瑞拉，传统利益诉求通道不畅，腐败又导致公众对政党、工会以及公共机构失去信任。伴随着社交媒体的崛起，委内瑞拉民众越来越倾向于通过"自组织"的示威、抗议方式等表达其利益诉求。2013年"拉美晴雨表"的调查表明，委内瑞拉民众的抗议意愿相当强烈，是潜在的抗议者（activistas latentes），反映其抗议意愿的各项得分均在5分以上。[2]

非政府组织"社会冲突观察"的详尽记录[3]为上述论断提供了例证。数据显示，从2011年开始，委内瑞拉的社会冲突愈演愈烈，尤其是查韦斯逝世之后至今一个时期。整体来看，近期委内瑞拉社会冲突呈现出两个明显的趋势。

第一，社会冲突爆发的次数，除2013年略有下降外，总体上呈持续增加态势，2014年和2015年初的增加幅度尤其显著（见图8-5）。2011年委内瑞拉全国共爆发示威抗议事件5388起，2012年略有上升，达到5483起，2013年降至4410起，但到2014年，社会冲突事件急剧攀升至9286起。2013年抗议活动较2012年有所下降，这主要是有两方面原因：一是查韦斯1—3月因病住院和病逝；二是4月的总统选战。而最新数据

---

[1] Latinobarómetro 2013, p. 63, www.latinobarometro.org.

[2] "拉美晴雨表"公司将抗议意愿的指数划定为1—10，1表示对参加抗议活动根本不感兴趣，10则表示非常感兴趣。

[3] Informe Conflictividad Social en Venezuela en 2011, 2012, 2013, 2014 y enero de 2015, El Observatorio Venezolano de Conflictividad Social (OVCS), http://www.observatoriodeconflictos.org.ve.

显示委内瑞拉未来一个时期社会抗议和冲突有持续扩大的可能性。《2015年1月委内瑞拉社会冲突报告》显示,委内瑞拉全国当月至少爆发518起抗议活动,平均每天17起,比2014年同期(445起)高出16%。从历史规律来看,新年第一个月爆发社会冲突的次数较低,主要是由于圣诞节和新年,但2015年则打破了这个规律,抗议频度较高,高于前4年同期水平。

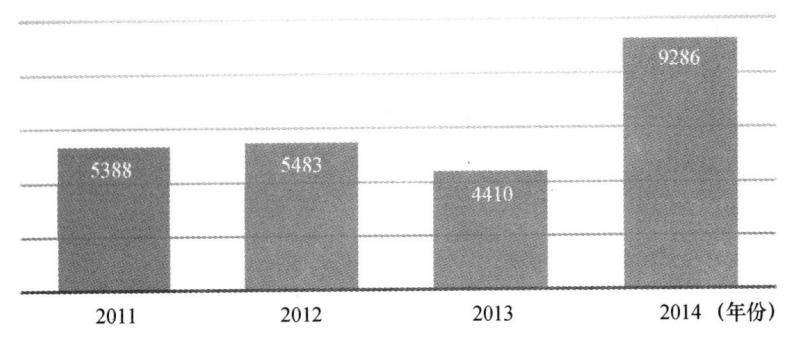

图 8-5 委内瑞拉的社会抗议次数(2011—2014 年)

数据来源:El Observatorio Venezolano de Conflictividad Social (OVCS), http://www.observatoriodeconflictos.org.ve。

第二,抗议诉求多元化,但大多数诉求同社会权利相关而非政治性的。总体而言,委内瑞拉社会冲突的动因主要牵涉6个方面,即抗议食品药品和卫生用品短缺、捍卫劳工权利、要求有尊严的住房和基本服务、主张公民安全和言论自由等权利、提供教育服务,以及抗议政府。需要特别指出的是,2012—2014年有两种抗议诉求突然爆发,即物资短缺和抗议政府。但总体上看,除2014年外,其他年份包括2015年1月,社会冲突的诉求80%以上同社会权利相关,即要求民生诉求而非政治诉求。2014年显然是一个特例,可谓政治抗议年,全年共发生抗议活动9286起,平均每天25起,是过去10年的最高纪录,其中52%是反对政府和捍卫政治权利。到2015年初,政治性抗议再度减少,80%的诉求都围绕社会和民生权利展开。但近期一个危险的信号是,委内瑞拉第008610号法令将抗议入罪化(criminalización de la protesta),该法令的实施无疑将加剧这种未来的社会冲突,因为基本民生是公众的刚性需求。而且,压制这种需求还容易被反对派利用，以致社会诉求和政治诉求并发。

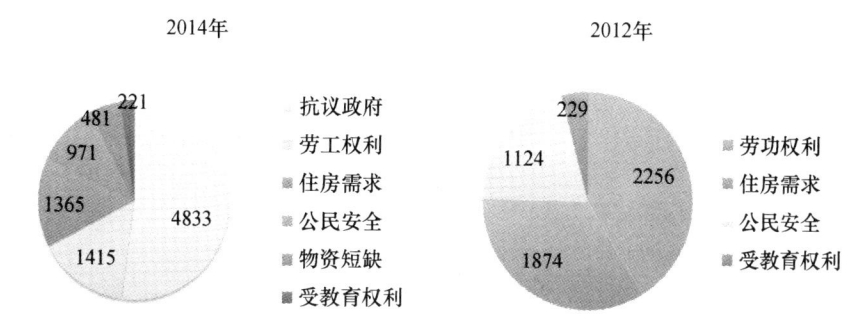

图 8-6　委内瑞拉社会抗议的主要诉求（2012 年和 2014 年）

2014年：抗议政府 481，劳工权利 221，住房需求 971，公民安全 4833，物资短缺 1365，受教育权利 1415

2012年：劳功权利 229，住房需求 1124，公民安全 2256，受教育权利 1874

资料来源：El Observatorio Venezolano de Conflictividad Social (OVCS), http://www.observatoriodeconflictos.org.ve。

总体来看，委内瑞拉近年来的社会冲突日益多元化，尽管如此就其性质而言仍具有某些共同特征，比如社会生产性冲突居多，诉求日益多元化、分散化，冲突频率和烈度明显增加，以及公民参与度较高，其表达的诉求具有高度的合法性。在这些社会冲突的背后，是真实的或感知的生活质量的下降。事实上，社会冲突的关键不在于出现了社会冲突，而恰恰是国家缺乏必要的能力给予有效的社会管控。因此，如何建设一个提供对话和协商的制度性平台以应对整个社会的，特别是新兴社会阶层的集体不满将成为委内瑞拉面临的重大挑战。

四　腐败日趋严重，公共机构的信任度趋弱

腐败同政治如影相随，难以避免。曾编撰《委内瑞拉腐败词典》的诗人和历史学家露丝·卡普里莱斯（Ruth Capriles）如是写道："委内瑞拉的腐败史就我们的民主史。"[1] 而 20 世纪初石油大发现以来，石油无形中一直充当着委内瑞拉政治腐败的助产士。"对国家石油潜力日益增强的

---

[1] Gary Marx, "Venezuela Corruption-from A To Z", 22 September 1991, *Chicago Tribune*, http://articles.chicagotribune.com/1991-09-22/news/9103110977_1_venezuela-oil-wealth-visas.

意识对腐败的不断增加带来了致命影响。"[1] 从 20 世纪 90 年代以来的历史来看，这的确符合事实。

基于著名反腐机构"透明国际"的数据分析可以发现，查韦斯时期，腐败问题不仅得以沿袭，甚至更加严重。从图 8-7 可以看出，在查韦斯执政初期，委内瑞拉的腐败问题略有缓解，反映腐败严重程度的清廉指数从 1995 年的 2.66 上升到 2001 年的 2.80，略好于查韦斯执政前的表现。但好景不长，以 2001 年为界，委内瑞拉的腐败形势在之后 14 年间日益恶化，清廉指数持续下降，从 2001 年的 2.80 降至 2014 年的 1.90。委内瑞拉的清廉度排名不仅落后于全球，甚至在拉美地区也仅高于海地，成为全球也是拉美地区最腐败的国家之一。

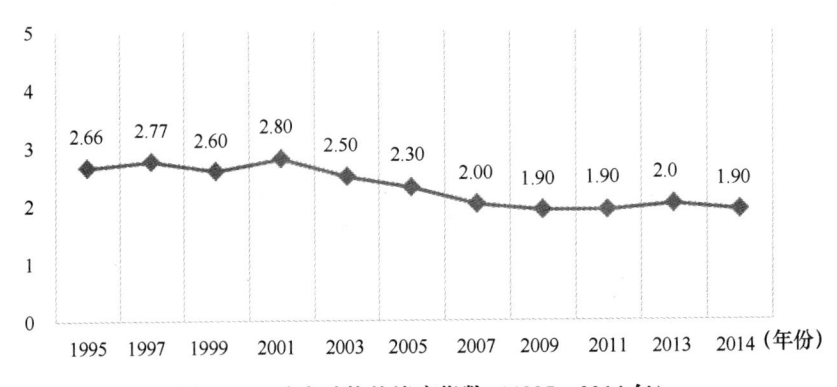

图 8-7 委内瑞拉的清廉指数（1995—2014 年）

资料来源：www.transparency.org。

事实上，查韦斯的执政理想是消除腐败，但最终功亏一篑。1998 年查韦斯当选后曾誓言要消除"政府腐败"，并将其作为新政府的三大目标之一，但 9 年之后，政府腐败程度堪称历届政府之最。主要原因是：巨量的石油财富不仅缺乏透明度，而且没有施予有效的监管。查韦斯政府时期，腐败主要出现在 3 个领域，即牵涉重要政策决定的大宗腐败、官僚腐败，以及发生在政府和私人部门交往中的系统腐败。盖洛普最新调查数据表明，2013 年有 75% 的委内瑞拉人认为，腐败在委内瑞拉政府中无处不

---

[1] B. S. McBeth, *Juan Vicente Gómez and the Oil Companies in Venezuela, 1908 – 1935*, Cambridge University Press, 2002, p. 17.

在。这一比例与2007年（54%）相比上升增加了21个百分点，甚至与2012年相比，都高出12个百分点。① 对腐败日益强烈的不满也是引发2014年大规模抗议的原因之一。

腐败导致公众对政府的信任急剧下降。盖洛普的调查同样表明，从2007年开始，委内瑞拉人对政府的信任持续下滑，从当年的63%降至2013年的39%，创造了历史新低；而同期对政府的不信任度持续攀升，从32%上升到56%。司法系统在委内瑞拉人心目中的形象更加糟糕。2006—2013年，委内瑞拉人对法院和司法系统的不信任度除2009年低于50%以外，其他时期均保持在50%以上，2013年更是达到这个时期的最高纪录——61%。② 最新发布的2014年世界法治指数报告显示，③ 委内瑞拉在接受调查的99个国家和地区中综合排名倒数第一。在限制政府权力、监管执法、刑事司法等指标上，不仅在拉美地区、同类上中等收入国家，乃至全球排名也都名列倒数第一。事实上，在许多指标方面，委内瑞拉的得分都低于拉美地区平均数。

五 人力资本外流

委内瑞拉历史上曾是世界移民的理想港湾。20世纪60年代，大批的西班牙人、意大利人和葡萄牙人选择到委内瑞拉谋求美好的生活；80年代拉美其他国家的人也到这里寻找经济繁荣和自由。但过去20年间，委内瑞拉的移民出现了大规模的反向流动。④ 1998—2013年超过150万委内瑞拉人（约占其总人口的4%—6%）移民海外。⑤

这些海外移民中大多数属于中产阶级职业阶层。委内瑞拉中央大学社

---

① Gerver Torres and Andrew Dugan, "Venezuelans Saw Political Instability Before Protests", Gallup, http://www.gallup.com/poll/167663/venezuelans-saw-political-instability-protests.aspx.
② Ibid..
③ WJP Rule of Law Index 2014, http://data.worldjusticeproject.org/#/index/VEN.
④ 委内瑞拉移民的反向流动经历了3个关键的节点：1. 1983年，原因是国际原油价格暴跌，导致委内瑞拉人经历了一个刻骨铭心的"黑色星期五"（El Viernes Negro en Venezuela），玻利瓦尔对美元汇率从4.3∶1暴跌至7.5∶1；2. 1992年，委内瑞拉出现针对佩雷斯总统的政变势头导致政府信心锐减；3. 2002年，石油大罢工失败后，大批PDVSA的雇员被开除，导致委内瑞拉出现海外移民潮并持续至今。
⑤ Antonio Maria Delgado, "Venezuela agobiada por la fuga masiva de cerebros", http://www.elnuevoherald.com/noticias/mundo/america-latina/venezuela-es/article2039010.html.

会学教授帕埃斯（Tomas Paez）领衔的一项调查显示，[1] 委内瑞拉的这些海外移民中，90%拥有学士以上学位，其中40%拥有硕士学位，12%拥有博士或博士后学位。移民国家主要集中在美国和欧洲，也有拉美其他国家，如哥伦比亚和墨西哥等。从海外移民的职业构成来看，主要有以下几类。

1. 政治流亡者。目前在美国有9000人，而同时向欧盟国家申请避难的数量也在上升。

2. 国家石油公司（PDVSA）的技术人员和管理阶层。这些人大多数是因为2002—2003年参加反对查韦斯的游行活动而被驱逐或被迫离开，因其被政府禁止在国内石油相关行业再就业。在被开除的近20000名雇员中有80%属于PDVSA旗下的研究部门，有3/4目前在加拿大、美国、墨西哥、阿根廷、哥伦比亚和中东工作。[2] 比如在加拿大的阿尔伯塔油田（Alberta）委内瑞拉石油技术人员的数量增加迅速，因其地质和奥里诺科重油带相似。2001年这里还只有465名委内瑞拉技术人员，但到2011年已经达到3860人，十年间增加了730%。美国国务院电报曾称"技术工人的流失可能对委内瑞拉的未来产生巨大影响"[3]。的确如此，石油技术和管理人才的大量流失让PDVSA元气大伤，石油产量锐减，事故伤害率从2002年每百万工时1.8件上升到2012年的6.2件，而2012年同期墨西哥石油公司（Pemex）只有0.6件。

3. 企业家。企业家离开委内瑞拉通常是因为国内价格控制、政府官员勒索、缺乏生产材料和外汇管制等。

4. 会计师和管理阶层。这部分人通常因为薪资低和通货膨胀而移民经济增长相对平稳的国家，如智利、墨西哥、秘鲁和美国等。

5. 医生和护士阶层。医生和护士离开主要是因为低工资和缺少职业认可。查韦斯政府时期，大量引入古巴医生建立社区诊所，减少了对医生培训的设施和资金支持，结果导致许多研究生医学和学位课程被迫关闭。

---

[1] Peralta Arias y Rubén Dario, *Diáspora del Talento. Migración y Educación en Venezuela: análisis y propuestas*, Editoriales Varias, Caracas, 2014, 转引自 Tomas Paez, "El talento se fuga de Venezuela", http://www.tomaspaez.com/pagwp/? p =411.

[2] "Venezuela's oil diaspora: Brain Haemorrhage", Jul. 19th 2014, *The Economist*.

[3] 美国国务院解密报告，UNCLASSIFIED PTQ9940, http://www.state.gov/documents/organization/146802.pdf.

6. 最后却是最重要的，即知识界，特别是教育和科技人才外流速度急剧增加。① 过去五年间西蒙·玻利瓦尔大学（USB）有 240 名教授放弃教职出国，大约 700 名教职员工在 2011—2012 年离开委内瑞拉中央大学（UCV）；到 2013 年底苏利亚大学（LUZ）有 1577 个教师岗位空岗。②"委内瑞拉科技人才外流的过程反映出政府缺乏留住科技人才的明晰政策，同时委内瑞拉也没有形成利用优越的工作和研究条件吸引人才的科技文化，这和中心国家形成了鲜明的对比。"③ 人才流失的直接后果是，委内瑞拉历经了大半个世纪才建设起来的科技能力，在过去十年间几乎流失殆尽。数据显示，2009—2013 年，委内瑞拉成为拉美地区唯一一个科技生产力下降的国家，降幅高达 29%。④

此外，值得一提的是犹太人的大量外流。犹太人是全世界公认的商界奇才，普遍拥有经营商业的智慧，是重要的人力资本。而根据拉美犹太人协会的统计，查韦斯执政当年委内瑞拉的犹太人大约有 22000 名，但到 2010 年超过 50% 离开了委内瑞拉，到 2015 年估计只剩下约 7000 人。⑤

目前这种人才外流的悲剧还在继续。2014 年委内瑞拉民意调查机构"数据分析"（Datanalisis）的调查显示，⑥ 有 10% 的委内瑞拉人计划在不远的将来离开委内瑞拉。这一数字比两年前增加了一倍，也超过了过去十年间委内瑞拉向外移民的两个高峰时期，即 2002 年政变后和 2004 年总统公投之后。

委内瑞拉大量向外移民是一个非同寻常的现象。在拉美地区，传统上

---

① Iván De la Vega y Claudia Vargas, "Emigración intelectual y general en Venezuela: Un mirada desde dos fuentes de información", *Bitácora-e*, *Revista Electrónica Latinoamericana de Estudios Sociales, Históricos y Culturales de la Ciencia y la Tecnología*, Año 2014 No. 1.

② "Venezuela: pobres condiciones tras éxodo de científicos", http://www.scidev.net/america-latina/educacion/noticias/poor-conditions-blamed-for-venezuelan-scientist-exodus-1.html.

③ Iván de la Vega, "Emigración intelectual en Venezuela: el caso de la ciencia y la tecnología", *Interciencia*, 28 (5), 2003, pp. 259–267.

④ "Científicos venezolanos emigran al exterior en busca de mejores sueldos", *Revista Venezolana*, 02 julio 2014, http://www.revistavenezolana.com/2014/07/cientificos-venezolanos-emigran-al-exterior-en-busca-de-mejores-sueldos/.

⑤ "ADL Denounces Anti-Semitic Graffiti Sprayed on Synagogue in Venezuela", Jan. 2nd, 2015, http://www.algemeiner.com/2015/01/02/adl-denounces-anti-semitic--graffiti-sprayed-on-synagogue-in-venezuela.

⑥ Ibid..

向外移民的主力是社会下层,目的主要是获得更高的经济收入。但在委内瑞拉,已经移民或者计划向外移民的人群主要是社会的中上层。[①] 他们选择"用脚投票"的主要原因[②]包括国家缺乏中长期的连贯政策、公民安全无法保障(诸多研究表明这是移民的首要原因)、就业质量不高、通货膨胀严重、汇率管制和货币持续贬值、公共服务质量日趋低下、腐败控制不力,以及国家未来发展的不确定性。

六 国家治理能力日益削弱

从查韦斯执政的中后期以来,委内瑞拉的政治、经济和社会趋势日渐不稳,政府在各方面的控制和管理能力都日趋弱化,到2013年,委内瑞拉的国家治理能力已经日益削弱。这一点可以从反映治理能力的世界治理指数(World Governance Index,WGI)中窥见一斑(见图8-8)。

第一,纵向来看,委内瑞拉的国家治理能力日渐趋弱。WGI的变动趋势显示,1998—2013年,委内瑞拉WGI的各项指标[③]基本上都呈持续下降态势。其中,下降速度最快、恶化最严重的领域依次是法治指数得分从23分降至不足1分;监管质量指数从40分降至3分;腐败控制指数从2000年的峰值35分降至2013年的7分。然而,这个时期,拉美地区的WGI指数均保持稳定或者有所提高,这与委内瑞拉形成了鲜明的对比。在言论和可问责性、政府效率、管制质量、法治等指标方面基本保持稳定,得分总体上在平均偏上水平;而政治稳定性和消除暴力以及腐败控制方面则有小幅度提升,同样保持在平均偏上水平。

---

① "Ten percent of Venezuelans are taking steps for emigrating", *El Universal*, August 16, 2014, http://www.eluniversal.com/nacional-y-politica/140816/ten-percent-of-venezuelans-are-taking-steps-for-emigrating.

② Arminda Hanoi Reyes Reyes, *El Caso Venezuela: Como Un País Receptor De Inmigrantes Se Convierte En Un Pueblo de Emigrantes*, Tesis de Maestría, 2014, Universidad de Nebraska.

③ http://www.eluniversal.com/nacional-y-politica/140816/ten-percent-of-venezuelans-are-taking-steps-for-emigrating.

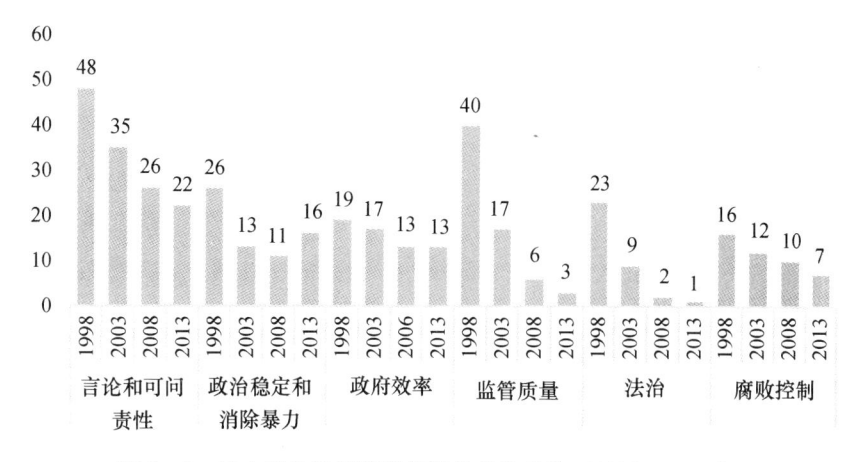

图 8-8 委内瑞拉世界治理指数的变化趋势（1998—2013年）

资料来源：世界银行治理指数数据库，http：//info.worldbank.org/governance/wgi/index.aspx#reports。

第二，横向来看，委内瑞拉的国家治理能力不仅远远落后于拉美地区，而且与同等经济水平的国家相去甚远。这里以2013年的数据分析为例。首先，委内瑞拉WGI的各项指标都远远低于拉美平均数，其中法治指数比拉美平均数低5200%，监管质量指数低近1800%，腐败控制指数低700%。[①] 这说明委内瑞拉的国家治理能力即使在拉美地区都已经下降到难以想象的地步。其次，委内瑞拉WGI的各项指标远远落后于同等经济水平的国家。根据世界银行的划分委内瑞拉属于中高收入国家，与全球中高收入国家WGI的平均水平相比，委内瑞拉都相去甚远。比如法治指数只有同等经济水平国家的1/49，监管质量只有1/16强，腐败控制只有1/7强，政府效能只有同等经济水平国家的1/4强。最后，委内瑞拉WGI的各项指标在拉美国家中均处于最低或接近最低水平。除了言论和可问责性、政治稳定和消除暴力两项指标上分别仅好于古巴和哥伦比亚外，委内瑞拉其余指标在19个国家的排名中均处于最低水平。（见图8-9）

---

① World Governance Index (WGI), http：//info.worldbank.org/governance/wgi/index.aspx#reports.

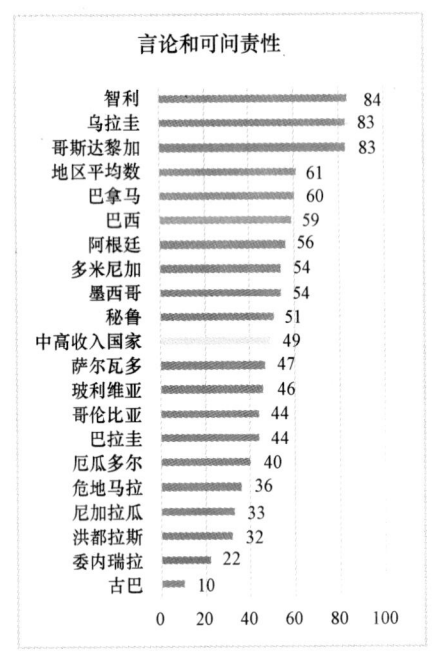

言论和可问责性

国家	值
智利	84
乌拉圭	83
哥斯达黎加	83
地区平均数	61
巴拿马	60
巴西	59
阿根廷	56
多米尼加	54
墨西哥	54
秘鲁	51
中高收入国家	49
萨尔瓦多	47
玻利维亚	46
哥伦比亚	44
巴拉圭	44
厄瓜多尔	40
危地马拉	36
尼加拉瓜	33
洪都拉斯	32
委内瑞拉	22
古巴	10

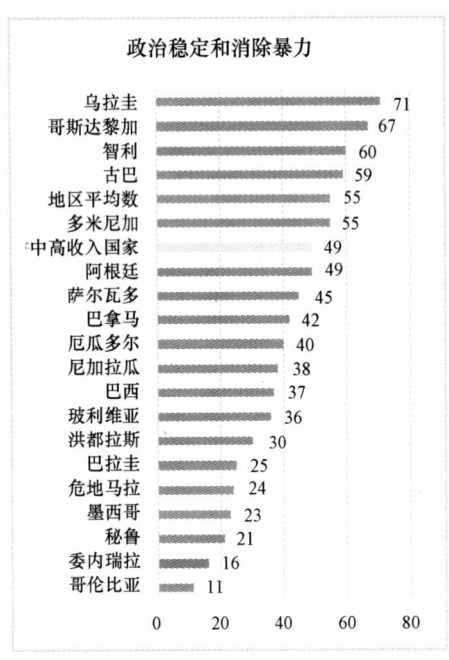

政治稳定和消除暴力

国家	值
乌拉圭	71
哥斯达黎加	67
智利	60
古巴	59
地区平均数	55
多米尼加	55
中高收入国家	49
阿根廷	49
萨尔瓦多	45
巴拿马	42
厄瓜多尔	40
尼加拉瓜	38
巴西	37
玻利维亚	36
洪都拉斯	30
巴拉圭	25
危地马拉	24
墨西哥	23
秘鲁	21
委内瑞拉	16
哥伦比亚	11

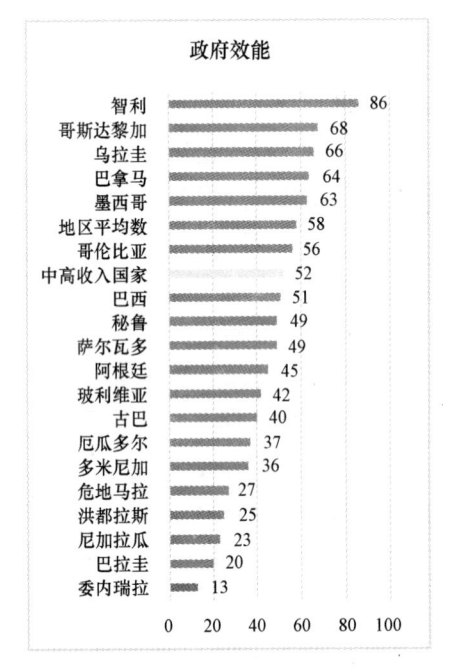

政府效能

国家	值
智利	86
哥斯达黎加	68
乌拉圭	66
巴拿马	64
墨西哥	63
地区平均数	58
哥伦比亚	56
中高收入国家	52
巴西	51
秘鲁	49
萨尔瓦多	49
阿根廷	45
玻利维亚	42
古巴	40
厄瓜多尔	37
多米尼加	36
危地马拉	27
洪都拉斯	25
尼加拉瓜	23
巴拉圭	20
委内瑞拉	13

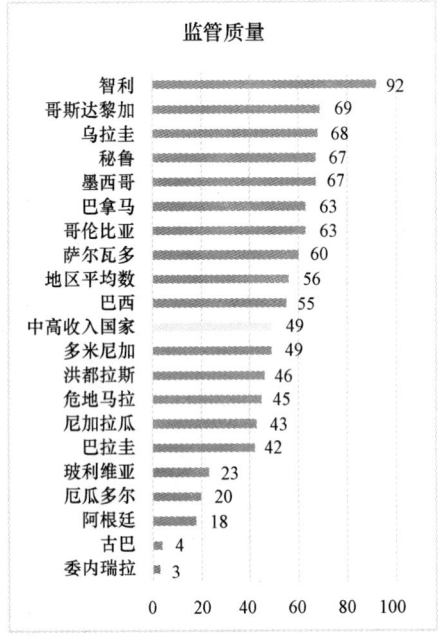

监管质量

国家	值
智利	92
哥斯达黎加	69
乌拉圭	68
秘鲁	67
墨西哥	67
巴拿马	63
哥伦比亚	63
萨尔瓦多	60
地区平均数	56
巴西	55
中高收入国家	49
多米尼加	49
洪都拉斯	46
危地马拉	45
尼加拉瓜	43
巴拉圭	42
玻利维亚	23
厄瓜多尔	20
阿根廷	18
古巴	4
委内瑞拉	3

法治

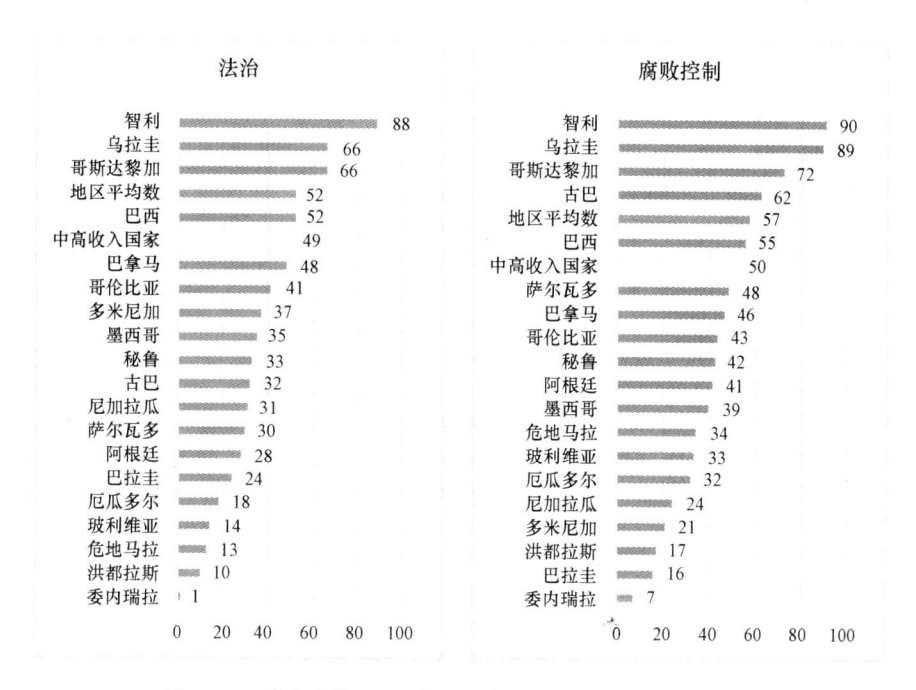

国家/地区	值
智利	88
乌拉圭	66
哥斯达黎加	66
地区平均数	52
巴西	52
中高收入国家	49
巴拿马	48
哥伦比亚	41
多米尼加	37
墨西哥	35
秘鲁	33
古巴	32
尼加拉瓜	31
萨尔瓦多	30
阿根廷	28
巴拉圭	24
厄瓜多尔	18
玻利维亚	14
危地马拉	13
洪都拉斯	10
委内瑞拉	1

腐败控制

国家/地区	值
智利	90
乌拉圭	89
哥斯达黎加	72
古巴	62
地区平均数	57
巴西	55
中高收入国家	50
萨尔瓦多	48
巴拿马	46
哥伦比亚	43
秘鲁	42
阿根廷	41
墨西哥	39
危地马拉	34
玻利维亚	33
厄瓜多尔	32
尼加拉瓜	24
多米尼加	21
洪都拉斯	17
巴拉圭	16
委内瑞拉	7

图 8-9 委内瑞拉 WGI 各项指标（2013）：按国别和区域

注：地区平均数的取值范围包括世界银行全球治理指数覆盖的 46 个拉美和加勒比国家与地区。

资料来源：WGI，http：//info.worldbank.org/governance/wgi/index.aspx#reports。

第五节 委内瑞拉国家治理的未来

综上所述，可以发现：经济增长引导致了社会结构变迁，创造了新的社会阶层和新的社会需求。这意味着领导者需要革新思维，在政策上从传统的亲穷人的增长（Pro-poor growth）适时地转向包括中产阶层在内的增长（inclusive middle-class growth）[1]。但查韦斯以来的两届政府显然都没有或者不愿意捕捉这种变化，而不断地依靠权力集中和权力意志加强治理的权力建设而非能力建设，导致国家治理能力日益削弱。与此同时，外部环

---

[1] Nancy Birdsall，"The Macroeconomic Foundations of Inclusive Middle-Class Growth"，IFPRI，Jan.14，2008，http：//www.ifpri.org/sites/default/files/publications/oc63essay01.pdf.

境恶化导致出现新的风险，这些风险可能给其统治能力带来致命一击。

首先，国民认同急剧下降。"美洲晴雨表"的调查表明，[1] 在2014年涵盖23个拉美国家的总统支持率调查中，委内瑞拉总统马杜罗名列倒数第一，得分只有34.3，这一数字与同为左翼的厄瓜多尔总统科雷亚相差37.3分，甚至比拉美简单平均数还低近20分。这与前文分析的委内瑞拉政治宽容度在2014年大幅度提升有密切关系，即委内瑞拉人更加包容，也更认同"反对的权利"。这意味着进一步压制批评声音将招致马杜罗的支持率继续下降，马杜罗将因此陷入进退维谷的境地：继续压制批评和反对声音会导致支持率进一步下降，而任由反对派火上浇油则可能动摇政权。另外，普遍存在的危机感无疑加重了精神层面的集体焦虑。委内瑞拉数据分析研究所（IVAD）的最新民意调查显示，[2] 有75.1%的委内瑞拉人认为自己的国家正沿着错误的方向发展，有84.1%的人认为委内瑞拉当前陷入经济危机，81.3%的人认为委内瑞拉正陷入政治危机。

其次，政治支持基础或将发生重大变动。由委内瑞拉3家顶级大学安德烈斯·贝略天主教大学（UCAB）、委内瑞拉中央大学（UCV）和西蒙·玻利瓦尔大学（USB）联合发起的独立调查发现，[3] 2013—2014年的经济衰退将委内瑞拉的贫困率重新拉回到接近1998年，即查韦斯竞选获胜那年的水平（45%）。2014年，委内瑞拉全国共有48.4%的家庭生活在贫困线下。事实上，拉美经委会最新发布的数据也验证了这种变化。[4] 委内瑞拉是唯一一个2013年贫困率和赤贫率均大幅度上升的国家，贫困率从2012年的25.4%上升到32.1%，赤贫率同期从7.1%上升到9.8%。可以预测，2015年委内瑞拉的收入贫困将再创新高，因为近两年来推动贫困增加的因素，比如商品和服务价格，特别是食品价格恶性膨胀、实际

---

[1] 总体上就现政府而言，您如何评价总统/总理的工作表现？得分区间为0—100分。非常好（100分）、好（75分）、不好不坏（50分）、坏（25分）、非常坏（0分）。Mariana Rodríguez with Elizabeth J. Zechmeister, "Amid Low Evaluations of Maduro's Performance, Tolerance of Regime Critics Grows in Venezuela", Figure 1, *AmericasBarometer*: *Topical Brief*, March 2, 2015.

[2] Barómetro Político, IVAD, "75.1% considera que el país va en dirección equivocada", 22 octubre, 2014, http://barometropolitico.com/2014/10/22/ivad-751-considera-que-el-pais-va-en-direccion-equivocada-la-mas-reciente-encuesta-del-instituto-venezolano-de-analisis-de-datos-ivad-realizada-el-29-de-septiembre-revela-que-un-751-de-los-venez/.

[3] Luis Pedro España N., *Pobreza y Programas Sociales*, *Encuesta sobre Condiciones de Vida Venezuela* 2014, UCAB & UCV & USB.

[4] *Panorama Social de América Latina* 2014, página 66, CEPAL, Santiago, Chile.

工资购买力剧烈下降等短期内仍难以改变。

最后，中间阶层和社会下层的抗议相互交织，有出现合流的可能性。未来两到三年，委内瑞拉经济不太可能明显好转，甚至有继续恶化的可能。经济衰退最容易给中产阶级的中下层构成威胁，因其是脆弱和不稳定的，缺乏应对外部冲击的能力。而穷人更多依赖政府转移支付来获取教育、医疗等公共服务。财政收入萎缩势必导致公共支出下降，受影响最大的是社会下层。数据显示，最近五年间"使命"系列计划的受益面一直在减少，目前已降至20%。[①] 这会激发下层群体的不满，但同时会降低其对政府的经济依附，动摇其对政府的支持。2014年下层群体虽然没有参加中产阶级发起的抗议示威活动，但是也没有走上街头捍卫政府。这说明政府来自低收入群体的支持力度在削弱。在经济形势日益恶化的情况下，如果没有多少财政资源同时满足中间阶层和最脆弱群体的需要，他们都有可能掀起抗议，且相互交织，有可能出现合流或者遥相呼应。这对于马杜罗政府来说将是致命的。

就目前而言，委内瑞拉能否避免陷入不可治理状态，很大程度上取决于执政党能否放弃门户之见和意识形态对立，通过对话凝聚共识，让社会各阶层都能发出声音、分享权力，以缔造一个具有广泛包容性的共治局面，从而缓和或渡过当前的危机。

本章小结

从查韦斯1999年执政以来的16年里，委内瑞拉经济大部分时期稳定增长，再加上积极的再分配政策的实施，最终推动了社会结构的显著变化，其中最明显的就是新兴中产阶级的崛起。按照传统理论，中产阶级应当成为社会的缓冲层、政治的稳定器，但在委内瑞拉却成了社会的振荡器。究其根源在于，委内瑞拉的新兴中产阶级，仍然相当脆弱和不稳定，连同政府的两极分化战略的共同作用，严重挑战了政府的治理能力。经济不稳定、公共安全恶化、腐败严重和人才流失，正是国家治理失灵的表现，充分反映出制度对新的社会结构带来的融入和参与诉求无法充分吸

---

① Luis Pedro España N., *Pobreza y Programas Sociales*, *Encuesta sobre Condiciones de Vida Venezuela* 2014, UCAB & UCV & USB.

纳，同时也无法满足变化了的社会需求。就世界治理指数而言，委内瑞拉无论是纵向比较还是横向比较，基本上都濒于不可治理状态。未来一个时期，委内瑞拉的不确定性将进一步加大，对其治理能力的挑战也将更大。

参考文献

侯佩旭、范士陈:《海南岛社会变迁扫描——以新中国成立为研究起点》,《人民论坛》2011 年第 17 期。

李强:《"丁字型"社会结构与"结构紧张"》,《社会学研究》2005 年第 2 期。

李汉林、魏钦恭、张彦:《社会变迁过程中的结构紧张》,《中国社会科学》2010 年第 2 期。

罗纳德·英格尔哈特:《现代化与后现代化——43 个国家的文化、经济与政治变迁》,祁玲玲译,社会科学文献出版社 2013 年版。

施雪华:《政府综合治理能力论》,《浙江社会科学》1995 年第 5 期。

姚亮:《国家治理能力研究新动向》,《党政干部参考》2014 年第 16 期。

郑杭生、李路路:《社会结构与社会和谐》,《中国人民大学学报》2005 年第 2 期。

赵鼎新:《社会与政治运动讲义》,社会科学文献出版社 2006 年版。

Anuario Estadístico de América Latina y el Caribe, CEPAL, 2014.

Arminda Hanoi Reyes Reyes, El Caso Venezuela: Como Un País Receptor De Inmigrantes Se Convierte En Un Pueblo de Emigrantes, Tesis de Maestría, 2014, Universidad de Nebraska.

Barómetro nacional de Coyuntura Política Situación socio-política Nacional: Junio 2012, GISXXI, http: //www. gisxxi. org BP Statistical Review of World Energy, www. bp. com.

B. S. McBet, Juan Vicente Gómez and the Oil Companies in Venezuela, 1908 – 1935, Cambridge University Press, September 2009.

Carol Graham and Len Goff, "Frustrated Achievers, Protests, and Unhappiness in 3 Charts", June 17, 2014, http: //www. brookings. edu/blogs/up-front/posts/2014/06/17 – achievers-protests-unhappiness-graham-goff CEPALSTAT, CEPAL, www. cepal. org.

Encuesta nacional de victimización y percepción de seguridad ciudadana 2009, ENVPSC – 2009, INE, Caracas, Mayo de 2010, http: //www. derechos. org. ve.

Francisco H. G. Ferreira, etc., Economic Mobility and the Rise of the Latin American Middle Class, World Bank Publications, November 2012.

Javier Corrales, "Why Polarize? Advantages and Disadvantages of a Rational-Choice Analysis of Government-Opposition Relations under Hugo Chávez", in Jonathan Eastwood and Thomas Ponniah, eds., *Revolution in Venezuela*, Harvard University Press, July, 2011.

Javier Corrales, "Venezuela's Middle Ground", Foreign Policy, April 22, 2014, http://foreignpolicy.com/2014/04/22/venezuelas-middle-ground. Gallup, http://www.gallup.com. Gareth A.; Rodgers, Dennis (eds.). *Youth violence in Latin America: gangs and juvenile justice in perspective*, 1st ed., Basingstoke: Palgrave Macmillan, 2008. Latinobaróm etro, www.latinobarometro.org.

Luis Pedro España N., *Pobreza y Programas Sociales*, Encuesta sobre Condiciones de Vida Venezuela 2014, UCAB & UCV & USB.

Informe Conflictividad Social en Venezuela en 2011, 2012, 2013, 2014 y enero de 2015, OVCS, http://www.observatoriodeconflictos.org.ve.

Iván De la Vega y Claudia Vargas, "Emigración intelectual y general en Venezuela: Un mirada desde dos fuentes de información", *Bitácora-e, Revista Electrónica Latinoamericana de Estudios Sociales, Históricos y Culturales de la Ciencia y la Tecnología*, Año 2014 No. 1.

Iván de la Vega, "Emigración intelectual en Venezuela: el caso de la ciencia y la tecnología", *Interciencia*, 28 (5), 2003.

Mariana Rodríguez with Elizabeth J. Zechmeister, "Amid Low Evaluations of Maduro's Performance, Tolerance of Regime Critics Grows in Venezuela", *AmericasBarometer: Topical Brief*, March 2, 2015.

Michael Penfold y Guillermo Rodríguez Guzmán, "La creciente pero vulnerable clase media de América Latina: Patrones de expansión, Valores y preferencias", *Serie Políticas Públicas y Transformación Productiva*, N°17/2014, CAF.

Michael Penfold and Harold Trinkunas, "Prospects for Latin America's Middle Class after the Commodity Boom", Brookings, February 10th, 2015, http://www.brookings.edu/research/articles/2015/02/10-latin-america-middle-class-prospects.

Oliver Heath, "Explaining the Rise of Class Politics in Venezuela", *Bulletin of Latin American Research*, Vol. 28, No. 2, 2009.

Panorama Laboral 2013: *América Latina y el Caribe*, ILO, http://www.ilo.org/.

Peralta Arias y Rubén Dario, *Diáspora del Talento. Migración y Educación en Venezuela: análisis y propuestas*, Editoriales Varias, Caracas, 2014.

Roberto Briceño-León, "Tres fases de la violencia homicida en Venezuela", *Ciência & Saúde Coletiva*, Vol. 17, Núm. 12, diciembre, 2012.

Understanding Social Conflict in Latin America, 2013, UNDP and UNIR, www.undp.org.

Venebarometro, Estudio especial de marzo, 2014, http://edgutierrez.com/?cat

=24.

"Venezuela's oil diaspora: Brain Haemorrhage", Jul. 19th 2014, *The Economist*.

World Governance Index (WGI), World Bank, http://info.worldbank.org/governance/wgi/index.aspx#reports.

WJP Rule of Law Index, World Justice Project, http://data.worldjusticeproject.org/.

第九章

巴西劳工党与社会治理

方旭飞[*]

"治理"一词的基本含义是指官方的或民间的公共管理组织在一个既定的范围内运用公共权威维持秩序，满足公众的需要。治理的目的是在各种不同的制度关系中运用权力去引导、控制和规范公民的各种活动，以最大限度地增进公共利益。所以，治理是一种公共管理活动和公共管理过程，它包括必要的公共权威、管理规则、治理机制和治理方式。[①]政党作为现代政治的基本构成要素和重要活动主体，承担着社会意见表达和利益实现的功能，在国家与社会中发挥桥梁作用。治理理念同样适用于政党。政党治理就是政党与政府、社会就利益分配与发展等重大经济社会问题进行沟通、协商，从而在广泛民意基础上完成社会整合、达成社会团结，实现经济社会高效、有序发展的过程。[②]此外，政党治理还需要加强党内建设，增强党在民众中的号召力。政党实现治理的途径主要涉及党内治理和党外治理两个层面。前者侧重政党自身的建设，而后者则寻求与政府、社会力量形成和谐共治。作为治理的主要主体，执政党治理能力的高低不仅关乎执政党自身的生存和发展，也直接关系到国家的命运和前途。因而，如何提高治理能力是当前每个执政党面临的一项不可逾越的艰巨任务。

巴西劳工党（Workers' Party，葡萄牙语 Partido dos Trabalhadores，简称 PT）成立于20世纪80年代初，是拉美地区最大的、最重要的左派政

---

[*] 方旭飞，法学博士，中国社会科学院拉丁美洲研究所副研究员。
[①] 俞可平：《全球治理引论》，《马克思主义与现实》2002年第1期。
[②] 王小颖：《一些外国政党提升治理能力的做法及面临的挑战》，《党政研究》2014年第3期。

党。2002年10月劳工党领袖伊格纳西奥·卢拉·达席尔瓦（Luiz Inácio Lula da Silva，简称卢拉）在总统竞选中获胜。2003年1月1日，卢拉宣誓就职，成为巴西历史上第一位工人出身的总统。迄今，劳工党已连续执政十多年，经历了4届政府，即2003—2010年的两届卢拉政府（2003—2006年、2007—2010年）和2011年至今的迪尔玛·罗塞夫政府（Dilma Rousseff，2011—2014年、2014—至今）。劳工党执政的十多年，巴西政治稳定，经济增长，贫困和社会不公平有所改善。卢拉和罗塞夫均以较高的民意支持率成为巴西历史上和拉美各国中最受人爱戴的国家元首。巴西的发展与劳工党的治理是分不开的。劳工党在提高治理能力方面的做法值得我们重视和借鉴，但也存在一些不容忽视的严重问题和失误。2013年6月，巴西爆发了20年来最大规模的民众抗议活动，表达了对政府在基础设施、教育、医疗等方面公共投入的不足，更把矛头指向了社会问题突出、官僚腐败等。该运动的爆发不仅反映了当今巴西政治经济和社会发展中所面临的若干重大矛盾，也说明劳工党治理过程中存在的局限性。本章将从政治、经济、社会和党的自身建设四个方面来探讨劳工党提高治理能力的做法，从中总结有益的经验教训。

第一节　劳工党政治治理能力建设

治理是一个多层面的概念，通常涉及政治、经济、社会、文化等多个领域。如何提高政治领域的治理能力建设，是劳工党执政后面临的重要挑战。本节将着重探讨劳工党意识形态包容性建设以及政府与国会关系建设两个方面的内容。

一　提高意识形态包容性

不同意识形态的执政党，因纲领目标、社会政治基础、动员方式等方面的差别从而使其在治理能力建设方面往往面临不同的选择和挑战。淡化意识形态色彩、软化政策主张，是左翼执政党在国家治理过程中扩大政治和社会基础、提高党和政府凝聚力的重要手段。劳工党的这一进程是20世纪90年代后半期开始的，2002年竞选前后达到了高潮。在2003年以后的执政过程，一直未诉诸激进主张，而是坚持以温和的左翼政党的面貌出现，因而成为拉美温和左翼的代表。

劳工党成立于1980年，是20世纪70年代末巴西政治经济和社会发展的历史产物。在劳工党成立过程中，新工会运动、"解放神学"以及巴西共产党等左派政党和政治力量的思想发挥了重要作用。成立后，劳工党就将党定位为"所有遭受资本主义制度剥削的人们的真正代表"[1]，并将消除资产阶级统治、建立社会主义和"一个既没有剥削者也没有被剥削者的社会"作为党的长期奋斗目标。[2] 在经济领域，劳工党主张实施以国家为主导的经济发展战略：国家是经济发展和管理的代理人，在经济发展战略中，不将市场和资源配置效率置于社会发展和正义之上；反对对国有企业和公共服务部门实施私有化，反对贸易自由化和放开管制，反对实施旨在使劳工市场"灵活化"的改革措施，反对在社会部门制定更为严格的提高财政效率的措施。劳工党还主张对现有政治、社会、经济权力进行再分配，实现分配平等。劳工党还主张彻底改变现有财产拥有制度，反对国内和国际财团控制国家资本；主张控制跨国公司的投资，限制利润汇回、废除税收津贴；彻底改变现有农村土地结构，实施广泛深入的土地改革，实现耕者有其田。[3] 劳工党认为，在巴西这样一个社会经济极度不平等的社会里，劳工党的再分配计划将会获得超凡的号召力，从而吸引选民支持，获得国家政权，最终实现党的目标。在政治领域，劳工党主张通过广泛的民众动员实现民主的社会主义。劳工党认为社会主义必须是民主的，只有社会主义才有真正的民主；没有民主便没有社会主义。[4] 20世纪90年代，劳工党开始在一些地方政府执政，提出并贯彻实施参与制民主的一些措施，通过参与制民主方式来解决民众政治参与问题。

20世纪90年代，劳工党发展为巴西最大的左派政党，意识形态和政策主张方面发生了去激进化的倾向。选举是劳工党淡化意识形态、软化政策主张的重要动力。自1982年首次参加议会选举以来，劳工党在各级选举中积累了许多经验，并逐步将工作重心由加强组织建设转向选举竞争。但是，党的领袖卢拉在军事独裁政权倒台后的连续三次总统选举（1989

---

[1] Sue Branford and Bernardo Kucinski, *Lula and the Workers Party in Brazil*, New York: The New Press, 2003, p.36.
[2] 熊复主编：《世界政党辞典》，红旗出版社1986年版，第465页。
[3] 钟清清主编：《世界政党大全》，贵州教育出版社1994年版，第880页。
[4] Sue Branford and Bernardo Kucinski, *Lula and the Workers Party in Brazil*, New York: The New Press, 2003, p.57.

年、1994年和1998年)中均以失败告终。1994年卢拉竞选失败后,劳工党开始了反思,及时对选举失利原因进行了认真的调查和评估,并将原因指向本党激进的政治理念和政策主张。劳工党想当然地以为在贫困和收入分配极度不公的巴西,彻底改变现有权力结构、实施激进再分配政策主张能得到多数民众尤其是中下层民众的支持。而调查结果表明,在1989年总统选举中,很多低收入和低教育程度的社会弱势群体把选票投给了保守派候选人科洛尔。而1994年卡多佐竞选成功的主要原因是反通货膨胀的雷亚尔计划获得成功。劳工党的激进政策主张在号召力方面显然不敌雷亚尔计划后巴西经济稳定发展为民众带来的实惠。劳工党领袖尤其是党内实用主义派别认识到,以激进社会变革为目标而进行广泛动员的战略存在局限性。

在2002年的总统竞选中,劳工党在某些政策主张方面已经与其历史传统显示出明显的区别。比如在土地改革方面,卢拉指出在巴西这样幅员辽阔的国家里,土改不必以占地的方式进行。此外,劳工党虽然继续承诺减贫和改善社会不公平,却不再强调进行彻底的社会变革,而是强调通过创造就业、大幅度提高最低工资、提高最低收入等现有体制内的政策来实现上述目标。劳工党认为,这些措施不仅能为弱势群体提供直接而明确的好处,且较少具有意识形态特征。在外债和私有化等方面的政策主张也有所改变。劳工党赞赏卡多佐政府偿付公债的承诺;认为企业私有化的结果是积极的,如果劳工党执政,不会将已私有化的企业重新国有化。[①] 鉴于国内外投资者对于劳工党执政后能否延续卡多佐时期的经济政策存有疑虑,卢拉发表了《给巴西人民的一封信》,承诺其执政后将改变传统激进立场,接受国际货币基金组织(IMF)提出的贷款条件,继续执行IMF推崇的计划,从而暂时消除了国际金融机构、债权银行和国内外投资者的担忧。[②]

经历了20世纪90年代末以来的发展演变,到2002年竞选时期,劳工党已经是一个以选票最大化为重心的"选举职业型"政党和"全民型(catch-all)"政党。劳工党的这一转型,扩大了党意识形态的包容性和社会认同度,为扩大选举号召力和执政时期的国家治理奠定了广泛的政治和

[①] 江时学主编:《国际形势黄皮书:拉丁美洲和加勒比发展报告 No.3 (2002—2003)》,社会科学文献出版社2003年版,第169—170页。

[②] Cesar A. Rodriguez Garavito et al., *La Nueva Izquierda en América Latina: sus orígenes y Trayectoria Futura*, Bogota: Grupo Editorial Norma, 2005, pp. 85 – 86.

社会基础。

2003年劳工党开始在巴西执政，被很多人看成巴西政治史甚至拉美地区政治发展的里程碑，标志着自20世纪80年代以来以替代新自由主义为核心的政治斗争的新起点及促进社会正义和根除社会经济不平等的社会结构改革的开端。卢拉总统也被看成拉美"左转"的象征和反新自由主义运动的领袖和旗手。但是事情并非如想象的那样发展。劳工党政府（包括2011年上台的罗塞夫政府）虽然执行了一些旨在减贫的社会政策，但是没有形成脱离新自由主义实践的新格局。劳工党政府仍延续了新自由主义发展模式的内核，在社会领域实施的仍然是以社会安全阀为特征的减贫政策。在政治上，劳工党传统上以动员民众作为实现目标的主要战略和手段，主张贯彻实施以参与制民主为核心的激进民主理念。但是，2003年执政后，卢拉政府并没有将广泛动员和推动参与制民主机制作为政治治理的主要手段。

二　构建有利于政府政策实施的国会联盟

行政部门与立法机构的关系直接影响政府在解决经济社会问题和面对社会经济危机进行改革的能力。执政党的政治治理能力建设，通常与政府—国会关系有关。执政党需要有效协调国会内部不同政党和各种游说团体间的利益，避免立法僵局，保证得到国会对政府政策措施的支持，维持民选政府的治理能力。如果行政部门有能力就重要的立法建立跨党国会联盟，就可以有效提高政治治理能力。

在巴西，特殊的政治制度决定了任何一个政党上台后必须妥善解决与国会之间的关系。巴西宪法规定，总统提出的大部分政策，特别是针对现行体制或政策的改革，一般需通过国会的立法程序，而许多计划和措施必须得到国会两院2/3以上议员的通过。但是自再民主化以来，巴西实行开放名单和比例代表制为基础的选举制度，致使大量政党不断涌现，从而形成高度分化的政党制度。在这种制度下，任何一个政党都不太可能获得国会多数席位。1990年以后，巴西国会众议院中占有议席的政党数量一般不少于19个，且没有一个政党能够拥有超过25%的席位。此外，各州州长以及各种利益集团也可以通过不同方式对国会议员的行为施加压力和影响。国会中力量平衡因而陷入非常复杂的态势，总统的决策和施政过程面临着巨大的不确定性，导致巴西政治效率水平低下。所以，巴西自民主化以来各届政府和执政党都致力于建设性的政府—国会关系，将平衡国会各党派政治力量、争取国会对政府的支持作为政治治理的焦点。

2002年卢拉当选总统是巴西政治史上的重要转折点，劳工党首次赢得了总统选举。但是，从国家治理角度上说，这并非一个顺利的开始。2002年选举之后，劳工党的政治治理面临非常严峻的挑战。虽然卢拉以高得票率当选总统，但是劳工党在国会中的形势非常严峻。在众议院，劳工党拥有91个席位，超过自由阵线党成为众议院第一大党，社会主义人民党（PPS）、巴西社会党（PSB）、劳工民主党（PDT）、巴西工党（PTB）、民主社会党（PSD）和自由党（PL）党等劳工党的盟党共有约120个席位。劳工党与其盟党的总席位数与绝对多数席位还有近50席的差距。在参议院中，劳工党拥有14个席位，落后于自由阵线党（19席）和巴西民主运动党（19席）。劳工党与其盟党（16席）控制的席位只占参议院席位的37%，政府无法保证立法程序的顺利通过。劳工党在推进政府立法程序的过程中缺乏各州政府的稳定支持，因为在全国27个州中，只有4个州的州长职位掌握在劳工党人手中。[①] 劳工党上台后面临的重要问题是如何建立切实可靠的国会多数联盟，确保国会对政府政策的支持。

为了获得国会对政府政策的支持，民主化以来巴西各执政党均采用"联盟总统制"的做法，通过与其他政党建立大联盟，并根据各政党在国会中的议席按比例分配内阁职位。但是劳工党上台后没有采取这种常规做法。劳工党认为，国会联盟必须以相同或相似的政策主张和纲领诉求为基础，而不能以非透明的政治交易为基础。因而，在地方一级的议会中，劳工党秉承这一理念只与一些左派和中间派政党建立了联盟。而在国会中，最重要的中间派政党是社会民主党（PSDB）。该党自民主化以来一直是劳工党的宿敌，且是1994年、1998年和2002年总统竞选的主要对手，不可能成为劳工党的潜在联盟。因而，如何扩大国会联盟，成为劳工党政治治理领域的关键议题。一方面，劳工党内左翼派别坚决反对可能会导致在政策上让步或者与社会基础疏远的联盟；而另一方面，如果不能扩大国会联盟，劳工党的治理将受到严重限制和约束，甚至什么也做不了。

面对上述尴尬的困境，劳工党内部分重量级人士指出，要获得国会支持，只有两种选择：一是突破禁忌，与国会大党结盟；二是根据不同议题

---

① EIU, *Country Report: Brazil*, London, United Kingdom, December 2002, pp. 15–16.

需求与小党结盟。排除了与社会民主党结盟的可能性之后，劳工党唯一有可能结盟的大党就是民主运动党（PMDB），该党对劳工党的社会改革主张比较认同，拥有众议院 74 个席位和参议院 19 个席位。与 PMDB 结盟的想法得到了总统府民事办公室主任若泽·迪尔塞乌（José Dirceu）和党内部分人士的大力支持，却遭到卢拉的强烈反对。有学者认为，卢拉反对与民主运动党结盟主要是考虑到 PMDB 是卡多佐政府的主要盟党，若与其结盟，恐难以说服反对新自由主义的支持者。另外，党内部分人士对于民主运动党长期以来的投机和腐败问题存有强烈的担忧。因而，在卢拉的坚持下，劳工党在 2003—2005 年主要与 8 个小党结成国会联盟，其中包括人民党（PP）和巴西共和党（PRB）等保守党。通过这种方式，劳工党建立的这一联盟控制众议院控制 318 个席位，约占总席位的 60%，但是在参议院中仍不能控制多数席位。此外，部分盟党议员缺乏纪律，在国会投票中存在不遵本党纪律、改换党的忠诚等问题。因而，劳工党建立的这一国会联盟要想顺利通过政府政策，仍存在较大困难。

2003—2005 年，由于劳工党建立的国会联盟仍无力控制参议院多数席位，因而采取了向国会其他政党议员买票的无奈之举。为此劳工党建立了一个秘密基金，用于收买国会其他政党议员。劳工党每月向这些议员发放"津贴"以换取他们对政府政策的支持。用贿赂的方法购买政治支持的做法在拉美国家并非特例，但是对于一个进步的左翼政党来说，这无异于政治自杀。2005 年 6 月，巴西工党国会众议员罗伯托·杰弗逊（Roberto Jefferson）向媒体揭露劳工党的这一行为，致使全国上下一片哗然，这就是巴西历史上最大的政治腐败案——著名的"月费案"（Mensalão）。"月费案"将劳工党拖入了史上最严重的危机，说明劳工党最初的政府—国会关系建设的失败。

2005 年"月费案"爆发以后，劳工党着手调整控制国会的策略。卢拉及党内部分人士认为，与大党结盟是劳工党建立一个足以控制国会多数席位的稳定联盟的关键所在。劳工党吸取了"月费案"的教训，决定采用过去执政党的常规做法，利用政治分肥，与国会大党分享内阁职位，并出让预算的自由裁量权作为交换，换取他们的支持。时任总统府民事办公室主任吉尔伯托·卡瓦略（Gilberto Carvalho）认为，通过与其他大党分享权力，政府就可以避免不断地被小党敲诈，并构建一个更加稳定的联盟。2007年1月，卢拉就职第二任期。新一届国会延续了巴西国会高度分化的特征，21个政党在众议院拥有席位，第一大党民主运动党席位只占17%。在州长选举中，劳工党获得5个州长职位。在推动政府与国会关系方面，劳工党仍面临巨大挑战。为此，卢拉将大量职位分配给盟党和支持他的派系。民主运动党议员被任命为内阁部长，该党就此成为劳工党最重要的国会政治联盟之一。2007年，在党的第三次全国代表大会上，劳工党正式批准与民主运动党建立联盟，为劳工党与右派政党结盟提供了合法性。

第二届卢拉政府的国会盟党数量增至14个，但是如何维持这14个盟党的稳定支持是一个艰巨的挑战。劳工党的主要措施是将预算过程自由裁量权的分配作为稳定国会政治联盟和吸引更多党派支持的重要手段。2003年劳工党就职的时候，每个国会议员提出预算修正的额度是200万雷亚尔（相当于58.31万美元）。"月费案"爆发后，劳工党增加了国会议员预算过程自由裁量权的额度，据统计，2005—2010年，议员拥有的预算过程的自由裁量权额度从2005年的350万雷亚尔（130万美元）增至2010年的1200万雷亚尔（700万美元）。而卡多佐时代，每个议员有权持有的预算修正额度从未超过200万雷亚尔。在政治分肥战略的有力支持下，劳工党在国会获得PMDB和PP等重要政党的支持，政府政策获国会批准的成功率高达76%，这是巴西再民主化以来的最高纪录。[1]

但是，通过政治分肥来获得国会政党联盟支持的方式也存在诸多缺陷，为劳工党的国家治理带来很多障碍。劳工党与国会盟党之间缺乏纲领或政策主张方面的认同，在一些重大改革尤其是进步立法方面，仍难以获得它们的一致和持续稳定的支持。2008年8月，劳工党意欲推进旨在降低政党制度分化、严格政党纪律、限制总统竞选中私募资金使用和减少腐败的政治改革，遭到巴西工党、巴西社会党、共和国党（PR）和人民党4个盟党的强烈反对。

尽管通过政治分肥方式扩大国会联盟的方式存在种种弊端，但是劳工党仍将此作为控制国会更多议席、提高政治治理能力的有效途径。2010

---

[1] Hernan F. Gomez Bruera, *Lula, the workers' party and the governability dilemma in Brazil*, Routledge, 2013, p. 100.

年的总统选举中，劳工党将10个政党纳入其选举联盟，民主运动党领袖米歇尔·特梅尔（Michel Temer）成为罗塞夫竞选副手。罗塞夫执政后，继续贯彻实施卢拉政府时期的政治治理措施，又将7个政党纳入劳工党的国会联盟。劳工党将5个部长职位分配给了民主运动党（众议院第二大党），另外6个政党分别得到一个内阁部长职位。罗塞夫执政第一任期劳工党及其国会盟党的议席已经超过了卢拉执政时期。但是罗塞夫政府并没有在政治改革、税制改革等民众期待已久的领域的立法获得重要突破。

第二节　劳工党的经济治理能力建设

经济治理是用来解释市场在资本主义经济中的地位和角色及市场对民主政府施加限制的概念。经济治理主要关注执政党满足有可能破坏经济稳定的经济实力强大的部门的利益的方式。[1] 劳工党为提高经济治理能力所采取的措施包括协调与金融部门的利益作为稳定宏观经济的杠杆；保持政策连贯性，实施稳健务实的经济政策。

一　协调与金融部门的关系

2002年，劳工党致力于竞选。劳工党在多次民意调查中显示很有可能胜选，即将执政。但即将由在野党走上执政地位的劳工党面临更为严峻的挑战。一方面，巴西经济形势异常严峻。2002年，巴西公共债务占GDP的比重已经超过50%；受严重金融危机和俄罗斯经济危机的影响，巴西宏观经济不稳，经常账户赤字严重。另一方面，外国投资者、多边机构和国内工商业团体对于一个在不到十年之前还在为争取实现社会主义而奋斗的政党即将上台执政感到忧虑。他们担忧劳工党领导下的新政府会拖欠外债，不能继续执行卡多佐政府时期的新自由主义政策。上述担忧在金融市场产生强烈反应，资本外逃，货币贬值，国家风险指数上升。2002年1—9月，巴西资本外逃超过了190亿美元，货币雷亚尔对美元国家风

---

[1] Hernan F. Gomez Bruera, *Lula, the workers' party and the governability dilemma in Brazil*, Routledge, 2013, p. 20.

险指数从 963 点升至 1636 点。① 金融部门尤其是外国投资银行和巴西债券持有人的利益受到严重威胁，它们作为巴西的经济发展中占主导地位的部门，有充分的能力通过进一步抽逃资本、发起投机性货币供给等手段，使通胀、汇率和所有宏观经济指标失去控制，破坏宏观经济稳定发展。劳工党认识到如果经济形势进一步恶化，甚至爆发经济危机，不仅巴西经济会产生严重困难，而且将严重危及国家社会和政治的稳定性，威胁劳工党执政的合法性。因而，消除金融部门对劳工党执政的疑虑和担忧，稳定市场，关系到劳工党执政后能否顺利实施经济治理。

鉴于金融部门对左派政府的怀疑和担心，劳工党将协调与金融部门的关系，稳定金融形势，消除金融部门对劳工党执政疑虑列为经济治理的重要环节。为稳定金融形势，恢复市场信心，劳工党在竞选期间就开始了一系列准备工作，采取了一系列措施。为了表明与劳工党传统激进经济政策的疏远，卢拉撤换持激进政策主张的顾问，吸收保守经济学家进入经济顾问团队。2002 年 6 月，卢拉在《给巴西人民的一封信》中向金融部门作出了 4 个承诺：严格财政纪律，维持政府财政盈余；继续实施通胀目标战略的反通胀政策；维持浮动汇率政策不变；尊重现有合同。但是，上述保证并不足以平息市场的疑虑和担忧。2002 年 7 月，即《给巴西人民的一封信》发表一个月后，标准普尔以公共债务飙升、市场对巴西政治社会不稳的担忧增加为由降低了巴西的主权债券评级。为此，卢拉积极与 IMF 进行谈判，承诺执政后不会废除与 IMF 签订的协定，保证未来执政后遵守实现 3.75% 的预算盈余目标。2002 年 9 月，IMF 与巴西签署 300 亿美元的贷款协议。

卢拉在竞选过程中为恢复市场对劳工党执政的信心作出了巨大努力，但是卢拉当选后不久，宏观经济稳定性依然非常脆弱，不确定性没有完全消除。劳工党必须竭尽全力重拾金融部门信心，以期获得该部门的支持。劳工党将此看成提高治理能力的重要问题。劳工党认为，在某种程度上，与这一重要部门保持良好关系就如同购买了健康保险，不仅有助于经济治

---

① Nelson Barbosa e José Antonio Pereira de Souza, "A Inflexão do Governo Lula: Política Econômica, Crescimento e Distribuição de Renda", Accessed December 22, 2014, http://marx21.com/2010/04/19/a-inflexao-do-governo-lula-politica-economica-crescimento-e-distribuicao-de-renda/.

理，而且对于提高社会和政治治理能力也是至关重要的。① 劳工党还希望借助金融部门的力量，改善与其他敌视劳工党阶级、意识形态和历史的保守派力量的关系，减少国会中的敌对势力。作为即将执政的总统，卢拉将当选后的一系列行动作为向市场释放的重要信号。在对外关系方面，一些左派人士认为卢拉会首先访问社会主义古巴和激进左派执政的委内瑞拉。而实际上卢拉首先访问了阿根廷和智利，又奔赴美国与布什总统进行会谈，还会见了世界银行、美洲开发银行等重要国际金融机构的首脑，期间宣布任命圣保罗州里贝朗普雷图市前市长安东尼奥·帕洛奇（Antonio Palocci）为未来新政府的财政部部长。帕洛奇是卢拉最亲密的盟友之一，20世纪90年代末以来一直致力于与私人部门培养良好的关系，2002年总统竞选期间帮助卢拉与巴西银行界联系，是著名的"严厉的财政保守主义者"。帕洛奇入主财政部之后，组建了一个"具有现代经济眼光的优秀技术团队"，任命许多持保守经济观点的经济学家担任财政部内重要职位。此外，卢拉还宣布了其他重要经济部门人选，任命主张新自由主义改革的经济学家作为新政府经济班子的主要成员。卢拉政府的组成，在某种程度上，是新自由主义经济学家和劳工党的联合政府。前波士顿银行行长恩里克·梅雷莱斯（Henrique Mireilles）被任命为巴西中央银行行长。来自瓦加斯基金会等保守经济思想库的一些经济学家占据了另一些重要职位，他们与国际金融机构和保守研究机构保持密切联系，其政策主张对政府经济决策产生了重要影响。卢拉的新内阁对于消除国内外投资者的忧虑起到了重要作用，也阻断了政府采取激进左翼政策的可能性。卢拉作为当选总统后的一系列行动向市场发出了积极的信号，对于稳定金融市场、打消投资者疑虑发挥了重要作用。

二 实施稳健、务实的经济政策

2003年就职后，劳工党面临的主要治理问题由竞选向执政转变。在经济领域，经过竞选前后的巨大努力，巴西经济形势有所好转，但是市场仍对左派政府执政持有疑虑，货币投机活动严重，雷亚尔遭到大幅度贬值，劳工党的经济治理面临着一系列挑战。因此，保持政策连贯性，实施

---

① Hernan F. Gomez Bruera, *Lula, the workers' party and the governability dilemma in Brazil*, Routledge, 2013, p. 111.

稳健、务实和温和的经济政策对于稳定经济形势，发展经济尤为重要。

卢拉上台后提出"实现社会公正，推动经济发展"的目标。为实现这一目标，卢拉政府认为首先必须以务实的态度采取渐进和温和的改革。卢拉呼吁建立包括政府、工商业团体、工会等在内的"社会公约"，实现政治经济和社会稳定。他表示，劳工党政府是"全民政府"，不是"一党执政"。他希望通过"谅解和谈判"，推行"和平和温良的改革"。劳工党主席若泽·热诺伊诺则强调，"卢拉政府不是一个向社会主义过渡的政府，不是一个对抗性的政府，也不是一个革命性决裂的政府"。他还指出，由于"不可能在一夜之间就解决所有的问题"，因而当前实行的改革措施不是要与旧体制彻底决裂，而是要建立"一个在巴西现有的经济秩序框架下，进行渐进有序改革的政府"[1]。

除了表明新政府将实施稳健的改革步伐之外，劳工党执政后还将延续前任政府经济政策，坚持正统经济计划作为新政府经济治理重要步骤。为了消除国际金融市场对劳工党政府的不信任，卢拉上台后即发表声明，表示将坚持正统的经济计划，保持中央银行独立性。在财政方面，卢拉政府的财政政策比其前任更为严格，将政府初级财政盈余目标设为 GDP 的 4.25%，高出 IMF 设定的 3.75% 的目标。这一措施极大地安抚了金融部门。结果，除 2010 年外，卢拉执政期间政府实际财政盈余占 GDP 的比重均好于预期目标。[2] 卢拉政府执政后采取的另一重要经济政策措施提高利率。2003 年，巴西政府将银行基准利率由 25% 上调至 26.5%。劳工党政府还兑现向 IMF 的承诺，继续偿还外债。经过执政后 3 个月的治理，巴西国家风险指数由 2002 年 12 月的 1446 点下降到 940 点，下降了 35%；美元兑巴西货币雷亚尔比价下降 9.08%；大量外资再次流入巴西。[3]

劳工党政府继续奉行前任政府实施的私有化、贸易自由化、金融自由化等典型的新自由主义经济政策。在私有化方面，卢拉政府没有根据劳工党传统主张对科洛尔（Fernando Collor）、弗朗哥（Itamar Franco）和卡多

---

[1] 徐世澄：《巴西劳工党政府应对社会矛盾的主要做法》，《拉丁美洲研究》2005 年第 6 期。

[2] 聂泉：《卢拉政府时期（2003—2010）的巴西经济和社会政策初析》，《拉丁美洲研究》2013 年第 2 期。

[3] 中华人民共和国驻巴西联邦共和国大使馆经济商务参赞处：《报评：卢拉政府 100 天》，http：//br.mofcom.gov.cn/aarticle/jmxw/200304/20030400080946.html，2015 年 3 月 4 日浏览。

佐（Fernando Henrique Cardoso）三任政府实施的完全或部分私有化企业实施再国有化，其中包括钢铁巨头米纳斯吉拉斯—乌斯米纳斯钢铁公司、巴西利亚航空公司（Embraer）、巴西石油公司等重要战略部门。2004—2005年，卢拉政府还对马拉尼昂州银行和塞阿拉州银行实现了私有化。在贸易自由化方面，劳工党政府在重视保护本国企业利益的同时，继续实施贸易自由化措施。

执政后，连续三届劳工党政府均未中断实施新自由主义经济改革路线，保证了政策的稳定性、持续性和连贯性，为巴西实现经济增长提供了保证。正是这种温和的经济治理措施，使劳工党政府赢得了投资者的信任和国际金融机构的赞赏，不仅使巴西金融和经济形势实现了稳定，而且使巴西经济发展获得了巨大的成就。首先，有效地遏制了通胀，稳定了宏观经济。2003—2008年，巴西平均通胀率为6.9%，低于卡多佐时期。其次，国民经济进入30年来首次出现的中速增长期。2003—2009年，巴西GDP和人均GDP分别实现了年均3.6%和2.3%的增长，优于卡多佐八年执政的表现（GDP年均增长2.3%，人均GDP年均增长0.8%）。2007年和2008年，经济增长率在5%以上，2010年出现7.5%的历史新高。[1] 经济恢复和稳定增长的直接好处是失业率明显下降，2012年更是降至5.5%的历史最低点。

卢拉政府的良好经济表现为劳工党连续执政打下了扎实的经济基础。2010年和2014年，劳工党的罗塞夫连续两次赢得总统选举。罗塞夫执政时期，在财政、汇率和遏制通货膨胀等方面继续执行卢拉政府推行的政策。

第三节 劳工党的社会治理能力建设

社会治理是针对国家治理中的社会问题，完善社会福利，保障和改善民生，化解社会矛盾，促进社会公平，推动社会和谐有序发展的过程，其核心是实现和维护民众利益。执政党是社会治理的主体之一，兼具社会利

---

[1] CEPAL, *Preliminary Overview of the Economies of Latin America and the Caribbean* 2011, pp. 96 – 97, Accessed October 19, 2014, http：//www.cepal.org/publicaciones/xml/2/45452/2011 – 882 – BPI-LANZAMIENTO-WEB.pdf.

益表达的渠道和制定实施国家各项发展政策的行为体的双重功能,其在社会治理中承担着重要职责。执政党必须为实现上述目标积极创造条件,兑现选举承诺,协调不同社会团体的利益,构建政府与社会之间的合理有效互动,减少社会抗争、平息对立,避免社会动荡,保护和增进民众利益。巴西劳工党执政后,在社会治理过程中,制定并实施了一系列创新性的社会政策,在保障民生方面取得了重要成就;在与公民社会互动过程中,始终将公民社会各种集体抗议活动的破坏性维持在可控范围之内。劳工党的社会治理,为扩大党的选举支持基础、提高党的社会凝聚力,从而实现连续执政创造了有利条件。

一 创新社会政策,改善民生

劳工党政府重视民生和社会公平问题,在解决社会问题和克服社会矛盾方面,一方面传承了部分前任政府的做法,另一方面进行创新,实施了一系列旨在减贫和改善社会公平的政策措施。

劳工党执政后,在改善民生方面,实施了社会救助为主的扶贫措施。卢拉政府把扶贫作为一项基本国策和解决社会矛盾的突破口,先后推出多项措施和计划,其中最主要的是"零饥饿计划"和"家庭津贴计划"。"零饥饿"是劳工党政府为减贫和改善社会不公作出的重要承诺。2003年初,卢拉就任总统时表示:"如果在我的任期内,能使每个巴西人一日三餐不挨饿,那么我就完成了自己的使命。"[①] 卢拉政府沿用了卡多佐政府时期的"社会安全阀"性质的4个主要减贫计划,即营养津贴计划、奖学金计划、食品卡计划和民用天然气津贴计划,将这些计划统称为"零饥饿计划",其主要目标是为生活在官方贫困线之下的4400万人口提供食品和现金援助,提高入学率,改善贫困人群营养,通过提高贫困人口经济活动提振地方经济发展。该计划的执行,继续采取由各相关部门分别管理不同计划和项目的方式,如由教育部负责奖学金计划,卫生部负责营养津贴计划,零饥饿计划部负责食品卡计划,由矿业和能源部负责天然气津贴计划。

"零饥饿计划"的管理模式即各个部门分散管理4个不同计划的模

---

① Alan Clendenning, "Lula Holds Out Hope Against Odds in Brazil", in *Washington Post*, January 2, 2003.

式，给管理带来很大难度，降低了反饥饿和降低极端贫困率的效果。到2003年中期，仅仅在卢拉政府执政几个月之后，社会上就出现了对"零饥饿计划"失望和不满的情绪。为改变以上局面，2003年10月，卢拉政府出台"家庭津贴计划"，将上述业已实施的4项计划整合起来，统一管理。2004年1月，卢拉政府合并了食品保障和反饥饿部、社会福利部，成立了社会发展和反饥饿部，统一管理和负责"家庭津贴计划"的实施。"家庭津贴计划"从而成为世界上最大的现金转移支出计划。根据"家庭津贴计划"，家庭月收入不足50雷亚尔的特贫家庭，每月可以得到50雷亚尔的生活补贴；家庭月收入在50—120雷亚尔的家庭，每月可得到45雷亚尔的政府补贴。得到政府补助的贫困家庭，必须保证不让子女弃学做工，并按期注射疫苗。另外，政府还给月收入不足120雷亚尔的家庭每两个月提供15雷亚尔的天然气补贴。卢拉政府规定，每个家庭每月接受救助和补贴的金额不能超过95雷亚尔。因为该计划的目的不只是帮助贫困家庭解决一日三餐，更重要的是要敦促贫困家庭送子女就学，提高文化素质，以便适应未来就业需求，增加劳动收入，从而彻底脱贫。2009年，"家庭津贴计划"的覆盖面已扩大到全国每个市，使1140万家庭共约4400万人受益，该项计划的支出占GDP的0.5%。[①]

卢拉政府还实施了其他一些社会救助措施，如为低收入人口提供小额低息贷款的计划、"杜绝童工计划""扶助家庭农业计划""基本药品援助计划"等。它们的主要目标是增加就业岗位、提高儿童入学率、为贫困家庭提供医疗服务。通过这些计划，政府扩大了对社会领域的公共投资，加大了对低收入家庭的扶助力度。

除了社会救助，卢拉政府还积极推动国会加快税收和社会福利制度改革，提高社会保障覆盖率。2002—2010年，巴西社会保障覆盖率从占劳动力的45%提高到51%。劳工党政府还将提高最低工资作为减贫和改善贫困人群生活水平的重要手段。为了提高低收入群体的收入，卢拉执政期间8次提高最低工资。2003—2010年，巴西最低工资提高了67%。[②]

2011年，劳工党的迪尔玛·罗塞夫就职新一任总统。她执政后，继

[①] Gustavo A. Flores-Macias, *After Neoliberalism: The Left and Economic Reforms in Latin America*, Oxford University Press, 2012, p. 48.

[②] Lecio Morais and Alfredo Saad-Filho, "Brazil beyond Lula: Forging Ahead or Pausing for Breath?", in *Latin American Perspectives*, Issue 177, Vol. 38, No. 2, March 2011, p. 35.

续将减贫和改善民生作为政府工作的重心，提出了让1620万人脱离极端贫困的目标。2011年6月，罗塞夫政府启动"无赤贫的巴西"计划，扩大卢拉政府实施的"家庭津贴计划"和"粮食购买计划"的规模。罗塞夫政府还启动"绿色救助金计划"，为参与环境保护行动的每个贫困家庭每季度给予300雷亚尔的救助和津贴。罗塞夫政府也较为重视低收入人群住房问题，推出了"我的生活我的家"计划，使超过500万人受益。

经过劳工党政府的努力，巴西贫困和收入分配不公的形势得以改善。贫困率和极端贫困率分别从2001年的37.5%和13.2%降至2011年的20.9%和6.1%。[1] 收入分配两极分化的局面也有所改观。20%收入最低家庭的收入占总收入的比重从2002年的3.4%增至2012年的4.5%，而20%收入最高家庭的收入占总收入的比重则从62.3%降至55.1%。巴西的基尼系数从2001年的0.60降至2012年的0.52。[2]

成效卓著的社会救助计划和各种扶贫政策使劳工党获得了显著的政治回报。2006年卢拉蝉联总统和2010年罗塞夫当选总统及2014年蝉联总统都与社会救助计划的实施及其成效有着密切的关系。在贫困的北部和东北部地区尤为明显。1989年卢拉第一次竞选总统时，北部和东北部贫困地区，55%—70%选民不支持卢拉。2006年大选，卢拉却在这些地区赢得了60%—86%的有效选票。在2014年10月的总统选举中，罗塞夫在相对落后的北部和东北部地区几乎获得全胜，其支持率在其中5个州超过70%。[3] 研究表明，劳工党政府的社会政策对于获得贫困阶层的支持发挥了重要影响。[4] 2014年总统选举中，低收入人口的选票再次在劳工党女政治家罗塞夫胜选的道路上发挥了举足轻重的作用。美国著名智库美洲对话组织（Inter-American Dialogue）名誉主席彼得·哈基姆（Peter Hakim）认为罗塞夫之所以能再次获胜，主要原因在于巴西贫困或接近贫困的人口占总人口的比重为40%，而只有不到30%的人口算得上是高收入阶层，劳

---

[1] CEPAL, *Panorama Social de Américal Latina* 2012, p. 14, Accessed October 20, 2014. http://www.cepal.org/publicaciones/xml/5/48455/panoramasocial2012doci-rev.pdf.

[2] ECLAC, *Social Panorama of Latin America* 2013, pp. 11 – 16, Accessed October 20, 2014. http://www.cepal.org/publicaciones/xml/8/51768/SocialPanorama2013Briefing.pdf.

[3] 周志伟：《巴西总统选举对巴西形势发展的影响》，载刘古昌主编《国际问题纵论文集》，世界知识出版社2015年版，第468页。

[4] Silvia Leindecher and Michael Fox, "After Lula: The Brazilian Workers' Party in Transition", in *NACLA Report on the Americas*, March/April 2011, p. 14.

工党政府的扶贫政策为改善贫困人群生活作出了巨大贡献。罗塞夫几乎获得了贫困人口的所有选票，而其对手社会民主党的阿埃西奥·内韦斯（Aecio Neves）的选票来源主要是中高收入阶层选民。[①]

二 强化对社会运动的控制

劳工党成立伊始就与巴西蓬勃发展的社会运动建立了紧密的联系。扎实的民众基础以及与社会运动的紧密联系是其拥有"群众性"政党和"运动主义"政党称号的重要原因，也是与精英政党相区分的重要特征。巴西最大的工会组织工人中央工会（CUT）和最大的社会运动无地农民运动（MST）都是在劳工党的积极支持下成立的。劳工党与社会运动的紧密联系，对于稳固和扩大社会基础具有重要的作用。

社会动员一直是劳工党成立以来的主要斗争方式。在诸多重大事件中，劳工党都通过动员社会运动作为斗争和获胜的重要途径，社会运动组织还是劳工党选举的重要票仓。劳工党执政后，虽然政策主张温和化和意识形态的去激进化，但是在某些特定条件下，仍将社会动员作为宣传的重要渠道，获取对政府特殊政策支持、对抗占主导地位的战略部门的重要手段，有时甚至通过社会动员来保护自己不受政治攻击。部分社会运动虽然对卢拉政府的某些政策持批判态度，但在劳工党的生死关头，依然支持劳工党。例如，2005年"月费案"爆发后，卢拉面临被弹劾的风险。劳工党随即发起支持卢拉的民众动员。2005年6月底，在劳工党的大力呼吁和动员之下，工人中央工会、无地农民运动、全国学生联合会等约40个社会运动组织领袖发表声明，谴责巴西精英和大众媒体"试图颠覆政府和总统"。在社会运动的强大压力下，反对派不得不宣布卢拉与"月费案"无关，劳工党在社会运动的强大支持下，顺利度过了一次严重政治危机。

作为左派政党，劳工党与工会、无地农民运动等社会运动运动组织之间在历史上互相依存，紧密联系。工会、无地农民运动均为劳工党最重要的社会联盟和社会基础。巴西再民主化以来，为了减少这些社会运动的"破坏性影响"，一些右派政府惯用镇压的方式。与此不同，劳工党政府

[①] Peter Hakim, "Brasil: razones para el triunfo Dilma Rousseff y sus consecuencias", Accessed January 20, 2015, http://www.infolatam.com/2014/10/28/brasil-razones-para-el-triunfo-dilma-rousseff-y-sus-consecuencias/.

则主要采取对话和谈判等温和的方式来对待社会运动和民众抗议，设法使社会动员和抗议以"非威胁性的集体行动方式"进行，尽可能减少其"潜在的破坏性影响"，或者阻止社会组织的集体行动以免影响政府政策的顺利实施。因而有学者指出，卢拉政府是1964年以来巴西第一个没有公民在各种抗议运动中死亡的政府。卢拉执政的第一年，无地农民运动持续进行占地和占据公共建筑物的抗议，即便如此劳工党政府也相当克制，没有诉诸镇压或暴力阻止的措施。

除了对话和谈判等方式之外，劳工党还建立了特殊机制来阻碍社会运动产生潜在的破坏性影响，实现有效的社会治理。

第一，招募社会运动组织参加政府。劳工党政府将部分政府机构的职位分配给社会组织领袖。据调查，首届劳工党政府中，来自社会运动组织的局长级以上高级官员占46%。在新设的城市部，相当部分官员来自住房运动组织。而全国农业工人联合会（CONTAG）和无地农民运动的许多重要人物成了农业发展部的官员。在政府机构任职的社会运动组织的成员中，42.8%来自工会。其中最重要的是工人中央工会，该工会领袖或前领袖大都被招募进政府，甚至成了许多部门的领导。在第一届劳工党政府中，卢拉任命了12名工会领袖为政府各部部长——约占内阁职位的1/3。2003—2007年，劳工部部长连续由三名CUT领导人担任：2003年是石油部门工会的雅格斯·瓦格纳（Jacques Wagner）、2004年和2005年分别是来自银行部门工会的里卡多·贝佐尼（Ricardo Berzoini）和路易斯·马力诺（Luiz Marinho）。另外，共有约50多名秘书级（secretaries）官员及数千名其他政府职位由工会领袖或前工会领袖占据。[1]

劳工党政府吸纳社会组织成员进入政府的措施对于提高政府的社会包容性和社会代表性、扩大执政的社会基础有非常重要的意义。劳工党执政后的这种社会治理措施不仅使其继续得到社会运动的强大支持，而且有利于保持社会稳定和发展。另外，社会运动领袖被招募成为政府公务员，大大提高了这些社会组织对政府的依附性，降低了它们的独立性，从而降低了对政府的批评力度，使其更难以对政府施加压力。政府对社会运动的招募，甚至导致部分社会运动成员产生"身份认同危机"。大量工会领袖和

---

[1] Hernan F. Gomez Bruera, *Lula, the workers' party and the governability dilemma in Brazil*, Routledge, 2013, p. 144.

会员成为政府高官，甚至使那些即使没有加入政府的工会成员都把自己看成"政府的人了"。

第二，向社会运动组织发放补贴，促使其放弃破坏性的集体行动，加入与国家进行谈判或合作的轨道。据统计，仅2003年，巴西就向各类社会运动组织发放了13亿雷亚尔相当于43.3万美元的联邦政府补贴。接受补贴的不仅包括劳工党的社会联盟，还包括农村合作社以及与部分无地农民运动有联系的非政府组织。2003—2009年劳工党政府为43个合作社提供了1.52亿雷亚尔的补贴，主要用于为合作社成员提供技术援助和课程培训。[①]

为社会运动组织发放补贴的做法虽然不能让它们停止动员，但是它们对劳工党政府的态度却因此发生了改变。通过分配国家资源，政府鼓励更温和的动员战略，改变了社会运动与政府之间的关系。例如，全国农业工人联合会继续进行两个最重要的全国抗争，一是一年一度的"土地的呐喊（Grito da terra）"抗议（数千小农场主每年举行游行示威，抗议政府农业政策）；二是动员农村妇女集会游行（marchas das margaridas）。但是，由于农业工人联合会领袖与政府进行多次谈判后，许多小农场主得到了国家提供的贷款，促使上述抗议活动由反政府转向反某一特定政策。在国家补贴的影响下，无地农民运动与政府的关系也发生了变化。由于卢拉政府在土地改革方面缺乏进步，无地农民运动仍然进行占地抗议，在言辞方面也更为激进，甚至认为土地改革只能在社会主义条件下进行。但是，其与政府之间的矛盾和冲突仍在可控制的范围之内，这是因为国家补贴在很大程度上成为无地农民运动赖以生存和发展的重要资金来源。无地农民运动因而对劳工党政府持谨慎批评态度。例如，由于土地改革进展缓慢，2005年无地农民运动组织了一次大规模的抗议。但是，这一抗议"并非反对巴西政府，而是反对经济政策改革，要求进行进一步土地改革"。无地农民运动的领袖吉尔马·马尔（Gilmar Maur）认为政府发放补贴对无地农民运动起到了"驯服"的作用，"大量的公共资源降低了无地农民运动的反政府立场"[②]。

[①] Hernan F. Gomez Bruera, *Lula, the workers' party and the governability dilemma in Brazil*, Routledge, 2013, p. 146.

[②] Ibid., p. 148.

劳工党与社会运动组织之间的关系因为政府部门职位和大规模国家补贴的分配而发生了变化。社会运动的集体行动处在非破坏性的可控范围之内，降低了对政府的批评和反对，提高了社会治理的有效性。

第四节　巴西劳工党的自身建设

治国先治党，加强党内建设是提高执政党治理能力的重要前提。巴西劳工党自诩道德政党，自成立以后就对党员道德规范进行了界定，提出了一些区别于传统政党的道德原则，如不得进行投机行为，不将短期的政治利益置身党的最终目标之上，抵制政治交易，等等。劳工党还对本党党员、干部和当选官员制定了严格的组织纪律。这些道德原则和纪律规范在很长一段时期内都是劳工党的重要形象标签。但是，随着劳工党的发展，尤其是大规模参与各级选举后，党在某些方面放松了纪律和自我约束。2003年执政后尤其是2005年"月费案"爆发后，劳工党高度重视组织纪律的重要性，采取各种措施加强党的自身建设，将党的建设作为提高社会凝聚力、提升治理能力的重要措施。

一　加强基层党组织建设

当今世界，随着电视、广播、因特网的日益普及，政党越来越重视媒体在号召选民及与民众互动过程中的作用。政党基层组织建设因为耗时耗力而备受忽视。但是对于巴西劳工党来说，地方基层党组织建设仍然是构建党群关系不可替代的重要手段。

自劳工党建立以来，就非常重视基层组织建设。劳工党成立后，逐步形成了从地方到中央的组织结构。劳工党的"核心小组"是其最基层组织。这些"核心小组"主要是以社区、工厂、不同职业团体或社会运动为基础组织起来的。劳工党党章规定，所有党员均应参加"核心小组"的活动。"核心小组"的主要功能是讨论党的各级领导机构提出的议题，对党内和积极分子进行政治教育。劳工党规定，各级指导委员会及议会党团作出重要决策时，均需听取"核心小组"的意见。随着劳工党日益制度化，"核心小组"受到严重削弱。

劳工党执政后，将基层组织建设作为强化党自身建设的工作重心。劳工党投入大量资源用于招募党员、建立地方党组织、扩大地方组织网络。

基层组织网络的扩大，大量的党员、积极分子投入组织宣传集会、挨家挨户地分发书面资料、把选民送到投票站等事务性工作，而地方党组织机构则为选举宣传和其他各种活动提供财力、物力和后勤支持。通过这种方式，地方党组织在党的选举和政策宣传中发挥了重要作用，为党在选举中尤其是基层选举中扩大影响力发挥了不可替代的作用。

此外，劳工党将提高党员质量作为加强基层党组织建设的重要任务。2000年，劳工党进行了党员重新登记工作，将不合格党员剔除出党的队伍。2011年的劳工党第四次代表大会特别会议，对党员的性别结构作出新的规定，如"各级领导机构中男女比例应各占50%，29岁以下的青年比例应达到20%，各级领导在同一岗位上连任不得超过三届"等。这些新规从党的内部结构上保证了党组织发展的可持续性和活力。①

二　加强党内民主建设

劳工党自诩开放和民主的政党，建党以来采取了多种措施来保证党内民主。一是在党的内部构成方面，劳工党成立后将女权运动组织、印第安人运动组织、环保组织、进步天主教会组织以及其他不同左翼政治力量纳入党组织，成为党的有机组成部分。二是除了高度多样性的内部结构之外，劳工党在组织运作上建立了两阶段会议来促进党员的民主参与。在召开一年一度的全国代表会议之前，先在市和州一级地方召开预备会议，预备会议之后再召开全国会议。大部分党员可参加市一级会议。全国会议主要批准地方会议的决定。

十多年来，劳工党加强党内民主建设的重要措施是实施党内的直接选举机制。2001年，劳工党修改党章，规定党主席、各级指导委员会及一年一次的全国代表会议都由党员直接选举产生。在此之前，劳工党的党内选举实行比例代表制，候选人在党的代表会议中获得10%得票率才可以进入党的各级指导委员会。此次改革不但提高了普通党员的重要性和积极性，而且促使党的各级领导人为获得党内选举胜利而加强了与普通党员的沟通，从而有效减少了党领导人在选举过程中的派系斗争。

---

① 陈文学：《冷战结束以来拉美中左翼政党崛起的原因和面临的挑战》，《当代世界》2012年第6期。

三 严明党纪，打击腐败

劳工党的另一个特征是拥有特殊的政党文化，执行严格的道德原则和纪律。自成立以来，劳工党领袖和积极分子就党的道德和纪律规范进行了一些界定。在许多选民的眼里，劳工党是巴西政治道德的象征。

严格纪律和行为规范有助于增强党员的身份认同，有助于提高党的凝聚力和议会党团对本党的忠诚度。劳工党对本党党员、干部和当选官员制定了严格的组织纪律。自1982年参加立法机构选举以来，劳工党大批干部进入市、州和联邦立法机构任议员，同时赢得了一些州长、市长职位。劳工党规定参与地方选举、总统选举和国会选举的本党候选人必须遵守如下纪律：所有以劳工党党员名义参加选举的党员必须经过劳工党指导委员会和执行委员会的审查和批准才能获得候选人资格；为保持思想上的一致性，候选人必须签署"遵守劳工党原则和纪律"承诺书，任何当选政府行政职务和议员的党员都必须承认其职务属于党而非个人；为保证与基层民众的联系，候选人必须有工会运动或其他基层民众运动的经历；必须在地方党员代表会议上拥有一定的支持率。劳工党还规定党员必须交党费，在政府各级官僚机构和议会中任职的党员必须上缴一定比例的月薪作为党费，联邦议员上缴比例是月薪的30%（2002年修改后规定党的高级官员最多上缴额度降为20%）。为防止出现违反本党领袖指示、改变政党忠诚的现象，劳工党还规定党员必须忠于自己的组织，不得同时成为其他党派成员。

劳工党是巴西唯一一个将伦理道德写进政治纲领的政党，执政前表现清廉，领导人在民众中有较好的口碑；执政后劳工党承诺根除腐败，推动透明的、道德的执政。但是与其他众多政党一样，劳工党执政后也不能抵御糖衣炮弹的诱惑，不断曝出腐败丑闻，成为影响国家治理能力的重要负面因素。劳工党执政后被披露的最大腐败丑闻是发生在2005年的"月费案"。丑闻曝光后4个月内，2名政府部长辞职，劳工党主席、秘书长、财务总管和道德委员会主任也相继辞职。"月费案"将劳工党拖入了史上最严重的危机，并导致党内出现严重分裂。到2005年8月底，共有22名众议员和数名参议员离开劳工党。劳工党内的社会主义人民行动派（the Socialist Popular Action，在国会中占5个席位）分裂出去，加入了2003年成立社会主义与自由党。除"月费案"外，劳工党还不时曝出重大的腐败案件。2011年，罗塞夫政府执政后的短短10个月内，就先后有6位内阁部长因腐败问题落马，包括总统府民政办公室主任、交通部长、农业部长、旅游部长、体育部长和劳工部长等政府高级官员。

"月费案"丑闻使党的声誉和形象遭到严重破坏。此后，劳工党采取了许多预防和惩治腐败的措施，使反腐成为劳工党党纪建设的首要内容，以图挽回名誉，重振在民众中的威信。

第一，加强反腐的党纪国法建设。2009年，劳工党出台了《道德和纪律条例》，对党员的道德规范和纪律作出了严明的规定，还成立了全国道德纪律委员会，对违反党纪的党员给予处分，规定党组织和个人应支持司法机关对涉嫌犯罪党员的调查处理。劳工党积极推动国会通过有关反腐立法。2013年6月，在劳工党推动下巴西参议院通过《刑法》修正案，制定了严苛的惩腐条款，首次将利用职务之便获得好处和侵吞公款行为列为极度重罪，并将涉案人员刑期从2年增至4年，不得保释、假释或赦免，同时处以罚金。

第二，对腐败采取"零容忍"态度。罗塞夫执政后，发起了一场名为"清洗"的反腐行动，并为之拨款5050万雷亚尔（约合2800万美元）。2011年以来，罗塞夫总统先后将涉嫌腐败的一大批高官解职，显示出对腐败"零容忍"的明确态度。在最高法院审理"月费案"过程中，罗塞夫总统顶住了党内部分元老压力，支持司法机关独立办案。2012年12月，巴西最高法院对"月费案"嫌犯进行判决，以贪污、洗钱、滥用公共资金等罪，分别判处卢拉政府时期的总统办公厅主任若泽·迪尔塞乌、劳工党前主席若泽·热诺伊诺等25人6—11年的监禁。2013年，前总统卢拉被举报贿买议员，巴西警方即以涉嫌腐败为由启动刑事调查，显示了罗塞夫政府反腐行动的决心。

第五节 劳工党治理能力建设面临的挑战和前景

劳工党执政后，在政治、经济、社会治理以及党的自身建设等领域进行了一系列创新，为巴西政治、经济、社会的发展作出了巨大的贡献，进一步提升了党的治理能力，帮助劳工党实现了自2003年以来长达12年的连续执政。但是，2013年6月，巴西爆发了20年来最大规模的民众抗议活动，反映了当今巴西政治经济和社会发展中所面临的若干重大矛盾和问题，揭示了劳工党政府在国家治理过程中存在的失误和局限性。本节将总结劳工党未来执政过程中面临的治理挑战和需加强治理能力建设的重要领域。

一 消弭党内政策分歧

作为拉美最大的左派政党，执政后的劳工党一直面临着政策分歧的困境。2003年劳工党执政后，并非如众多左派激进人士所期盼的那样不顾经济后果地推动民众主义再分配政策。相反，劳工党一改20世纪80年代和90年代期间对新自由主义的批判态度，上台后继续执行卡多佐政府时期的保守经济政策，将所有权和收入分配改革束之高阁。在社会领域，虽然实施了一系列社会救助计划并为广大贫苦民众带来了较大实惠，但是这些计划仍然是"社会安全阀"性质的，只是对贫困人口的一种临时救助措施，只能暂时缓解社会矛盾。因而有学者指出，劳工党政府是一个"没有左派议程的左派政府"[①]。

劳工党在意识形态领域和政策主张方面的温和化引起了党内激进派和温和派之间的严重意见分歧。温和派对党的新政治立场和政策主张予以支持。而对于许多激进左派来说，劳工党政府的保守经济和社会政策是对左派原则和劳工党历史传统的背叛，甚至认为劳工党已经不是一个左派的政党。党内的认识分歧最终导致党出现分裂。2003年12月，劳工党著名活动家、参议员埃洛伊莎·埃莱娜因反对社会保障改革法案而被党内除名。埃洛伊莎遂与其他脱离劳工党人士组建了社会主义与自由党，成为卢拉政府经济政策的严厉批判者，并于2006年参加总统竞选，成为劳工党的竞争对手。2005年1月，112名劳工党激进派成员在世界论坛上发表宣言，宣布放弃劳工党，指出劳工党"不再是争取社会变革的政党，已经成为维护现状的工具"。2005年3月，劳工党在累西腓召开全国代表大会。几乎同时，党内左翼派别在圣保罗召开会议，对抗累西腓大会并发表宣言，号召改变政府的新自由主义经济政策，"拯救党的道德原则"。2007年卢拉连任总统后强调新政府将继续采取"负责任的财政政策并坚持治理通货膨胀"，遭到劳工党内部分左翼派别的强烈反对，他们认为党的主要任

---

① Sergio B. F. Tavolaro and Lília G. M. Tavolaro, "Accounting For Lula's Second-Term Electoral Victory: 'Leftism' Without a Leftist Project?" in *Constellations*, Vol. 4, No. 3, 2007, p. 426.

务应该是维护工人阶级的权益,经济和财政改革虽然是必需的,但是不能伤害中低收入阶层。① 随着劳工党的连续执政,党内对政府经济社会政策的分歧依然在持续。尤其是在如何制定和实施深刻的土地改革、改变收入分配两极分化现状方面,劳工党政府仍面临严峻的考验。

二 深化社会改革

劳工党政府的社会经济改革有效地矫正了20世纪90年代新自由主义改革造成的一些失误和不良后果,尤其在减贫和改善收入分配方面取得了重要成就。但是,在土地所有制、教育和医疗等社会政策方面的改革仍有待进一步深入。

第一,如何有效推进土地改革。彻底改变不平等的农村土地结构,实行广泛深入的土地改革,实现耕者有其田曾经是劳工党一个重要目标。2003年11月,卢拉政府曾经向无地农民运动等农村社会运动作出3年内安置43万户无地农民的承诺。但是,到2005年底,卢拉政府只安置了10.8万户无地农民。② 此后,劳工党政府的土地改革进程非常缓慢,引起无地农民运动等农村社会运动的强烈不满。进行彻底的土地改革、改变农村土地所有制结构是解决巴西农村贫困问题和改善收入分配的根本出路。但是,土地改革与巴西经济社会结构密切相关,必将影响农村占主导地位的社会阶层的利益。因而,未来如何深化协调农村各阶层利益,切实推进土地改革,促进巴西农村社会经济健康发展,是劳工党进一步提升经济社会治理能力建设的重要挑战。

第二,如何深化医疗与教育领域改革。劳工党政府社会政策的特色是对贫困阶层的社会救助,并取得了良好的成效。但是在医疗与教育领域,劳工党政府却没有给予足够的重视。以卢拉政府为例,卢拉第一任期,社会政策资金占联邦政府支出总额的比重虽从23.45%增至26.5%,但大部分用在了社会保障和社会救助领域。教育领域支出不增反降,从1.62%

---

① 张凡:《巴西劳工党的发展历程》,载江时学主编《2006—2007年:拉丁美洲和加勒比发展报告》,社会科学文献出版社2007年版,第330页。
② Latin American Newsletters, *Latin American Special Report*, December 2005, p. 3. Accessed October 21, 2014, http://latinnews.com/media/k2/pdf/similp.pdf.

降至 1.48%；医疗保健领域支出只从 3.1% 增至 3.38%。① 卢拉第二任期，大体保持这一趋势。罗塞夫政府在社会政策领域仍把重点放在对最贫困阶层的救助上，在教育和医疗领域的改革乏善可陈。

当前，巴西医疗保健领域面临非常严重的矛盾：一方面，巴西政府在医疗保健方面的支出占 GDP 的比重为 8% 左右，根据国际标准衡量并非很低，但是这一支出有一半用于私人保健医疗，受益人口仅占总人口的 25% 左右。另一方面，40% 的人口享受不到初级医疗保健服务。医院床位紧缺，平均每 10 万人拥有床位数从 1993 年的 3.3 张降至 2009 年的 1.9 张。在公共教育领域，虽然经过卡多佐和劳工党政府的努力，基本教育已达到了学前教育和中等教育，并扩大了教育的覆盖面，提高了入学率。但仍存在教育质量低下、投入不均衡等严重问题。据调查，目前巴西半文盲人口仍占总人口比重的 30% 左右。②

目前，医疗和教育是民众最关心的两个主要问题。如何调整社会支出，将更多的预算投入医疗和教育领域，扩大覆盖率，提高服务质量，是未来劳工党治理过程的重要挑战。

三 推进政治改革

劳工党执政时期，虽然通过淡化意识形态扩大了执政的政治和社会支持基础，通过政治分肥构建国会联盟，有效推动政府政策的贯彻实施。但是随着社会经济改革的深入，社会结构的调整分化，代表不同社会阶层的利益和诉求日益增多，劳工党通过政治分肥的方式构建国会联盟、推动改革的方式也受到越来越严峻的挑战。进行政治改革，改变极度分化的政党制度和选举制度迫在眉睫。2013 年 6 月的大规模民众抗议之后，国会委员会起草了修宪建议，但是最终遭到否决。执政党亟须进行能够有效提升政治效率的政治改革，帮助政府建立一个国会稳定多数席位，增强政党的忠诚度，终结根深蒂固的"分肥"政治及原则。劳工党若能在此方面有所突破，将大大提升其政治治理能力。

---

① Steven Levitsky and Kenneth M. Roberts, *The Resurgence of the Latin American Left*, Baltimore: The Johns Hopkins University Press, 2011, p. 315.

② Michael Reid, *Brazil: The Troubled Rise of a Global Power*, New Haven and London: Yale University Press, 2014, pp. 175 – 176.

四　及时有效应对社会结构变化

劳工党上台执政以来，巴西经济实现了稳定持续的增长。在社会领域，收入分配明显改善，基尼系数下降。社会经济环境的持续改善使巴西社会结构在过去十多年间发生了较大变化，社会流动性大大增强，贫困和赤贫人口持续减少，中产阶层规模不断扩大。据巴西2011年观察家研究显示，劳工党执政后，巴西中产阶级规模不断壮大，使得巴西社会结构由"金字塔"形转变为"橄榄"形。该研究以家庭每月可支配收入为标准，把巴西人口分为A、B、C、D、E五个阶层，其中A和B为高收入阶层（家庭收入超过6745雷亚尔），C为中等收入阶级（家庭收入在1200—5174雷亚尔），D和E为低收入阶层（低于1200雷亚尔）。2005年，巴西高收入阶层、中等收入阶层和低收入阶层占总人口比例依次为15%、34%和51%；2010年，这一比例则依次为21%、53%和25%。中等收入阶层占人口比重明显提高，已超过总人口的一半，而低收入阶层所占比例大大下降。[①]

上述研究结果表明，巴西相当部分低收入人群在劳工党执政期间成为中产阶层。社会结构的调整和重构必然产生新的社会需求，这就要求政府能够适时调整政策措施和施政重心。首先，部分受益于经济增长和政府社会救助计划而脱贫的新晋中产阶层仍处在不稳定状态，极易受到经济增长不稳和政府政策变动的影响，一有风吹草动就可能再次沦为贫困阶层。其次，脱去贫困帽子之后，这些新兴的中产阶层不再需要为每日生计奔波，但是他们的收入仍不足以获取质量可靠、收费高昂的私人教育和医疗服务，因而对公共教育、医疗体系的要求不断提高。

然而，劳工党执政期间，虽然失业率和贫困率下降，但是医疗保健和教育等公共服务等方面的政府投入较低。随着时间的推移，教育和医疗已经替代温饱和就业成为民众尤其是中产阶层民众关心的主要问题。2013年声势浩大的民众抗议表明，劳工党政府政策急需进行调整。

[①] 中华人民共和国商务部网站.《研究显示：巴西社会结构由"金字塔形"转变为"橄榄形"》，http://www.mofcom.gov.cn/aarticle/i/jyjl/l/201103/20110307462724.html，2014年10月29日浏览。

本章小结

执政党治理能力的高低不仅关乎执政党自身的生存和发展，也直接关系到国家的命运和前途。作为拉美地区最大和最有影响力的左派政党，巴西劳工党执政后在国家政治、经济和社会发展以及党自身建设方面，都面临巨大的挑战。然而，劳工党经过巨大努力，探索出了一条独特的治理之路。在政治领域，劳工党淡化意识形态，扩大了执政的政治和社会基础；面对严重分化的国会，劳工党为了顺利实施政府政策，被迫采取分配内阁职位和政治分肥的特殊形式，与部分中右派大党和小党结成联盟。在经济领域，面对严重不稳的经济形势，劳工党摒弃民众主义再分配政策主张，延续新自由主义经济政策不动摇，稳定了金融部门局势，恢复了市场信心，保证了政策的稳定性、持续性和连贯性，为巴西实现经济增长提供了保证。在社会领域，劳工党不仅重视改善民生，在减贫和改善社会公平方面获得巨大成就，而且通过吸纳社会运动组织进入体制、为其发放补贴等方式，有效控制了社会运动动员的破坏性，为社会稳定有序发展提供了保证。劳工党执政后，还非常重视自身建设，着力加强基层党组织建设和党内民主建设，更在反腐倡廉方面大刀阔斧，严格党纪国法，以"零容忍"态度惩罚各种腐败。劳工党在政治、经济、社会和自身建设等方面采取的治理措施，获得了良好的回报。劳工党不仅连续执政12年，而且四任政府总统卢拉和罗塞夫均获得了非常高的民意支持率。巴西的各项事业发展也取得了重要的成就，成为世界瞩目的"金砖国家"。

但是，劳工党的治理也存在种种缺陷和不足。2013年爆发的大规模社会运动就是一个明证。未来劳工党在治理能力建设方面仍面临严峻挑战，尤其需要在消弭党内分歧、深化社会改革、推进政治改革以及应对社会结构变化等方面付出更大努力。

参考文献

张凡：《巴西劳工党的发展历程》，载江时学主编《2006—2007年：拉丁美洲和加勒比发展报告》，社会科学文献出版社2007年版。

俞可平：《全球治理引论》，《马克思主义与现实》2002年第1期。

王小颖:《一些外国政党提升治理能力的做法及面临的挑战》,《党政研究》2014年第3期。

熊复主编:《世界政党辞典》,红旗出版社1986年版。

钟清清主编:《世界政党大全》,贵州教育出版社1994年版。

江时学主编:《国际形势黄皮书:拉丁美洲和加勒比发展报告No.3 (2002—2003)》,社会科学文献出版社2003年版。

周志伟:《巴西总统选举对巴西形势发展的影响》,载刘占昌主编《国际问题纵论文集》,世界知识出版社2015年版。

Cesar A. Rodriguez Garavito et al., *La Nueva Izquierda en América Latina: sus orígenes y Trayectoria Futura*, Bogota: Grupo Editorial Norma, 2005.

Sue Branford and Bernardo Kucinski, *Lula and the Workers Party in Brazil*, New York: The New Press, 2003.

Hernan F. Gomez Bruera, *Lula, the workers' party and the governability dilemma in Brazil*, Routledge, 2013.

Michael Reid, *Brazil: The Troubled Rise of a Global Power*, New Haven and London: Yale University Press, 2014.

Steven Levitsky and Kenneth M. Roberts, *The Resurgence of the Latin American Left*, Baltimore: The Johns Hopkins University Press, 2011.

Sergio B. F. Tavolaro and Lìlia G. M. Tavolaro, "Accounting For Lula's Second-Term Electoral Victory: 'Leftism' Without a Leftist Project?", in *Constellations*, Vol. 14, No. 3, 2007.

Lecio Morais and Alfredo Saad-Filho, "Brazil beyond Lula: Forging Ahead or Pausing for Breath?", in *Latin American Perspectives*, Issue 177, Vol. 38, No. 2, March 2011.

EIU, *Country Report: Brazil*, London, United Kingdom, December 2002.

CEPAL, *Panorama Social de Américal Latina* 2012, http://www.cepal.org/publicaciones/xml/5/48455/panoramasocial2012doci-rev.pdf.

ECLAC, *Social Panorama of Latin America* 2013, http://www.cepal.org/publicaciones/xml/8/51768/SocialPanorama2013Briefing.pdf.

Silvia Leindecher and Michael Fox, "After Lula: The Brazilian Workers' Party in Transition", in *NACLA Report on the Americas*, March/April 2011.

Peter Hakim, "Brasil: razones para el triunfo Dilma Rousseff y sus consecuencias", http://www.infolatam.com/2014/10/28/brasil-razones-para-el-triunfo-dilma-rousseff-y-sus-consecuencias/.

第 十 章

阿根廷社会冲突与治理

林 华[*]

自1983年阿根廷恢复民主制度以来,导致社会冲突的相关因素出现了明显的变化。与此前不同的是,社会冲突更多地同经济社会发展与转型过程中出现的种种矛盾和问题联系在一起,具有了新的表现形式和特点。根据刘易斯·科塞的冲突功能主义与"安全阀"理论,低烈度的社会冲突一方面有助于释放社会不满情绪,避免矛盾的积累和激化;另一方面也对政府具有警示功能,有助于政府认清形势,及时采取措施化解矛盾,解决问题。但是,严重的社会冲突则会产生非常不利的社会后果。在阿根廷最近30年的发展进程中,社会冲突表现出组织程度高、频率高、对抗性强等特点。在2001年中还曾经成为政府垮台的助推器。这说明,社会冲突的正向功能和积极作用正在减弱,而负向功能和消极作用有所增强。这对阿根廷政府的冲突治理能力提出了挑战。为避免发生严重危害社会秩序和政治稳定的社会冲突,阿根廷政府一方面需要进一步完善社会冲突的治理和协调机制,另一方面也需要从自身寻找问题,提高公信力,增强社会认同度,营造一个有利于冲突治理的政治和社会氛围。

第一节 导致社会冲突的主要因素

在阿根廷历史上,社会冲突因主要影响因素的不同而具有不同的表现

---

[*] 林华,中国社会科学院拉丁美洲研究所副研究员。

形式和特点。1983年恢复民主制度以前，政治环境和政治发展进程中的矛盾是导致社会冲突的最主要因素。这个时期的社会冲突具有政治化、意识形态化的特点。1983年之后，经济和社会环境的变化成为引发冲突的最主要因素。

一 1983年之前导致社会冲突的主要因素

1983年军政府还政于民之前，阿根廷的社会冲突主要来源于政治冲突和矛盾所引发的政治环境的不安全。1930年，阿根廷爆发军事政变，标志着保持了近70年的政治稳定宣告结束。从此，阿根廷进入军人和文人交替执政时期，并多次发生军事政变，政府更迭频繁，民主体制不断遭到破坏，无法得到稳固。除了第一届庇隆政府以外，其他所有的文人政府都没有完成任期，无一例外地被军事政变所终结。1955年以后，庇隆主义和反庇隆主义的斗争、军事独裁与反独裁力量的较量成为阿根廷政治发展的重要特征。在此背景下，阿根廷频繁发生激烈的社会暴力冲突，社会局势长期动荡不安，流血事件不断。这些冲突具体表现为军事政变、政治暗杀和迫害、游击队活动等。

1956年，亲庇隆派的军人发动武装暴动，遭到当时的阿兰布鲁政府的武力镇压。在冲突中，27名暴动者被杀害，另有40人被处决。1969年，在科尔多瓦市爆发了一场大规模的反独裁运动，数十名抗议者被军队打死。20世纪60年代末到70年代初，阿根廷还兴起了游击队运动。他们通过绑架、抢劫、暗杀等暴力手段试图达到所谓"人民革命"的政治目的。1970年，一支叫作"阿根廷解放阵线"的游击队组织绑架了巴拉圭外交官；另一支被称为"蒙托内罗斯"的游击队绑架并杀害了前总统阿兰布鲁。作为对游击队的报复，右翼组织开始大肆实施恐怖活动。1970—1971年，大批左翼人士遭到绑架、劫持和刑讯，并最终下落不明，成为失踪者。1973年庇隆回国时，庇隆派中的左翼和右翼组织在机场发生冲突，造成几十人死亡。庇隆去世后，游击队、右翼团体的暴力活动进一步升级，国内局势几近失控。1976年魏地拉独裁政府上台后，在国内掀起史上称为"肮脏战争"的大规模镇压活动。在这股政治恐怖主义的浪潮中，失踪者超过1.5万人。1982—1983年，阿根廷多次爆发反对军政府的示威游行，导致大批群众被捕甚至伤亡。

总的来看，从 1955 年庇隆下台到 1983 年恢复民主的近 30 年时间里，导致阿根廷社会冲突频繁发生的最主要因素不是源于经济和社会发展领域，而是政治领域，即在政局极不稳定、民主体制极不完善的环境下，以争夺政治权力、表达政治主张为目的的政治斗争所引发的"政治暴力"或"军事暴力"。这些冲突因素是无法通过经济手段和司法手段加以消除的。20 世纪 80 年代，随着民主体制的重新确立和逐步巩固，这类暴力冲突活动逐渐消失。[①]

二 1983 年之后导致社会冲突的主要因素

1983 年以后，阿根廷的民主制度逐渐巩固，经济和社会发展也进入新的历史阶段。社会冲突的诱因开始发生变化。政党、政治集团、社会阶层之间直接的暴力冲突和武装对抗减少了，取而代之的是各种与经济和社会发展及转型相关的新因素。20 世纪 90 年代以来，阿根廷经历了两次经济和社会发展模式的调整。但无论是在经济繁荣的时期，还是在经济低迷的时期，阿根廷社会始终充满着各种各样尖锐的社会冲突。这是转型和调整带来的结构性变革所付出的社会代价。总的来看，这些冲突的根源在于与经济和社会权利相关的利益矛盾。具体来讲，导致冲突的主要因素来自以下几个方面。

（一）经济危机和经济发展不稳定

1990—2014 年，阿根廷共经历过两次经济危机。第一次是 1995 年，在墨西哥金融危机的冲击下，阿根廷金融市场出现剧烈动荡，大量外国短期资本抽逃。当年阿根廷 GDP 下降 4%，人均 GDP 减少 5.3%，失业率攀升到 17.5%。[②] 第二次危机始于 1998 年第四季度的经济滑坡，此后阿根廷陷入长达 4 年之久的大衰退，并在 2001 年底爆发经济和金融危机。2002 年经济倒退 10.9%，失业率高达 19.7%，实际工资水平下降 13.9%。[③]

2003 年以后，阿根廷经济重新进入高速增长期，连续 5 年保持 8% 以

[①] 虽然阿方辛执政时期，军人借经济形势恶化之机发动了 3 次兵变，但都很快平息，没有升级到流血冲突的程度。

[②] CEPAL, *Estudio Económico de América Latina y el Caribe 1998 - 1999*, septiembre de 1999.

[③] CEPAL, "Cuadro 1", *Anexo Estadístico de Panorama Social de América Latina 2005*, mar 20 de 2006.

上的增长速度。但 2009 年，受国际金融危机的影响，阿根廷 GDP 增长率仅为 0.9%。在经过 2010 年和 2011 年的复苏后，阿根廷经济从 2012 年起再次陷入低迷。

综观阿根廷 25 年的经济发展，不难看出，阿根廷经济未能实现连续增长，而且稳定程度不够。在这 25 年中，既出现过 10% 以上的高速增长，也出现过 10% 以上的急速下滑。虽然总的来看，经济增长的年份远远多于经济衰退的年份，而且在一个国家的发展进程中，能够实现几十年的连续增长也是十分困难的，但是经济增长的大起大落势必不利于国家和社会的稳定。在经济危机时期，中低收入者往往是受影响最大的群体，而在经济复苏期，他们又是恢复最慢的群体。2001 年的经济危机不仅导致政治动荡，还引发了严重的社会骚乱和暴力犯罪，最后造成社会局势几近失控。

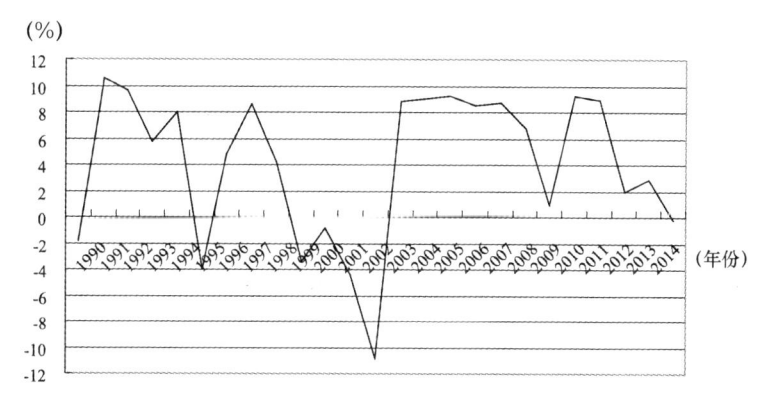

图 10-1　1990—2014 年阿根廷 GDP 增长率

资料来源：2012 年数据来自 CEPAL, *Estudio Económico de América Latina y el Caribe 1998 - 1999*, *2009 - 2012*, 2013 年和 2014 年数据来自 CEPAL, *Balance Preliminar de las Eeconomías de América Latina y el Caribe 2014*, diciembre de 2014。

（二）贫困加剧

1994 年以前，由于恶性通货膨胀得到控制，人均 GDP 有较大增幅，加之失业问题还不太严重，阿根廷的贫困问题有所缓解。贫困人口比重和赤贫人口比重由 1990 年的 21.2% 和 5.2% 分别下降到 1994 年的 13.2% 和

2.6%。① 但此后发生的金融危机使这两项指标都出现了反弹。2001年经济危机期间，在失业、工资减少等因素的影响下，阿根廷社会的贫困化程度迅速加剧，全国的贫困人口比重由23.7%攀升到45.4%。就连公共部门的就业者中也有40%生活在贫困线以下。2003年以后，就业形势的好转使人口贫困化的趋势得到扼制，贫困人群逐渐减少。但是，2012年以来的经济低迷再次恶化了社会形势。根据一些智库的统计，2013年阿根廷的贫困和赤贫比重已经倒退回十年前的水平。②

（三）贫富分化和中产阶级的减少

在贫困问题没有得到解决的同时，收入分配状况也持续恶化。基尼系数从1990年的0.501一路攀升，2002年达到0.590，使阿根廷一跃成为收入分配最不公平的拉美国家之一。如此巨大的变化即使是在整个拉美的历史上也实属罕见。长期以来，由于穷人较少，财富分配比较平均，阿根廷是拉美地区公认的"中产阶级国家"。从20世纪80年代起，阿根廷的社会结构开始发生变化。在经历了90年代的经济改革和世纪之交的经济危机之后，中产阶级在阿根廷已经不占多数。中产阶级队伍萎缩的根本原因在于不断恶化的收入分配状况和就业形势。以大布宜诺斯艾利斯地区为例。1974年，10%最富裕阶层的收入只是10%最贫穷阶层的12.3倍；到1989年，这个差距扩大到23.1倍；2002年，进一步攀升到33.6倍。③ 值得一提的是，这些数字并没有将极少数的超级富豪计算在内，否则将更为惊人。从图10-2和图10-3可以看出，严重的贫富分化不仅影响到中低收入以下的阶层，也影响到中等以上收入阶层，使下降的社会流动成为普遍现象。中产阶级一直被看作社会的"稳定剂"、贫穷阶层与富裕阶层之间的"调和剂"，是确保社会稳定的中坚力量。因此，它的减少不可避免地加剧了社会矛盾和分化。

---

① 本部分中关于贫困和赤贫人口比重、基尼系数的数据全部来自拉美经委会（CEPAL）历年 Panorama Social de América Latina。

② 根据公共政策思想研究所的统计，2013年阿根廷贫困和赤贫人口比重分别达到36.5%和12.1%。而阿根廷国家统计局发布的2013年上半年贫困率和赤贫率只有4.7%和1.4%。

③ Ezequiel Adamovsky, *Historia de la Clase Media Argentina, Apogeo y Decadencia de una Ilusión, 1919 - 2003*, Buenos Aires, Planeta, julio de 2009, p. 424.

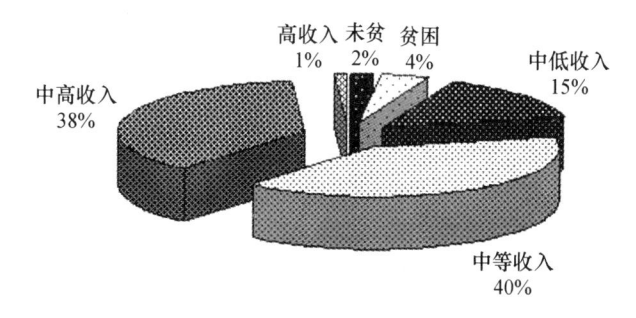

图 10-2 1974年阿根廷收入分配结构（不同收入阶层占人口百分比）

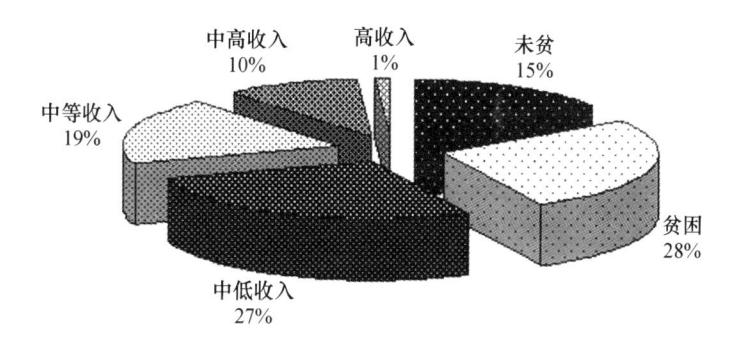

图 10-3 2004年阿根廷收入分配结构（不同收入阶层占人口百分比）

资料来源：Ezequiel Adamovsky, *Historia de la Clase Media Argentina, Apogeo y Decadencia de una Ilusión, 1919-2003*, Buenos Aires, Planeta, julio de 2009, p. 425。

（四）失业、非正规就业与缺乏社会保障

失业问题困扰阿根廷多年，已经成为各种社会问题的根源所在。1994—2007年，阿根廷的失业率一直处于两位数水平。2001年经济危机爆发后，失业人口曾一度接近20%。造成失业的主要原因在于20世纪90年代进行的新自由主义经济改革。一方面，大批企业私有化后，裁员成为普遍现象；另一方面，贸易开放带来的廉价商品涌入对国内工业产生冲击，缺乏竞争力的中小企业纷纷倒闭。大批失业工人被迫流向服务业，而服务业又难以吸收过剩的劳动力。

在失业率攀升的同时，非正规就业问题也很严重。1990年，阿根廷的非正规就业率为52%，1998年下降到49.3%。[1] 虽然2003年以后正规部门创造了大量就业机会，但是非正规就业状况几乎没有得到任何改善。2009年，非正规就业率仍达到49.7%。[2] 这表明，阿根廷近一半的就业者面临低收入、无社会保障、工作条件不稳定等风险。

阿根廷在20世纪90年代进行的劳工改革和社保制度改革产生了两个最直接的后果：一是各种非合同工和临时工的数量大大增加；二是社会保障的范围逐渐缩小。在阿根廷，劳动合同也不是享有社保的绝对保证。据统计，在签订了劳动合同的劳动者中，只有66%的人享有社会保障。[3] 而没有签订劳动合同就基本上意味着没有社会保障，因为无合同者的社保覆盖面只有8%。[4] 虽然近年来阿根廷的社会保障范围已经有所扩大，但仍有近一半的劳动者享受不到养老金，近30%的劳动者无医疗保险。2013年，阿根廷养老金和医疗保险的覆盖面分别为52.1%和72.6%。[5]

第二节　社会冲突的主要表现

社会冲突是阿根廷社会一个常态化的现象。但在不同时期，其强度、范围和影响也有所不同。虽然导致冲突的具体原因各不相同，但总的来看，大多数冲突都因社会不公导致的利益矛盾和权利丧失所引起。当前阿根廷的社会冲突有多种表现形式，既有不同利益群体之间的冲突，也有群体与社会、群体与国家之间的冲突。主要的冲突包括以下4类，第一类是经济社会发展不平衡过程中的利益冲突，冲突的主体为利益受损者和政府部门。表现形式具有多样化特征，包括示威游行、抗议、罢工、非法占地、围堵、切断交通、骚乱、集体哄抢、破坏公共设施等。这类冲突不仅有可能造成人身伤亡或财产损失，而且常给人以不安定、动荡、公共秩序混乱的主观感觉。第二类是环保问题引发的社会冲突。冲突大多发生在自

---

[1] OIT, *Panorama Laboral de América Latina y el Caribe 2000*, p.59.
[2] Ibid., p.44.
[3] Víctor E. Tókman, *Informalidad, Inseguridad y Cohesión Social en América Latina*, CEPAL, Marzo de 2007, p.32.
[4] Ibid., p.35.
[5] OIT, *Panorama Laboral de América Latina y el Caribe 2014*, p.100.

然资源较为丰富、自然资源开采业集中的省份，冲突的一方是反对开采活动的当地居民、环保组织，另一方是资源开采企业及其支持者（包括当地的失业群体、地方政府等）。第三类是移民问题带来的文化冲突以及社会歧视和排斥。冲突的主体是移民和土生的阿根廷人。这类冲突更多地表现为社会关系的紧张、思想观念的隔阂及心理排斥。第四类冲突是社会环境和生存条件恶化所导致的犯罪群体的增多。这类冲突已经超越了个体间冲突的界限，成为群体与社会之间的一种对立。

一 经济和社会利益的冲突

20世纪90年代中期以后，随着经济改革的负面效应逐渐显现，阿根廷进入经济和社会利益冲突的多发期，其激烈程度也有所加剧。1994—1997年，阿根廷共发生了8次全国性总罢工。[①] 2001年的经济危机最终将社会冲突推向失控的深渊。危机期间，阿根廷数次发生大规模的骚乱，造成了不可估量的人员和财产损失。例如，2001年12月18日，暴徒将布宜诺斯艾利斯的超市洗劫一空，28人在冲突中丧生。12月29日，在政府宣布冻结银行存款的措施后，示威者冲击众议院进行破坏，并与警察发生激烈对抗。2002年1月，数千人冲击银行，焚烧银行设备。在这场史无前例的社会危机中，阿根廷人创造了两个特有的方式来表达不满。其一，以普通市民和中产阶级为主要参与者的"敲锅运动"。他们走上街头，用敲打锅碗瓢盆的方式表达对政府的不满和对经济前景的担忧。其二，以失业者为主体的"断路者运动"。"断路者"们以切断公路的方式向政府施压，要求其采取措施，解决就业问题，增加失业救助。

"断路者运动"始于梅内姆执政的后期，起初只是松散的、自发的、小规模的团体，后来逐渐发展成有组织的社会力量。2001年经济危机期间，断路者的抗议活动遍及全国各地，形成了一股势不可当的洪流，而且频频与警方发生冲突。"断路者运动"是不可小觑的社会不稳定因素，在其最活跃的时期，除了断路以外，还曾经进行围攻、占领公共设施的活动，这些都对公众的人身和财产安全造成了威胁。"断路者运动"的根源

---

① Marcelo Gómez, "Crisis y recomposición de la respuesta estatal a la acción colectiva desafiante en la Argentina 1989 – 2004", *Revista Argentina de Sociología*, Vol. 4, Núm. 6, mayo-junio, 2006, p. 102.

在于失业，因此减少失业、扩大就业无疑是使其自然消亡的最佳途径。2003年以后，随着经济形势的恢复和劳动力市场的好转，"断路者运动"逐渐失去了斗争的动力，规模越来越小，抗议活动也渐渐偃旗息鼓。但是"断路"这种斗争方式却延续下来，成为后来很多有组织的示威抗议活动常用的手段。

2003—2007年，随着经济和社会形势的好转，类似冲突的强度和频率有所减弱。这个时期罢工活动减少，没有发生过全国性的总罢工。游行示威活动的诉求转向改善治安、保护环境、争取土地和住房等。

从2008年开始，社会冲突再次进入高潮期。这一年，一场长达129天的农业大罢工在阿根廷掀起轩然大波，成为当年拉美地区影响最大的社会冲突事件。罢工的起因是政府宣布提高农产品出口税。政府与参与罢工的四大农业组织始终未能就出口税问题达成和解。这场风波在政府议案被参议院否决后才暂告一段落。但由此产生了巨大的政治经济和社会后果，不仅致使当年的农业生产蒙受巨大损失，也造成了政府支持率下降、多名内阁成员易人、执政联盟在次年的议会中期选举中失利等一系列连锁反应。

2010年，布宜诺斯艾利斯发生了失业群体和外来移民的非法占地事件。占地者占据了一处贫民窟的空地，要求政府提供补贴和住房。在与警察的冲突中，4人死亡，30多人受伤。随后警察撤离占地区域，但占地者又与周边居民发生对峙，并向其开火。最后政府出动宪兵才控制住事态。在该事件驱动下，布宜诺斯艾利斯又出现了约30起非法占地活动，促使政府不得不承诺解决住房问题。2014年，类似的占地纠纷再次发生。

自2012年以来，经济不景气引发的全国性、全行业的罢工潮成为社会冲突的最主要表现。罢工活动的目的主要有两个，一是抗议政府的某些政策，如外汇管制、进口限制等；二是要求提高工资，改善待遇，降低个人所得税。单纯的罢工是一种低烈度的抗议形式，也是劳工阶层表达诉求的重要途径，但是一旦形成席卷全国、延绵不绝、不分行业工种的罢工潮，就必然对会社会稳定和安全产生影响。2012年8月，布宜诺斯艾利斯地铁员工的罢工导致阿根廷首都交通陷入混乱长达10天之久。2013年12月，因全国性的警察大罢工而造成的大规模暴力哄抢超市事件使阿根廷举国震惊，引发了人们对阿根廷社会安全局势的强烈担忧。

二 环保问题引发的社会冲突

以往，环保组织发起的抗议活动是此类冲突最常见的表现形式。然而，随着自然资源开采业的兴盛和资源加工类产品出口的繁荣，以及公众环保意识的增强，近年来以阿根廷普通民众为主要参与者、以保护生态环境和防止自然资源过度开采为目的的大规模示威游行抗议活动也呈现出增多的态势。这类冲突大多发生在自然资源较为丰富、资源开发和加工业集中的省份，冲突的一方是反对投资建厂的当地居民和环保组织，另一方是资源开采企业及其支持者（包括当地的失业群体、地方政府等）。

2002年，加拿大某企业准备在丘布特省的埃斯克尔实施一个金银开采项目。当地居民在得知开采过程需要使用化学原料，有可能对生态造成破坏时，自发成立了居民代表大会，并组织了数次大规模的抗议活动。2003年3月，当地政府不得不以公投的形式决定是否实施该项目。其结果是82%的居民投了反对票。当局只好宣布无限期暂停该项目。埃斯克尔事件产生了两个重要影响，一是在其带动下，阿根廷其他省份也陆续发生了公众为阻止采矿项目而进行的游行示威断路活动；二是促使议会通过了禁止露天开采的法律。

2005年，在备受关注的阿根廷与乌拉圭的造纸厂风波中，当地居民再次充当了抗议活动的主体。此事件发生在阿根廷边境城市瓜莱瓜伊丘。当时，乌拉圭政府批准了两家外资企业在阿根廷与乌拉圭之间的界河——乌拉圭河沿岸兴建大型造纸厂。由于担心造纸厂污染环境，与乌拉圭只有一水之隔的瓜莱瓜伊丘居民举行了多次声势浩大的示威活动，要求乌拉圭政府取消造纸厂项目。该事件的重要意义在于，民众的要求得到了阿根廷政府的支持。2006年5月，时任阿根廷总统基什内尔出席在瓜莱瓜伊丘举行的集会时明确表示，将把环境问题作为国家事务来处理。在外交努力失败后，阿根廷政府向海牙国际法庭提交了诉状。造纸厂风波前后持续了六年多时间，当地居民和环保组织为向乌拉圭政府施压，除了坚持举行抗议活动外，还多次封锁联结两国的边境桥梁。此事件直到2010年由海牙国际法庭作出最终判决，认定造纸厂没有给乌拉圭河造成污染后才宣告结束。

除上述两个比较有代表性的事件以外，阿根廷近年来还发生了萨尔塔省森林资源保护和利用、转基因大豆种植中的农药污染、布宜诺斯艾利斯城市垃圾处理等多起与环境保护议题相关的社会冲突事件。与经济和社会利益冲突所不同的是，这类冲突的正向功能是显而易见的。也就是说，冲突的发生引起了社会的强烈反响和政府的高度重视，形成了强大的舆论压力，促使政府一方面采取补救措施，另一方面制定相关政策，防止环境污染事件的发生。

三 移民问题引发的文化冲突

阿根廷本身是个移民国家。19世纪后期到20世纪初期，阿根廷采取宽松的移民政策，成为外来移民重要的迁入地。但进入阿根廷的移民主要来自意大利和西班牙等欧洲国家，因此阿根廷居民以土生白人为主，在文化传统上也深受欧洲国家的影响。从20世纪60年代起，来自拉美其他国家的移民逐渐增多。根据2010年的人口普查数据，在约180万外来移民中，巴拉圭、玻利维亚、智利、秘鲁、乌拉圭、巴西的移民达到140万。这些移民以印第安人和混血种人为主，他们的文化传统和习俗显然与阿根廷人存在差别。这就不可避免地产生了种族之间和文化上的冲突。

20世纪90年代，阿根廷掀起一股排外潮。上至政府官员，下到普通居民，普遍对周边国家的外来移民存有不同程度的排斥，甚至把很多社会问题，诸如失业率和犯罪率的上升归咎于移民的增多。1995年，时任外交部部长曾公开预言，到2020年，20%的阿根廷居民将是玻利维亚人和巴拉圭人。当时的布宜诺斯艾利斯省省长、后来曾担任阿根廷临时总统的爱德华多·杜阿尔德推出了一项旨在驱逐非法移民的计划，其目的在于"捍卫阿根廷人的工作"。他明确指出："在我领导的布宜诺斯艾利斯省，工作机会是为阿根廷人和合法移民准备的。"当时的总统梅内姆也曾发表言论："那些没有合法居住权的人应该离开阿根廷。"与此同时，工会也掀起排外运动，要求政府收紧移民政策，控制周边国家的外来移民。这种排斥还普遍存在于普通的阿根廷民众中。根据1996年的一项民意调查，81%的阿根廷人认为应该限制外籍劳工的数量，约半数的人认为应该驱逐来自拉美其他国家的非法劳工。2003年以后，随着就业形势的好转，以及非法移民合法化政策的实施，移民问题引发的冲突有所减弱。然而，近年来以移民为主要参与者的非法占地事件频繁出现，促使阿根廷社会再次掀起对移民问题的讨论。

实际上，20世纪60年代以来，来自周边国家的移民在阿根廷总人口中的比重一直比较稳定，基本保持在2%—3%的水平。因此，将移民视为失业和治安问题的罪魁祸首显然有失公允。那么为什么移民的数量没有明显增多，而社会排斥却有所加剧呢？除了文化差异的因素以外，一个重要的原因在于阿根廷人就业观念的转变。以往，阿根廷人大多不愿从事低收入、低等级、劳动条件艰苦的工作，这些岗位就自然而然地被外来移民所占据。20世纪90年代，就业形势逐渐恶化，阿根廷人在选择工作时已经不能再像以前那样挑剔了，于是他们也开始涉足曾经不屑一顾的职业。这样一来，劳动力市场上就出现了本地居民和外来移民的竞争。因此，每当经济不景气、就业机会减少时，阿根廷社会对移民的排斥就会加剧。

四 社会治安恶化与犯罪高升

20世纪80年代以前，阿根廷社会的一个显著特征就是治安状况良好，刑事犯罪率很低。即使是在贫民阶层聚居的区域也是如此。90年代以后，社会治安的恶化是一个不争的事实，已经成为影响经济和社会有序、和谐发展的严重障碍。

与其他拉美国家，如巴西、墨西哥、哥伦比亚，以及中美洲国家相比，阿根廷的暴力犯罪虽然也呈不断加剧的趋势，但恶性凶杀案件的发生率还是比较低的。2008年阿根廷的凶杀率为10万分之5.8，这个水平远远低于巴西的10万分之20.6、哥伦比亚的10万分之33。[①] 阿根廷社会治安的最严重威胁来自侵犯财产的犯罪。2011年，抢劫和偷窃的犯罪率高达10万分之973.3，[②] 是有数据的16个拉美国家中最高的。民调显示，2012年17.93%的被调查者承认曾在一年内遭遇抢劫或盗窃，其中42.95%的犯罪使用了暴力手段。[③] 这类犯罪虽不致命，但却是民众不安全感的最大来源。根据拉美著名的民意调查机构晴雨表公司的调查，治安恶化已经超越通货膨胀和失业，成为近年来阿根廷民众最为担忧的社会问题。2013年，持此观点的人占35%。[④]

造成社会治安恶化的原因是多方面的。其中最根本的原因来自整个经

---

① PNUD, *Informe Regional de Desarrollo Humano 2013 - 2014, Seguridad Ciudadana con rostro humano: diagnóstico y propuestas para América Latina*, Estados Unidos, noviembre de 2013, p. 18.
② Ibid., p. 57.
③ Ibid., pp. 59, 62.
④ Informe Latinobarómetro 2013, http://www.latinobarometro.org.

济和社会环境及其发展、变迁的过程，因此阿根廷的治安问题已经超出了对罪犯个体异常行为的研究范畴，也不能仅仅通过传统的犯罪学理论来加以解释。首先，经济的不稳定发展以及严重的社会不公，导致边缘群体逐渐增多。这部分人要么失业，要么非正规就业，收入无法得到保证。其中一部分人选择铤而走险，或通过非正常途径获取财富，以此作为生存的手段，或通过暴力手段彰显自我价值。其次，大城市中毒品交易和消费不断增多，成为犯罪的诱因。吸毒者常常会为获取钱财购买毒品，而从事偷窃、抢劫等非法活动。据统计，阿根廷约30%的罪犯是在吸食毒品后实施犯罪活动的。最后，执法和司法制度不健全，办事效率低下，且存在腐败现象，一方面导致犯罪成本和代价过低，罪犯得不到应有的惩罚；另一方面也导致公众对执法人员缺乏信任，报案率较低，从而助长了犯罪。

当前，阿根廷的治安恶化已不是一个仅仅关乎个人安危和个体安全的问题。它反映出反社会群体与社会之间的对立和冲突，不仅对整个社会环境和秩序，以及国家形象产生了破坏，而且在一定程度上造成了社会恐慌。

第三节　社会冲突治理的观念和手段

社会冲突治理的手段取决于对冲突的基本认识。军政府统治时期发生的社会冲突，被认为是对政权和政治统治的极大威胁，因此对冲突的治理以"消灭"为目的，以武力镇压为手段，但在这种刚性处置和强权压制下，社会矛盾反而进一步加剧。民主制度得到确认和巩固之后，民主政府对社会冲突的认识趋于理性和客观，治理手段也更加灵活多变。

一　社会冲突治理的主要手段

1989年梅内姆执政以来，虽然社会冲突频繁发生，并在2001年达到白热化程度，但并不意味着政府对社会冲突不加重视。实际上，历届阿根廷政府对社会冲突都采取了多管齐下的方式加以治理。总的来看，可以归纳为以下几种。

一是利用庇护关系，换取某个利益集团或群体的支持。庇护主义是一种广泛存在于阿根廷政治生活中的现象。它是指政治经济社会地位较高的一方利用自己的影响力和资源优势向政治经济社会地位较低的一方提供某种保护和利益，以换取对方的支持和协助，双方由此构成庇护者和被庇护者的关系。庇护关系通常被用来拉拢那些在社会冲突中持温和立场的派别。梅内姆时期，曾任命反对新自由主义改革的工会成员担任劳工部、社会保障部的重要官员，基什内尔执政初期也曾任命"断路者运动"中的温和派担任政府要员。这些做法都是为了换取被庇护者的政治支持，降低冲突发生的可能。但庇护主义作为一种与民主制度相悖的交换关系，不仅具有脆弱性，而且容易滋生腐败。

二是通过推行各种社会政策，缓和社会矛盾。梅内姆时期较有成效的社会计划是"劳动计划"，它以政府出资修建公共工程的方式为失业群体提供了大量工作岗位，从而在一定程度上缓解了就业压力。2001年经济危机发生后，杜阿尔德政府出台了"失业户主计划"，并被后来的基什内尔政府沿用。它的目的是为那些失去收入来源，并且有未成年人需要抚养的家庭提供经济资助。费尔南德斯政府在2008年进行了社会保障体系的改革；从2009年起，又在原有社会计划的基础上陆续采取了新的救助和补偿措施，包括针对失业家庭儿童的基本生活补助金计划和退休人员年终补助金计划等，并建立了定期上调最低工资和最低养老金水平的机制。

三是建立对话和谈判机制。2001年经济危机发生后，联合国有关机构和阿根廷天主教会开始联合推动全国对话。杜阿尔德政府于2002年启动了"阿根廷对话"计划，召开了由广泛代表参加的多边对话会议，为社会各界提供了一个思想交流的平台。基什内尔上台后恢复了工资集体谈判制度，成立了由企业主、工会和政府代表三方组成的薪酬委员会，以缓解劳资矛盾和冲突。

四是通过建立或修改相关的立法，回应社会诉求。当自然资源开采活动在部分省份受到民众阻挠并因此爆发示威抗议后，阿根廷政府通过了禁止露天开采的法律。2004年，"布伦伯格事件"[①]引起阿根廷社会对治安恶化的强烈关注，并引发了大规模的游行抗议活动。阿根廷政府顺应民众要求，在短短几个月内就修改了刑法，加重了对刑事罪犯的惩罚力度。

除了以上对策以外，阿根廷政府还曾经通过限制工会罢工、总统直接接见社会运动的领导人、全民公决、加强执法力度、运用司法手段等来处

[①] 一位名叫阿克塞尔·布伦伯格的企业主之子遭到绑架并被杀害。

理和解决社会冲突。

二 社会治理观念的转变

在经历了 2001 年的经济危机之后，阿根廷政府在经济和社会治理方面发生了明显的观念转变，这对缓和社会矛盾、减少社会冲突起到了一定作用。

（一）由"重经济发展、轻社会发展"转向"经济与社会协调发展"

20 世纪 90 年代，经济是全部社会经济生活的核心，而社会发展则处于从属地位。经济增长成了国家发展的最终目标，经济利益凌驾于社会权利之上。新自由主义改革遵循的"溢出"理论认为，只要获得经济增长，社会公正就会随之实现。在这种思想的影响下，阿根廷的经济改革以保持宏观经济稳定、促进增长作为核心目标。而社会发展却没有得到应有的重视。虽然 90 年代的宏观经济保持了基本稳定，但预期中的"溢出效应"却没有出现。到 90 年代末期，阿根廷的社会问题已经达到了相当严重的程度。

2003 年以后，"重经济发展、轻社会发展"的治理观念开始发生转变。政府从危机的教训中认识到，经济和社会发展必须加以协调，只有走二者并重的道路，才有可能实现具有可持续性的发展。政府从创造就业、减少贫困入手，取得了不错的成效，使社会形势明显好转。从 2008 年起，政府将对弱势群体的保护确立为长效机制。每年定期上调最低工资、养老金和对特殊群体的生活补助。

（二）由"效率优先"转向"注重公正"

新自由主义经济改革的一项重要内容就是通过私有化、企业兼并等方式淘汰那些效率低下、产能落后的企业，从而提高企业的经济效益。另一项内容是扩大对外开放的力度，引进国际竞争，让竞争促进生产效率的提升。在"效率优先"的原则支配下，能产生效益的行业、部门和企业成为国家重点扶植和优先发展的对象，大量资源被优先配置给它们。但这种倾斜不可避免地损害了社会公正。大企业、跨国公司成为改革最大的受益者，它们掌握着大量资产，甚至把握着命脉部门，进一步强化了"强资本、弱劳动"的国民收入分配格局；教育、医疗卫生、社会保障等非经济部门也出现了追求经济效益的价值取向。

2003 年以后的历届阿根廷政府认识到"效率优先"带来的弊端，明确提出"注重公正、实现正义"的政策理念,不再一味地追求效率而忽视公正。一方面,政府通过征收出口税等手段,扩大财政收入,为推行社会政策提供更多的资金支持,从而使增长的好处扩散到弱势群体;另一方面,政府不再将企业利益看成至高无上的权利,有时甚至不惜牺牲企业的利益来优先保证消费者的利益。

(三)由"市场主导"转向"政府主导"

20世纪90年代,政府对经济和社会的干预不断降低,市场的作用被无限夸大。除了经济的市场化外,大量社会服务业也通过私有化被推向了市场。原本应由国家承担的社会治理职责更多地向私人机构、社会组织、公民社会转移。政府社会政策最明显的特征就是所谓"聚焦性",即以最贫困阶层为主要救助对象。曾经是"普享型"社会政策最大受益者的中低收入群体不再受到政策的照顾。国家只提供最基本的社会服务,要想享受高质量、高效率的服务就必须到市场上去购买。这样一来,好的住房、教育、医疗都成了商品,是中高收入阶层才能享受的"专利"。但事实证明,由于私人部门大多以营利为目的,是无法满足全社会、各阶层民众需要的。

2003年以后,政府干预回归社会领域。政府一方面将部分已经私有化的公共服务业再国有化(如2008年将全国所有的养老金公司收归国有),另一方面通过增加社会开支等手段,重新担负起社会治理主体的责任,以补偿新自由主义改革时期欠下的社会债务。以住房政策为例,2003年5月到12月,政府推出的"联邦住房计划"共新建住房和改造住房77万套,几乎是20世纪90年代的2倍。受益者达到484.4万人。[①] 2009年后,政府又陆续推出了一批住房优惠信贷计划,其利率水平均远远低于商业银行,贷款期限则长达20—30年,这也是商业银行难以提供的。

(四)社会保护由顺周期转向反周期

在发生经济衰退或危机时,贫困阶层受到的冲击往往是最大的。这时就需要政府加大社会开支,加强对弱势群体的保护,减轻危机造成的损害。这就是所谓反周期性社会保护。但阿根廷在20世纪90年代的做法恰恰相反,每当经济不景气时,就会采取财政紧缩政策以控制赤字。社会支

---

① 阿根廷城市发展与住房副国务秘书处官方网站,Resumen Total del Estado de Avance Desagregado por Programa, http://www.vivienda.gob.ar/,2014年2月3日浏览。

出就成了被削减的对象。

从 2003 年起，阿根廷一直采取扩张性的财政政策，社会投入也不断增加，即使在 2009 年遭遇外部冲击、经济陷入低迷时也不例外。这一年，政府为减轻经济减速对贫困人群的冲击，先后推出了两项补贴计划。一是针对失业人员子女的基本生活补助金计划；二是针对退休人员的年终补贴计划。前者的受益儿童达到 268.95 万，后者的受益退休者达到 495 万。2009—2010 年，阿根廷社会开支占 GDP 的比重达到 27.8%，比 2001—2002 年提高了近 7 个百分点。[①] 这个水平在拉美国家中仅次于古巴。2012 年以来的经济不景气给国家财政造成了很大压力，但政府并没有减少社会投入。已经建立起来的对弱势群体的保护机制依然运行，而且力度有所加大。

第四节 社会冲突治理面临的挑战

尽管阿根廷政府在社会冲突治理方面进行了种种努力，但当前阿根廷的社会冲突仍处于高潮期和多发期，社会矛盾仍然比较突出。现阶段，阿根廷的社会冲突主要是由利益矛盾引起的，如果说 20 世纪 60—70 年代的政治矛盾和意识形态矛盾难以调和，那么利益矛盾则是可以通过谈判、协商、妥协、利益交换等方式加以缓解的。但这需要建立健全相关的利益平衡机制和渠道，使利益诉求以合法合理的途径传递给执政者。从客观来讲，多种因素制约了冲突治理能力的建设和提高。

一 缺乏以合作性为基础的多元参与

社会冲突治理的最终目标在于化解社会矛盾，减少社会冲突，创造一个安定和谐有序的社会环境。这个目标仅依靠政府的力量是不可能实现的。虽然政府是治理的主要负责者，但是矛盾和冲突的主体通常是多元的，并且涉及所有社会成员的切身利益，因此冲突治理必须有社会力量和公民的参与。而且"治理"这个概念本身就包含着多方参与、自愿参与、上下互动、广泛协商的含义。如果能够形成政府为主、协同治理的格局，势必有助于社会冲突的缓解。

[①] CEPAL, *Panorama Social de América Latina 2010*, mar 20 de 2011, p.165.

但是，缺乏凝聚力与协作精神是阿根廷政治生态和社会治理的一个重要特点。2008年以来，阿根廷政府在国内频频树敌，与包括农业团体、媒体、教会、工会、司法界等在内的具有广泛影响力的集团和组织关系紧张，矛盾和摩擦不断，很难形成一种全社会协作、协商解决问题的氛围。这就给政府进行有效的社会冲突治理增加了难度。

以工会为例。近年来，工会充当了社会冲突的主体。在阿根廷，工会已不仅仅是劳工阶级的组织，而且也是举足轻重的利益集团和一股不可小觑的政治势力。依靠工会是阿根廷政治的一个传统。但政府在得益于工会支持的同时，又不得不受其制约。在制定和推行政策的过程中，政府常常受到工会的干扰和影响。因此，政府一方面离不开工会的合作与支持，另一方面又希望削弱工会的势力，摆脱其束缚。长期以来，由于对工会过于依赖，政府对罢工活动一直比较容忍。但这在一定程度上助长了工会组织的强势。一旦要求得不到满足，工会就会成为一支强大的、有组织的反政府力量，为政府施政制造困难。阿根廷全国总工会在2012年与政府决裂后，已经发起了3次全国性总罢工。

因此，如果没有一种以合作性为基础的多元参与，社会冲突频繁发生、对抗程度加剧的问题将难以得到解决。而这种合作主要源于广泛的共识和认同，这正是目前阿根廷社会所欠缺的。

二　民主体制和政府的公信力下降

民众逐渐失去对民主体制的信任是由多种原因造成的。其一，阿根廷的民主制度已经保持了30年，但它并没有成为经济稳定发展的保证。20世纪80年代，阿方辛执政时期，阿根廷始终没能摆脱债务危机的阴影，经济长期陷入衰退，恶性通货膨胀不断削弱着民众的购买力水平。90年代的新自由主义经济改革虽然稳定了宏观经济，但对社会发展的漠视却导致严重的贫富分化和失业。世纪之交的经济政治危机进一步加深了阿根廷民众对政府治理能力的怀疑。近年来，阿根廷再次陷入通货膨胀的困局中，而政府却对此力不从心。

其二，腐败问题严重损害了政府和政党的公信力。在阿根廷，上至总统，下至一般公务员，都有可能卷入腐败案件。梅内姆执政时期是阿根廷历史上腐败现象最猖獗的时期。政府高官们或利用职务之便大肆侵吞、挪用国家资产，或利用私有化和招商引资的机会索贿、受贿。梅内姆下台后，多名在他任职期间的高官因腐败问题被调查，连其本人也多次面临腐败指控。2003年后，腐败现象略有收敛，但腐败丑闻仍接二连三地被曝光，使政府威信深受影响。费尔南德斯总统上任后不久，"第一家庭"便受到腐败指控。2014年，副总统布杜的腐败丑闻再次引发社会关注。

公众对民主制度和政府执政能力的怀疑加大了社会冲突的治理难度。没有了公信力，政府就失去了民众的支持、理解、宽容与合作。在一个没有公信力的政府领导下，和谐社会所需要的公民精神是很难培养起来的。一方面，民众对公共事务和社会公益缺乏热情，参与度不高，责任意识不强，重视个人利益而忽视集体利益和公共利益。另一方面，民众对民主体制和政府的不作为深感失望，在缺少有效的利益诉求表达机制的情况下，就会采取一些激进的方式和途径来表达不满，希望以此得到政府的关注和回应。这无疑加剧了政府与民众之间的紧张，加重了社会不安全和冲突的风险。

三 政府危机处理能力不足

在阿根廷，危机和冲突常常如影随形，相互作用。这一方面需要政府具有风险防范意识和风险预警机制，避免出现危机；另一方面也需要政府在遇到突发事件时能够作出及时准确的反应，防止事态扩大，尽量将危机的影响降到最低限度。但阿根廷政府在这两方面的能力都存在明显不足。

首先，频繁发生危机是阿根廷发展进程的一个特点。在宏观层面上，阿根廷历史上几乎每一次发展模式的终结和转换都以爆发危机为转折点。这是因为阿根廷总是习惯性地将每一种发展模式推向极端，屡屡错失模式转换和调整的良机，直到危机发生才被动应对。另外，政府在出台重大政策时常常不顾民意，也没有对可能出现的社会风险进行研究和评估，结果成为引发危机和冲突的导火索。例如，在2001年阿根廷经济危机期间，政府宣布银行取款限制的措施后，民众起初还表现得比较平静，但随着时间的推移，当民众发现取款金额远远不能满足日常生活需要时，开始进行抗议示威。然而政府并没有对社会心态的变化进行监测，结果导致暴力活动升级，并很快演变成一场失控的社会动乱。再比如，2008年政府在宣布上调出口税率的措施之前，也没有进行风险评估和识别，以至于遭到农业团体的坚决反对后在全国引发了一场长达4个月之久的农业罢工。

其次，危机总是伴随着民怨爆发、社会冲突加剧等现象。一方面，这是因为政府在危机初期反应不够迅速果断，常常贻误化解矛盾的最佳时机。在发生冲突时又不能采取正确的或有效的措施。仍以2001年危机为例，在发生大规模社会骚乱后，德拉鲁阿政府宣布了戒严令，但这一措施适得其反，不仅没能控制局势，反而遭到全民反对，使事态进一步扩大到激进主义者冲击总统府的地步，最终导致政府垮台。另一方面，合理而畅通的利益表达机制和矛盾化解机制仍然不足。有组织的劳动者可以通过罢工、集体谈判等途径表达诉求。但阿根廷有近一半的就业者都是无组织的非正规就业者，他们很难通过集体组织的形式进行请愿和发表意见。由于不满情绪长期得不到宣泄和疏导，其中一些人选择用激进的行为来发泄不满。从2001年危机以来，每当社会冲突发展到一定程度、出现某个导火索时，阿根廷就会发生哄抢、打砸超市的群体性事件，使原本合理、合法的利益表达演变成带有泄愤性质的社会骚乱和违法犯罪行为。

本章小结

社会冲突是不可避免的社会现象。冲突治理的根本目的不是消灭冲突，而是减少直到杜绝激烈的、可能对政治经济社会发展造成严重破坏的冲突。阿根廷正处于社会冲突的多发期，这既是探索经济社会可持续性发展道路必然要经历的过程，也从一个侧面说明政府对国家的治理还有许多需要完善和改进的地方。近年来，阿根廷政府为化解社会矛盾、减少社会冲突，实施了大量社会政策惠及弱势群体，并建立了一些利益协调机制，这些做法是值得肯定和借鉴的。但由于历史上形成的特殊而复杂的利益格局，阿根廷社会缺乏一种以广泛合作与共识为基础的多元参与性，加之政府公信力低下、危机处理能力不足等原因，社会冲突常常表现出较强的对抗性，其负向功能明显，因此冲突治理面临着多重挑战。

参考文献

李春辉、苏振兴、徐世澄主编：《拉丁美洲史稿》（第三卷），商务印书馆1993年版。

袁东振主编：《拉美国家的可治理性问题研究》，当代世界出版社2010年版。

袁东振：《对拉美国家社会冲突的初步分析》，《拉丁美洲研究》2005年第6期。

于建嵘：《从刚性稳定到韧性稳定——关于中国社会秩序的一个分析框架》，载

《学习与探索》2009 年第 5 期。

Marcelo Gómez, "Crisis y recomposición de la respuesta estatal a la acción colectiva desafiante en la Argentina 1989 – 2004", *Revista Argentina de Sociología*, Vol. 4, Núm. 6, mayo-junio, 2006.

Gabriela Merlinsky (compiladora), *Cartografías del Conflicto Ambiental en Argentina*, CLACSO, Buenos Aires, diciembre de 2013.

Massimo Modonesiy Julián Rebon, *Una década en movimiento: luchas populares en América Latina en el amanecer del siglo XXI*, CLACSO, Buenos Aires, abril de 2011.

附录:中英文摘要

第一章 国家治理能力现代化理论与社会失序

张长东

何为国家治理能力及其现代化,如何构建社会秩序、推动国家治理能力现代化?本章借助国家能力这一比较政治学里重要的概念及相关理论,对国家治理能力及其现代化进行阐释。通过梳理比较政治学重要文献中对国家能力的概念和内涵、分类、决定因素及其演变,并从缺乏国家治理能力的社会失序状态进行反面对照,勾勒出一个研究国家能力的框架,并探讨其对研究国家治理及治理能力现代化的借鉴意义。

关键词:国家治理能力 国家能力 社会失序 法治

第二章 社会安全与贸易投资环境:一项重要的研究命题

吴白乙 史沛然

涉及国际贸易和投资制度环境和便利性的"主观判断"和"客观取舍"之间的冲突已然常见,却未能引起学术上的充分探究和理论修正。目前通行的衡量标准、评估体系和简单化指数均无法充分解释丰富多样且不断变动的国际贸易投资实践。这或许是由社会安全研究学科的年轻和单薄,而经济学研究过于精细化和缺乏跨学科兴趣所造成的。本章从现有的社会安全衡量因素出发,讨论社会安全与贸易投资环境两者间的关系,在初步分析既有社会安全衡量指标的不足后,提出部分新变量及其指标体系,如投资对象国的人口年龄结构、投资方的获利模式以及国家间政治互信程度、文化差异等"更软"的因素,以期引起同行的争论,推动对社会安全与贸易投资二者关系的学术研究更加深入、多维且更具实际解释力。

关键词：社会安全　外国直接投资　世界治理指数　全球化

第三章　公共安全治理的科技术支持：清华辰安的实践

杜　鹏

公共安全是国家安全和社会稳定的基石，是经济和社会发展的重要条件。随着国际范围内公共安全形势的日趋复杂，传统的技术手段在全新的公共安全形势下逐渐暴露出诸多局限性，因此，以科技的力量保障社会公共安全被视为提升安全管理能力的关键。清华大学公共安全研究院作为中国公共安全科学技术的领军科研机构，近年来取得了以综合应急平台体系为代表的一系列公共安全科研成果。通过辰安科技股份有限公司这一产业转化基地，为厄瓜多尔和委内瑞拉等拉丁美洲国家建设了国家公共安全系统，显著地提升了这些国家的社会治安水平，不仅造福了拉美人民，还开拓了中拉合作的新领域。

关键词：公共安全科技　社会治安　拉丁美洲　辰安科技

第四章　国家治理与社会治理：拉美国家的经验

袁东振

进入21世纪以来，拉美地区出现民主日益稳固、经济持续增长，社会相对稳定的新局面，国家和社会治理能力明显改善。转变治理理念，强调理性决策并努力构建科学合理的政府决策机制，增强依法治国意识和推进制度健全与完善，提高法律制度的效率和执行力，是拉美国家提高治理能力的具体做法，也是其治理的基本经验。在社会治理方面，许多拉美国家注重纠正传统政策理念的片面性，实施积极的社会政策，推进社会领域改革，完善社会治理机制，化解社会矛盾和冲突。拉美国家仍面临诸多治理难题，为实现有效治理，需要进一步化解体制和制度缺陷，推进决策的合理化与科学化，不断满足民众的新诉求，维护政治和社会稳定。

关键词：治理能力　政府决策　治理经验　拉美国家

第五章　拉美国家司法改革与治理能力建设
杨建民

司法改革基本上是一个政治过程，是一个国家治理体系的改革完善过程和国家治理能力建设的过程。作为国家治理能力建设的重要组成部分，司法改革对民主的巩固起着重要作用。而创建司法委员会、改革法官任期和任免程序、设立宪法法院、增加司法机构预算等都是为了保障司法机构的独立性，争议解决替代机制的发展和设立新的法院和派出法庭增加了公民和经营单位寻求实现正义的途径，改革刑事司法程序和法律一体化既可以保障公民的合法权益、维护社会稳定，又可以促进海外的投资。总之，上述措施都是建立健全国家治理体系的过程，对国家治理体系适应新自由主义改革以后的经济形势、改善投资环境发挥了重要作用。

关键词：司法改革　治理体系　治理能力建设

第六章　墨西哥社会安全与治理
袁　艳

近年来，墨西哥饱受社会安全问题困扰。抢劫、偷盗等一般性犯罪活动攀升。以毒品走私集团为主的有组织犯罪集团渗透全国绝大部分地区，成为威胁国家和地方统治的一大毒瘤。犯罪和暴力已经成为墨西哥执政者和普通民众最为关心的问题。墨西哥政府采取一系列措施打击犯罪，力图收回被犯罪控制的公共空间，但成效尚不十分明显。墨西哥社会安全形势恶化的背后，是长期困扰墨西哥的失业、贫穷、不平等、青少年失学等社会经济问题。因此，墨西哥社会安全问题的根治需要系统性的改革。美国因素亦是影响墨西哥社会安全治理的重要变量。

关键词：墨西哥　社会安全　有组织犯罪　系统性改革　美国因素

第七章　中美洲社会安全与治理

王　鹏

中美洲国家的治理体系受到历史传统、社会结构和国际环境的限制而存在诸多缺陷。尽管民主化进程使中美洲国家的治理体系获得形式合法性，但它仍然缺乏实质合法性。国家治理体系的缺陷使中美洲国家的治理能力滞后于社会发展的要求，导致以凶杀犯罪高发为主要特征的恶劣社会安全状况。这样一种社会安全状况已经成为威胁中美洲国家经济发展和民主体制合法性的紧迫问题。中美洲国家急需完善国家治理体系、提高其实质合法性，进而增强国家治理能力，推动社会公正的实现，最终消除犯罪行为的滋生土壤和犯罪组织的生存空间。

关键词：中美洲　治理体系　治理能力　凶杀率

第八章　委内瑞拉社会结构变迁与治理

郭存海

在查韦斯执政的 14 年间，石油繁荣和积极的再分配政策导致贫困率和贫富差距显著下降，由此也推动了社会结构的变迁和新的社会阶层——新兴中产阶级的崛起。但高度依赖石油的单一经济模式和过度亲穷人的公共政策导致委内瑞拉政治和社会两极分化。这给其继任者马杜罗总统带来了巨大的挑战。随着外部环境的恶化、新的阶层的利益治诉求难以得到满足，以及缺乏国家共识，马杜罗政府遭遇经济、政治和社会的三面围困，国家治理能力愈加脆弱，委内瑞拉的未来因此充满着相当的不确定性。

关键词：委内瑞拉　社会结构变迁　治理能力　挑战

第九章　巴西劳工党与社会治理

方旭飞

本章从政治、经济、社会和党的自身建设 4 个方面探讨了劳工党执政后提升治理能力的做法：通过淡化意识形态、构建有利于政府政策实施的国会联盟来提升政治治理能力；通过协调与金融部门关系、实施稳健务实的经济政策作为提高经济治理能力的着眼点；将改善民生、控制社会运动破坏性作为保证社会稳定、提升治理能力重要手段；劳工党执政后，还非常重视自身建设，严格党纪，坚决反腐。未来劳工党在治理能力建设方面仍面临着严峻挑战，尤其需要在消弭党内分歧、深化社会改革、推进政治改革以及应对社会结构变化等方面作出更大努力。

关键词：劳工党　治理能力　卢拉　罗塞夫

第十章　阿根廷社会冲突与治理

林　华

自1983年阿根廷恢复民主制度以来，导致社会冲突的相关因素出现了明显的变化。与此前不同的是，社会冲突更多地同经济社会发展与转型过程中出现的种种矛盾和问题联系在一起，如经济发展不稳定、贫困加剧、贫富分化和中产阶级的减少、失业、非正规就业和缺乏社会保护等。当前阿根廷的社会冲突有多种表现形式，主要包括经济社会发展不平衡过程中的利益冲突、环保问题引发的社会冲突、移民问题带来的文化冲突和社会排斥，以及社会环境和生存条件恶化所导致的犯罪群体增多等。社会冲突的治理手段虽然多种多样，而且2003年以来阿根廷政府在经济和社会治理方面的观念发生了明显转变，但诸多因素仍制约着冲突治理能力的建设和提高，例如缺乏以合作性为基础的多元参与、民主体制和政府的公信力下降、政府危机处理能力不足等。

关键词：阿根廷　社会冲突　治理

Chapter 1　Theories of Modernization of State Governance Capacity and Social Disorder

Zhang Changdong

How to define state governance capacity and its modernization, how to build social order and promote modernization of state governance capacity, are some core questions for political science. But some of these key concepts are not clearly defined. Based on an important terminology of comparative politics, state capacity, by discussing its conceptualization, meaning, typology, dynamics and evolution, this chapter tries to define and elaborate state governance capacity and its modernization.

Keywords: State Governance Capacity, State Capacity, Social Disorder, Rule of Law

Chapter 2　Social Safety and Investment Environment: An Important Research Topic
Wu Baiyi, Shi Peiran

There has been a long-time debate regarding the conflicts between the objectiveness and subjectiveness in the area of international trade and investment environment. However, little is settled in the literature. Current standards, evaluation systems as well as commonly used indices seem to fail to explain the vivid and rapidly changing international trade and investment practices. This may be explained partly by the relatively young social safety research, and partly by the well-diversified economic research. In this chapter, we first look at the relation between international trade and investment environment from the existing social safety measurements. After analyzing the deficiencies of the existing ones, we then suggest some new variables and factors, such as the demographic structure, the profit models, the political inter-trust degree, and the cultural difference, to try to provide some new insights to this relation.

Keywords: Social Safety, Foreign Direct Investment, World Governance Index, Globalization

Chapter 3   Science and Technology for Public Safety Management: A Field Study in Latin America by Tsinghua-GSafety

Du Peng

Public safety is at the core of maintaining a stable society and one of the fundamental prerequisites for economic progress. Conventional means of public safety management have become inadequate for dealing with increasingly complex situations with various new challenges, and technological enhancement is widely recognized as the key to empowering safety management capabilities and safeguarding our society. The Institute of Public Safety Research (IPSR) of Tsinghua University, as the leading research organization of public safety science and technology in China, has produced a series of technological advances such as the integrated emergency response platform, which are successfully commercialized into industrial product through Beijing Global Safety Technology Co. LTD (GSafety). Tsinghua-GSafety undertook a number of national public safety projects in Latin American countries such Ecuador and Venezuela, and notable improvement of social security has been achieved with the constructed systems. The success of these projects open up a new territory for collaboration between China and Latin America.

Keywords: Public Safety Technology, Social Security, Latin America, Tsinghua-GSafety

Chapter 4   State Governance and Social Governance in Latin America: Lessons and Experiences

Yuan Dongzhen

In the 21st century, Latin America has witnessed consolidated democratic institutions, a sustained economic growth, the social stability, and remarkably improved state governance capacity. Many regional countries have updated their governmening ideas by emphasizing a rational decision-making, seeking to build a scientific and rational decision-making mechanism, promoting the rule of law and improving the political institutions in order to enhance efficiency of the legal system. In the sphere of social governance, regional countries tried to correct traditional defects of one-sided social policy, promote active social policies and reforms, improve governance mechanisms to resolve social contradictions and conflicts. Although Latin American countries have achieved many achievements, many problems still remain to be resolve. In order to achieve a more effective governance, regional countries need to promote the rational and scientific decision-making, resolve people's concern and maintain political and social stabilities.

Keywords: Governance Capability, Governmental Decision-making, Governance Experience, Latin American Countries

Chapter 5 Judicial Reform and State Governance Capability in Latin America

Yang Jianmin

In Latin America, judicial reform is basically a political one aimed at improving the state governance system, boosting governance capability and promoting democratic consolidation. Regional countries have sought to enhance independence of the judiciary department by establishing the national judicial committee and the constitutional court, reforming the office term and the procedures of appointment and removal of judges and increasing state budget for the judicial department. By developing alternative dispute solution mechanisms and establishing more courts nationwide, they tried to facilitate citizens to have more efficient and convenient channels to safeguard their judicial rights. The reform of the criminal justice system and the legal integration process especially contributed to protecting citizens' legitimate rights, maintaining social stability and attracting overseas investment. It is proved that the above-mentioned reform measures were crucial for regional countries to adapt their state governance system to the neo-liberal economic reforms.

Keywords: Judicial Reform, Governance System, State Governance Capability

Chapter 6   Social Security and State Governance in Mexico

Yuan Yan

Except increasing criminal activities such as robbery and theft in mexico, it is facing rampant drug-related crimes, constituting a threat to national and local governance systems. Violence and crime are viewed as most concerned issues both for policy-makers and the masses. The state has launched numerous rounds of anti-crime programs, but failed to change the situation. Deteriorating public security is closely related to social and economic problems such as large unemployment population, widespread poverty, large income inequality, and high school dropout of youth. It can be concluded that Mexico needs a comprehensive reform to improve social governance to effectively combat crime.

Keywords: Mexico, Social Security, Organized Crimes, Systemic Reforms, US Factor

Chapter 7   State Governance System in Central America and Public Security

Wang Peng

Comparatively, the state governance systems in Central American countries are suffering from remarkable deficiencies that are regarded a result of their historical experiences, social structures and international circumstances. Democratization in the 1980s facilitated regional countries to gain procedural legitimacy for their governance systems. Deficiencies in the governance system have heavily restricted their governance capability, resulting worsening public security featured by extremely high homicide rates. Regional countries are pressed to increase the substantive legitimacy of their governance systems to improve governance capability, boosting social justice and effectively combatting crime and crime organizations.

Keywords: Central America, Governance System, Governance Capability, Homicide Rate

Chapter 8   Transformation of Social Structure and State Governance Capacity in Venezuela
Guo Cunhai

During the fourteen years of government of the late President Hugo Chavez, Venezuela maintained rather stable economic growth and took strong measures to push redistribution of wealth, resulting a significant decrease of poverty and income inequality and consequently, a massive change of social structure and the emergence of the middle class. As a result of the development model featured by dependency on oil income and a highly pro-poor public spending, Venezuela is faced with rising social and political polarizations. The Nicolás Maduro government is pressured by deteriorated international oil market and unfilled demands of the emerging middle class. There are emerging a triple crisis including a declining economy, highly polarized politics and the increasingly discontent popular sector, posing unprecedented challenges to the governing capacity of the Maduro government.

Keywords: Venezuela, Social Structure Changes, State Governance Capacity, Challenges

Chapter 9 The Workers' Party in Brazil and social Governance

Fang Xufei

This chapter discusses the practice of the Workers' Party (PT) to enhance the governance capacity in Brazil. To improve the capacity, the PT moderated its radical ideology, built a large congress coalition to support government policies. It tried to enhance the relationship with the financial sector, implemented prudent and pragmatic economic policies as an important way to improve the economic governance capacity. In the area of social governance, the PT governments launched many social programs to reduce poverty and sought to control impacts of massive organized social movements. The PT paid much attention to party building as well. It is still facing serious challenges in the governance capacity building and especially needs to make a greater effort to eliminate policy disagreements within the party, to deepen social reform, and to promote political reform.

Keywords: the Workers' Party, Governance Capacity, Lula da Silva, Dilma Rousseff

Chapter 10 Social Conflicts and State Governance in Argentina

Lin Hua

Since the restoration of democracy in Argentina in 1983, there were remarkable changes in the economic and social environments, including frequent economic fluctuations, worsening poverty, increased polarization between the rich and the poor, rising unemployment and the lack of social protection, which are the major factors to impair public security. At the present stage, Argentina is faced with continued deterioration of public security and intensified social conflicts. The state has implemented a lot of anti-crime measures, but they were proved to be less effective. The key reason is that the government is still following the conventional path of control and failed to forge a multi-subject model to handle public security issues. In addition, declining credibility of the democratic system and low governing capacity to counter crisis and conflicts also undermined the anti-crime efforts.

Keywords: Argentina, Social Conflict, Governance

《拉美研究丛书》已出书目

《拉美研究：追寻历史的轨迹》	中国社会科学院拉丁美洲研究所集体著
《拉丁美洲的科学技术》	李明德　宋霞　高静著
《新自由主义的兴起与衰落》	陈平著
《墨西哥革命制度党的兴衰》	徐世澄著
《阿根廷危机的回顾与思考》	沈安著
《当代拉丁美洲政治研究》	张凡著
《全球金融危机：挑战与选择》	吴国平主编
《社会凝聚：拉丁美洲的启示》	郑秉义主编
《中拉关系60年：回顾与思考》	苏振兴主编，宋晓平、高川副主编
《拉丁美洲现代思潮》	徐世澄著
《拉美国家可治理性问题研究》	袁东振著
《拉美劳动力流动与就业研究》	张勇著
《"资源诅咒"与拉美国家初级产品出口型发展模式》	赵丽红著
《全球拉美研究智库概览》	拉丁美洲研究所编
《拉丁美洲城市化：经验与教训》	郑秉文著
《拉丁美洲发展问题论纲》	曾昭耀著
《中等收入陷阱：来自拉丁美洲的案例研究》	郑秉文主编
《拉美国家现代化进程及其启示》	苏振兴主编　刘维广副主编
《国际变局中的拉美：形势与对策》	苏振兴主编　刘维广副主编